教育部人文社科青年基金项目

《传播视域下的马克思主义大众化研究》（11YJC710023）

最终成果

AKESI

CHUANBO SHIYUXIA DE
MAKESIZHUYI DAZHONGHUA

传播视域下的
马克思主义大众化

李春会／著

人民出版社

序

　　马克思主义大众化传播本质上是个实践的问题，而不是理论的问题，但如何去实践却需要相应的理论去指导，故"传播视域下的马克思主义大众化研究"这一课题深刻地切中了马克思主义中国化的时代主题，如何使马克思主义为当代中国社会中的各阶层群众所接受，已经成为不可回避的现实问题。马克思主义自其诞生之日起，就已经开始了现实与实践中的传播过程，但这种最初的传播事实上主要是面向工人阶级中的先进分子，即社会阶层中的精英人物所展开的思想传播，虽然马克思主义的大众化传播亦同时在不同的社会层面与不同的社会接受程度上现实的展开，但这种展开中所产生和遭遇的各种问题却并没有成为明确的问题意识而进入思想理论的研究视域。而在马克思主义大众化传播过程中事实上受到各种因素的制约与限制，从而使马克思主义大众化传播没有取得理想的效果，而这一问题自始至终都没有得到很好的解决，故这一如何进行马克思主义大众化传播的问题理应进入学者的研究视野。李春会博士直接面对"马克思主义大众化传播"问题展开系统思考和深入研究，最终形成了《传播视域下的马克思主义大众化》这本专著，无疑是这一研究领域的重要理论成果，其问题意识、理论勇气与担当精神都值得尊重和欣赏。

　　本书直接以"马克思主义大众化传播研究"作为主题，首先对马克思主义大众化传播的学理内涵进行系统阐释，对马克思主义大众化传播的定义、性质、特点、宗旨都进行了细致的分析与疏理，使马克思主义大众化传播的独特性从马克思主义诸多传播方式中清晰的分离出来，从而使"马克思主义大众化传播"这一研究主题突显为明确的问题意识。再以此问题意识为中心，作者深入回顾了马克思主义大众化传播的历史进程，虽然马克思主义大众化传播还未形成具体而系统的指导理论，但马克思主义大众化传播的历史实践却在事实上存在，在本书中作者对马克思主义大众化传播的范式、逻辑与经验都进行了历史性的总结，并以之为根据对马克思主义大众化传播的核心问题展开了系统研究和论述。马克思主义大众化传播的核心问题就是如何在传播主体与传播对象之间建立起顺畅的沟通机制，使马克思主义作为一种思想和理论的文化信息毫无阻碍地输送到传播对象的思想意识之中。在这一传播过程中，存在着复杂的多种构成因素、传播环节、传播方法以及相应的信息流通机制，每种因素、每个环节、每种方法与机制都在客观上决定和制约着马克思主义大众化传播的有效性，故发现并揭示马克思主义大众化传播中的制约性问题是什么，并直面问题提出具体的解决之路，这是马克思主义大众化传播研究要回答的主要问题，亦为此课题研究的核心研究价值所在。李春会博士正是带着这些明确而严肃的问题意识，对关涉到马克思主义大众化传播的这些关键问题都进行了系统的分析和论证，并提出了具有建设性的解决之道，对如何进行马克思主义大众化传播的方法和机制都进行了具有创新性的研究，从而使本书不仅具有了严谨的理论与学术价值，而且具有现实地指导当代马克思主义大众化传播的实践意义。

本书研究视野广阔，对关涉到马克思主义大众化传播的学理基础、历史发展、现实困境、结构优化、方式选择、机制选择等诸多问题都进行了系统分析和论证，并在马克思主义的理论框架内，综合运用了哲学、文化学、传播学、社会学、心理学、政治学、社会学等多学科的思想理论与研究方法，从多维视角对马克思主义大众化传播进行了系统研究和理论阐释，已经形成了对马克思主义大众传播的体系化研究架构。这不仅是对马克思主义大众化传播进程的阶段性理论总结与现实道路的当下探索，而且为马克思主义大众化传播研究的后继进行开辟了理论进路。故本书对于马克思主义大众化传播研究的理论意义是不言而喻的，而其实践意义则更是当代中国的社会政治实践所不可缺少的文化选项。因为实现马克思主义的中国化仍然是当代中国政治思想理论界远未完成的历史使命，而马克思主义中国化的重要任务就是如何面向社会大众进行马克思主义的理论教育与传播，这是远比面向社会精英的马克思主义教育更加艰巨的历史文化任务，故李春会博士此本专著的社会现实意义更加超越于其思想学术的理论意义之上。

本书文风朴实，不务虚言，直面现实，言之有物，在对马克思主义大众化传播的理论分析中紧密结合历史和社会现实，完全从马克思主义的第一个原则——理论与实践相统一的原则——出发，从实践中提升理论，以理论去论证实践，使全书的理论体系与思想成果完全在思维的逻辑与现实的逻辑相统一的进路上展开，从而既保证了思维逻辑的客观性，又保证了理论走向实践的可行性。在全书系统展开的理论阐述之中，作者不但注重作为全书骨骼的框架结构的坚固性、合理性与现实性，更注重作为全书血肉的思想内涵、理论观念、文理章法的系统表达与理论阐释，从而使整部作品不但有系统而周密的思想架构，更有严谨而扎实的思维逻辑，透彻而深刻的理论论证，加之行文流畅，思考周到，观点成熟，都足见作者精思之深，用功之切。

本书的作者李春会博士作为我指导下的博士生，一直刻苦勤学，乐于钻研，博学多思，具有独立的思考与科学研究能力，在博士就读期间即在诸多重要学术刊物上发表学术论文多篇，承担并主持了教育部研究课题，在人文社会科学研究上成绩斐然。这本专著的出版，是对其科研成果的一个总结，更是对其科研能力的一种证明，相信他会在学术的道路上继续前进，取得更多、更大的成绩。

赵继伦

2013 年 6 月

目　　录

导　言

中共十七大报告明确提出，"大力推进理论创新，不断赋予当代中国马克思主义鲜明的实践特色、民族特色、时代特色。开展中国特色社会主义理论体系宣传普及活动，推动当代中国马克思主义大众化。"① 这是一项关系高举中国特色社会主义旗帜的战略任务，提出这个问题，对于增强社会主义意识形态的吸引力和凝聚力、建设社会主义核心价值体系具有十分重要的现实意义和战略意义。

伴随着科学技术的发展和经济全球化趋势的增强，在我国文化领域各种思想激烈碰撞、整合，呈现多元文化并存的态势，这种多元文化夹杂着许多非科学社会主义的思想，已经对社会主义意识形态的指导地位产生了冲击，并成为理论与实践中不可回避的难题。当代马克思主义大众化实践面临这样的新形势和新变化，如何既能更好地满足中国社会民众多元化、个性化的精神文化需求，又能始终让社会各阶层人群认同社会主义核心价值体系，树立正确的世界观、人生观、价值观，养成科学的生活方式、健康的精神追求，无不要求我们必须理性认识当前推进当代马克思主义大众化的重要性，从而拓展我们做好这项工作的新思维、新视域。

当前中国"各种思想文化相互激荡，人们受各种思想观念影响的渠道明显增多、程度明显加深，人们思想活动的独立性、选择性、多变性、差异性明显增强"②，各种矛盾冲突给大众接受马克思主义设定了极大的困难，

---

① 胡锦涛：《高举中国特色社会主义伟大旗帜　为夺取全面建设小康社会新胜利而奋斗——在中国共产党第十七次全国代表大会上的报告》，人民出版社 2007 年版，第 34 页。
② 胡锦涛：《在省部级主要领导干部提高构建社会主义和谐社会能力专题研讨班上的讲话》，《人民日报》2005 年 6 月 27 日。

马克思主义大众化面临着严峻的现实挑战。同时，当前没有一个既定的马克思主义大众化传播范本可供参考，这就意味着如何让大众接受马克思主义传播是一场前所未有的理论与实践创新过程。马克思主义大众化传播过程是一个"双主体"甚至是"多主体"彼此能动与互动的活动过程，这就决定了马克思主义大众化传播的有效性由相关传播维度的有效性和相关接受维度的有效性共同构成。当前马克思主义大众化传播过程中接受主体的自我意识薄弱和马克思主义理论教育实践中呈现的情怀匮乏所引发的传播受阻已经严重阻碍了马克思主义理论学科的健康发展，也严重阻碍了马克思主义大众化整体推进。由此可见，关于马克思主义大众化传播问题的研究，正是在近年来的基础性研究与现实问题关注的交叉视野中凸显出来的。

一、本领域研究现状

关于马克思主义大众化的相关问题的研究，目前学界主要围绕以下几方面展开讨论：

1. 科学阐明了马克思主义大众化的科学内涵和精神实质

对马克思主义大众化的基本内涵，学界达成了基本一致的看法，认为大众化就是使马克思主义理论体系由抽象理性转变为生动具体，由深奥思辨转变为通俗易懂，由被少数人所理解和掌握转变为被广大人民群众所理解和掌握，并使它转化为人民大众的思想观念、价值观念、理想追求，内化为人民大众自觉的生活方式和行为方式的过程。当然在达成共识的基础上学者们有不同的阐释，代表性观点有：

第一，马克思主义大众化是表达方式、根本立场、根本方法的问题。"大众化不仅是表达方式问题，也是根本立场、根本方法问题。要坚持大众视野、群众观点，……要坚持贴近实际、贴近生活、贴近群众，充分考虑广大群众特别是城乡基层群众的接受能力和思维习惯，把深邃的理论用平实质朴的语言讲清楚，把深刻的道理用群众乐于接受的方式说明白，使抽象的理论逻辑转化为形象的生活逻辑，让科学理论从书斋走进人民大众、融入人们心灵。"① 可见，马克思主义大众化是指马克思主义理论通俗化和形象化的问题。

第二，马克思主义大众化是马克思主义理论由抽象到具体、由深奥到通俗、由被少数人理解和掌握到被广大群众理解和掌握的过程。"马克思主义大众化就是把马克思主义基本原理、基本观点通俗化、具体化，使之更好地为人民大众所理解、所接受。大众化是理论创新的重要途径和最终归宿，也是创新理论发挥作用的重要环节。"② 王桂泉指出："大众化是相对于精英化和学院化而言。……当代中国马克思主义大众化，就是中国特色社会主义理论体系大众化，就是使这个理论体系由抽象理性转变为生动具体，由深奥思辨转变为通俗易懂，由被少数人所理解和掌握转变为被广大人民群众所理解和掌握，并使它转化为人民大众的思想观念和价值观念，内化为人民大众自觉的生活方式和行为方式。"③ 在这里，马克思主义大众化更多体现为马克思主义理论的普及。

第三，马克思主义大众化是一种机制或者一种结果。邱柏生认为可以把大众化理解成一种过程与机制，也可以理解为一种结果。其一，"可以将大众化理解成一种过程与机制，于是大众化就可以理解为必须将当代中国马克思主义生活化、通俗化、普及化、层次多样化以及由初级起端的循序递进性"；其二，"可以将大众化理解为一种结果。在这样的语境下，当代中国马克思主义大众化最起码应包括以下三种状况。首先，获得社会大众的支持，这种支持不仅表现为隐性支持，而且表现为显性支持，前者是一种态度或情绪的支持，后者是行动的支持。其次，成为人们言行的指导思想，成为生活秩序运行的内在规则，成为人们建立意义系统之内在根据，这些不同的意义系统的建立目的是为了解释各种事物及其因果关系。再次，还应该成为社会大众的日常话语的一部分，它实际上表征着民众介入或参

---

① 刘云山：《把建设马克思主义学习型政党作为重大而紧迫的战略任务抓紧抓好》，《人民日报》2009 年 10 月 15 日。

② 秋石：《大力推进马克思主义中国化、时代化、大众化》，《求是》2009 年第 23 期。

③ 王桂泉、张铁民：《当代中国马克思主义大众化问题研究》，《理论探索》2008 年第 5 期。

与程度。"① 在这个意义上，马克思主义大众化更多地体现在民众的参与程度和广度。

第四，马克思主义大众化的具体内容及其含义的特指和泛指。何怀远认为："马克思主义应当有三种存在形态：一是理论形态，它存在于两种具体形态即原生态——马克思主义经典作家、新经典作家的著作和次生态——以教科书为主导形式的著作之中；二是制度形态，它存在于党和政府的政策、法规和指导性的文件中；三是观念形态，它存在于人民大众的理想信念、知识结构、思维方式和行为方式中。马克思主义大众化，就是通过马克思主义宣传教育，把马克思主义的理论形态和制度形态转变为观念形态。"② 刘建军认为："'当代中国马克思主义大众化'这一命题，具有特指和泛指两种含义。从前者来说，它特指当代中国马克思主义即中国特色社会主义理论体系的大众化。从后者来说，它泛指在当代中国条件下的马克思主义大众化，既包括马克思主义基本理论的大众化，也包括马克思主义中国化理论成果的大众化。从中共十七大提出这一重大命题的直接语境来说，它首先是一种特指的含义。十七大报告指出'开展中国特色社会主义理论体系宣传普及活动，推动当代中国马克思主义大众化'。从这个意义上理解，中国特色社会主义理论体系就是'当代中国马克思主义'，把这个理论体系大众化就是在当代中国把马克思主义大众化。"③

2. 充分论述了马克思主义大众化的重要性和必要性

第一，推动当代中国马克思主义大众化是坚持和发展中国特色社会主义的重大课题。"坚持不懈地用马克思主义中国化最新成果武装全党、教育人民，使中国特色社会主义理论体系真正成为人民大众普遍认同、接受和自觉实践的价值理念，不断提高全体人民贯彻落实科学发展观的自觉性，

---

① 邱柏生：《推进当代中国马克思主义大众化的路径和过程》，《思想理论教育》2008 年第5 期。

② 何怀远：《关于推进当代中国马克思主义大众化的几个问题》，《南京政治学院学报》2008 年第 3 期。

③ 刘建军：《关于当代中国马克思主义大众化的若干问题》，《思想理论教育》2008 年第 7 期。

为坚持和发展中国特色社会主义奠定坚实的思想理论基础，是大力推动当代中国马克思主义大众化的时代使命。"①

第二，推动当代中国马克思主义大众化是提高人民群众的社会主义觉悟、培养千百万社会主义事业的接班人的需要，是保证我们的社会主义事业永不变质的必然要求。刘书林认为，"推动当代中国马克思主义大众化的目的就是普遍提升人民大众的社会主义觉悟。这是涉及社会主义事业的长治久安，普遍提高人民群众的社会主义觉悟，培养千百万社会主义事业的接班人，保证我们的社会主义事业千秋万代永不变质。"②

3. 深刻总结了马克思主义大众化的基本历程和基本经验

第一，关于马克思主义大众化的基本进程。学界对马克思主义大众化基本历程有两种代表性的划分。其一，罗会德认为，改革开放三十多年来，马克思主义大众化基本历程大致可以划分为四个阶段。第一阶段：从改革开放前后至1982年中共十二大。马克思主义大众化的主要内容是开展真理标准问题的大讨论以及坚持四项基本原则的教育。第二阶段：从1982年至1992年邓小平"南方谈话"。马克思主义大众化的主要内容是学习建设中国特色社会主义理论，学习《邓小平文选》第二卷，并进行反对资产阶级自由化的教育。第三阶段：从1992年至2002年中共十六大。马克思主义大众化的主要内容是学习邓小平"南方谈话"精神和邓小平理论，开展"三讲"教育和反"法轮功"教育。第四阶段：中共十六大以来至今。马克思主义大众化的主要内容是学习"三个代表"重要思想、学习科学发展观、开展社会主义荣辱观教育。③ 其二，孙熙国教授总结六十多年来马克思主义基本历程，遵循逻辑与历史相统一的原则，把新中国成立六十多年来马克思主义大众化的基本历程分为四个阶段。从1949年10月新中国成立到1966年"文化大革

---

① 王联斌：《论推动当代中国马克思主义大众化》，《南京政治学院学报》2008年第1期。
② 刘书林：《当代中国马克思主义大众化与思想政治工作新任务》，《思想政治工作研究》2008年第1期。
③ 罗会德：《马克思主义大众化的历史进程和基本经验——30年的回顾与总结》，《社会主义研究》2008年第6期。

命"前夕，属于第一阶段，是马克思主义大众化的初步尝试阶段；从"文化大革命"开始到1978年十一届三中全会前，属于第二阶段，是马克思主义大众化遭遇挫折和艰难前进的阶段；从1978年十一届三中全会到2007年十七大前，属于第三阶段，是马克思主义大众化在反思和探索中前进的阶段；从2007年十七大至今属于第四阶段，是马克思主义大众化的全面推进阶段。①

第二，关于马克思主义大众化的基本经验。关于马克思主义大众化成功的基本经验，学界基本达成了如下共识：其一，要赋予马克思主义中国化或民族化的特色，要按照中华民族自身的特点和时代特征来运用、实践、发展和创新马克思主义。其二，要在研究和回答重大现实问题中推进马克思主义。马克思主义大众化要针对中国特色社会主义建设实践中不断出现的重大理论和现实问题，做出科学合理的、令人信服的回答，这样才能有效地促进当代中国马克思主义的大众化。其三，要把抽象理论用通俗化形式表达出来。马克思主义理论体系本身具有抽象性、概括性，甚至是艰深的，这是由马克思主义研究对象的宏大、复杂、深邃和综合性决定的，大众化就要依据群体的认知能力和接受方式进行话语转换，因此，马克思主义大众化就要把这些理论用老百姓喜闻乐见的形式表达出来。其四，要尊重人民群众的主体地位。一种理论能否被接受、被什么人接受，首先取决于这种理论与接受主体之间的满足与被满足的关系，马克思主义大众化成功的关键在于理论最大限度地维护和表达人民群众的根本利益，追求和实现人的全面发展。例如，罗会德认为，改革开放以来，中国共产党推动马克思主义大众化的经验包括：以理论创新推进当代中国马克思主义的大众化进程；以理论通俗化增强当代中国马克思主义对大众的吸引力；以理论成果的转化增进大众对当代中国马克思主义的认同；以典型示范引导当代中国马克思主义的大众化方向。②

---

① 转引自孙熙国：《新中国60年来马克思主义大众化的基本历程与基本经验》，《高校马克思主义大众化研究报告》，光明日报出版社2010年版，第150页。
② 罗会德：《马克思主义大众化的历史进程和基本经验——30年的回顾与总结》，《社会主义研究》2008年第6期。

4. 系统探索了马克思主义大众化的实践路径与工作机制

第一，关于马克思主义大众化的实践路径。典型的观点有教育宣传路径、政策路径、心理影响、媒体渗透等。邱柏生提出了四大路径，即"教育宣传、社会心理影响、制度规约和公共政策影响"①，分析了当代中国马克思主义大众化是"一个由理论观点影响个体意识→群体意识→社会意识和由理论观点掌控社会意识→群体意识→个体意识两种过程交互作用相统一的结果"②。还有学者将马克思主义大众化基本途径归结为"六进入"，一是进入学科，二是进入教材，三是进入课堂，四是进入大众文化形式，五是进入大众传媒阵地，六是进入思想。③还有学者认为，传统文化的继承性、宣传普及的专业性、传播媒介的渗透性、理论教育的主导性，这四点是马克思主义大众化的主要途径。④有学者指出，解决思想政治教育的方法问题是当代中国马克思主义大众化的关键。要深入探讨马克思主义大众化与思想政治工作之间的本质联系，充分发挥思想政治工作在当代中国马克思主义大众化中的作用。强调马克思主义大众化是思想政治工作的本质要求，是党的思想政治工作的优良传统。⑤

第二，关于马克思主义大众化的工作机制。当代中国马克思主义大众化是一项复杂的系统工程，它既需要宣传教育工作的持续改进，也需要在实践中不断完善其制度规约，即加强制度建设。良好的制度和机制，对于推动当代中国马克思主义大众化具有十分重要的意义。从制度学的视野分析马克思主义大众化的工作机制的代表性观点有：领导机制、舆情调研机制、保障机制、考评机制、督查机制等。⑥

有学者指出推进当代中国马克思主义大众化的战略机制就是做好"四

① 邱柏生：《推进当代中国马克思主义大众化的路径和过程》，《思想理论教育》2008 年第 5 期。
② 邱柏生：《推进当代中国马克思主义大众化的路径和过程》，《思想理论教育》2008 年第 5 期。
③ 何怀远：《关于推进当代中国马克思主义大众化的几个问题》，《南京政治学院学报》2008 年第 3 期。
④ 陈岸涛：《当代中国马克思主义的大众化初探》，《马克思主义与现实》2008 年第 3 期。
⑤ 骆郁廷：《马克思主义大众化与思想政治工作》，《思想政治工作研究》2008 年第 1 期。
⑥ 罗会德：《构建当代中国马克思主义大众化的长效机制》，《学习时报》2009 年 8 月 10 日。

个紧密结合"。即把握原则：把马克思主义的科学性与通俗性紧密结合起来，不断赋予当代中国马克思主义鲜明的民族特色；掌握方法：把理论创新性与实践普及多样性有机结合起来，不断赋予当代中国马克思主义鲜明的实践特色；创新手段：把不同群体思想的特殊性和层次性与推进大众化措施的针对性和有效性有机结合起来，不断赋予当代中国马克思主义鲜明的时代特色；完善制度：把马克思主义理论队伍建设与推进大众化的制度建设紧密结合起来，不断构建当代中国马克思主义大众化的长效机制。①

二、目前研究的局限与趋势

从目前的研究现状来看，马克思主义大众化已经成为学界的研究热点，出现了一些有价值的成果观点。但是现有或是存于某方面的单一性论述，或是政策层面的宏观阐释，表现出多元而分散、广泛而不深入的特点，讲基本理论的多，研究现实问题的少，总结历史经验的多，探讨工作机制的少，缺乏现实性、针对性、时效性和实践性。具体表现为：第一，比较侧重马克思主义大众化经验的总结，而相对较少开展关于马克思主义大众化实践及其发展规律的探讨。经验毕竟具有历史的局限性，即使已经被以往的实践证明是成功的，今天也可能和变化了的实际不相符合，从而仍有一个接受新的实践检验并不断丰富和发展的问题。所以，对马克思主义大众化的研究，不能只停留在经验层面，更重要的是揭示当前传播客观规律。第二，对马克思主义大众化的研究视域还停留在理论分析和原则性思考，缺少可操作性的实证研究。目前学界的研究内容大多集中在对马克思主义大众化内涵和意义的解读上，并从学理深度对这一论题进行合理性的论证，缺乏系统性的分析和实证性的研究，创新思维较少。第三，对马克思主义大众化的叙事原则和话语转换问题缺乏具体研究。现有的研究成果更多集中在马克思主义的宏观普及上，缺乏对当代中国不同社会阶层或群体有针

---

① 王永贵：《推动当代中国马克思主义大众化战略机制探析》，《马克思主义研究》2009 年第7 期。

对性的对象性思考和微观研究，对不同群体的接受能力、理论的解读能力缺少微观研究。第四，对马克思主义大众化传播研究停留在单一思维状态上，往往是从政治宣传、思想教育上考虑马克思主义传播问题，未能从民族文化、大众文化等领域和媒介载体去考虑马克思主义大众化传播问题。第五，对马克思主义大众化传播规律与接受规律缺乏深入研究。第六，对于马克思主义大众化传播各级领导者和理论工作者以及社会群体如何实现马克思主义大众化传播活动中的文化自觉和行动自觉缺乏深入思考，也缺乏实现马克思主义大众化的相关政策与机制研究。

基于目前的研究现状，有必要从多学科视域，融合多学科的研究方法，从宏观与微观的研究视角，从历史与现实的维度，全面考察和反省中国马克思主义传播的历史与现状，对马克思主义的话语系统、话语方式、叙事原则进行研究，寻找马克思主义话语系统和大众话语系统的契合点，实现马克思主义的普适性与大众的接受力和理解力的辩证统一。

从目前的研究趋势上看，很多学者把传播学应用于马克思主义理论和思想政治教育的研究领域。从20世纪80年代后，我国学者开始了对西方接受理论的分析和研究，并将接受理论应用于思想政治教育、意识形态建设等层面。中外有关传播学的各类理论为本书的研究提供了多层面的启示乃至分析的工具。比如，现代解释学对"理解"、"视界"的研究，尽管探讨的是"文本"的问题，但马克思主义大众化受众置身的社会环境其实就是一个"大文本"、"活文本"，他们时时都在以自己的"视界"去阅读和理解这个"文本"，这样解释学有关的研究成果正好给了我们极大的启示。又如，接受美学是解释学在文艺领域的直接延伸，该理论强调接受者的能动作用，并对期待视界作了深入阐发，对于我们在研究中高度马克思主义大众化的主体需求和能动作用，以及接受过程中的种种变异问题开拓了视野、提供了思路。再如，传播学关于受众的理论，在具体层面上展开了对接受问题的研究，对于我们把握现代社会中各类传媒对大众接受影响和媒介选择偏好提供了有效工具和智慧引领。

三、本研究的思路及内容安排

基于对本领域研究现状、存在的局限及发展趋势的分析，本研究尝试在马克思主义理论框架内，借鉴哲学、文化学、传播学和社会心理学等有关理论，融合多学科的研究方法，运用思想政治教育学科的思维方式，首先对马克思主义在中国传播进行历史和现实考察，从理论诉求、实践方式、传媒整合、话语转换等多维视角，深刻反省马克思主义在中国传播的困境与问题根源。其次，把马克思主义大众化传播置于现实社会语境中进行结构的优化，客观分析当前传播媒介的发展和社会舆论环境的现实，深入研究受众的思想心理、知识结构、接受习惯和媒介选择偏好等。在此基础上，探寻马克思主义大众化传播的文化载体和运作方式，提出可操作的文化传播原则和方法。再次，对马克思主义理论的话语系统和不同受众的话语系统进行深入分析，探索两者之间的契合点，研究马克思主义大众化传播的话语转换机制。最后，思考如何提高马克思主义大众化传播者素质，使其具备马克思主义大众化传播的文化自觉和实践能力，并对马克思主义大众化传播的保障机制和评价机制提出设想。为推进马克思主义大众化的整体进程及增强思想政治教育的针对性和实效性提供有力的理论指引和行动智慧。

本书的具体研究内容共分六章，简要介绍如下：

第一章马克思主义大众化传播的学理阐释。本章是本研究的前提性基础工作。本章从学理的维度阐释了马克思主义大众化传播的基本问题。首先，对马克思主义大众化传播概念给予界定，并着重阐明马克思主义大众化传播成立的意义空间：符号含义的共通理解，文化境遇的大致接近，交往心理的认同契合。其次，从传播学视域分析马克思主义大众化传播的特点：传播主体的大众化，传播载体的多样化，传播对象的多质化，传播内容的通俗化。最后，从文化哲学视域分析马克思主义大众化传播的现实旨归：立足生活世界的现实根基，激发受众情感的心理认同，注重主体精神的实践理路，追求交往理性的认识融通。

第二章马克思主义大众化传播的历史回顾。从历史的维度，深入总结马克思主义在中国传播的历史。任何问题的研究都不能抛开历史和隔断历史。虽然历史上没有马克思主义大众化之名，但是有马克思主义大众化之实。为此，本章深入分析与总结马克思主义大众化传播的范式演变、历史逻辑和成功经验。

第三章马克思主义大众化传播的现实审视。从现实的维度，深入研究马克思主义在中国传播过程中的现实困境与问题根源：第一，当代马克思主义大众化传播面临着精神诉求的困境、实践方式的困境、传媒整合的困境和话语转换的困境。第二，当代马克思主义大众化传播困境的问题根源在于传播主体的"僭越"与受众的"遗忘"、文本魅力的"衰微"与阅读的"失真"以及理论解读的"局限"与现实的"消解"。

第四章马克思主义大众化传播的结构优化。解决马克思主义大众化问题，首先需要建构和完善"传播结构"。马克思主义大众化传播的"系统结构"即传播运行过程中的构成要素或子系统，包括马克思主义大众化传播的主体、受众、载体、环境等。推动马克思主义大众化传播，首要任务要建构和完善"传播结构"。首先，理清这些要素在系统结构中各自所处的地位、作用和角色。其次，分析系统结构中要素运行的过程及其矛盾。最后，对传播结构进行优化，使各要素的功能得到最大的发挥。

第五章马克思主义大众化传播的方式选择。传播方式问题是目前马克思主义大众化传播方面存在的最主要问题。马克思主义是一种好理论，但是，在实践中存在着思维方式和传播方法不合理，往往导致人们在接受上出现问题，大众化传播方式应当是符合大多数人的欣赏、接受口味的传播方式，它应当是与大多数人的接受能力、认识水平、兴趣趋向和个性需要相适应的。本章重点研究：第一，马克思主义大众化传播的思维方式。第二，马克思主义大众化传播的方法应用。第三，思维方式和方法应用的辩证关系及其合理性建构。

由此看来，马克思主义大众化传播的"系统结构"，实际上就是一定"传播主体"在特定"传播环境"中，通过一些主要"传播渠道（或载体)"以某些合理"传播方式",向"传播对象(受众)"有效地传播马克思主义并使之切实成为他们信仰信念的系统结构。

第六章马克思主义大众化传播的机制探寻。合理的传播方式要通过科学的运行机制才能达到目的并以此作为保障使其顺利实施。为此要研究:第一,马克思主义大众化传播的话语转换机制。寻找马克思主义普适性与大众接受力的契合点,转换马克思主义大众化传播的话语方式,探索马克思主义大众化传播的文本理论话语向通俗叙事话语、主流文化话语向大众文化话语、意识形态话语向日常生活话语转换的思路。第二,马克思主义大众化传播的长效工作机制。深入思考各级领导者和理论工作者如何实现马克思主义大众化传播的文化自觉和行动自觉,深入思考实现马克思主义大众化传播的社会政策。第三,马克思主义大众化传播的效果评价机制。马克思主义大众化传播的效果评价包括评价主体、评价标准、评价反馈。评价的主体包括从受众和传播者两个维度分析。评价标准主要包括三个方面,其一是马克思主义有没有被在数量意义上的大部分人所接受,其二是在质的意义上有没有被群众所认知以及认知的程度,其三是马克思主义理论有没有对不断变化的现实问题和社会问题给出解释,并对未来社会发展给出科学合理的预测等。

本研究无疑具有突出的理论意义和应用价值。研究的理论意义在于:第一,从多元学科、多元视角对马克思主义大众化传播进行研究,使马克思主义理论研究拓展到多学科的"综合性"与"总体性"的层面和更为宏大的视角上,进而形成本学科的研究取向。第二,系统、全面、科学地总结马克思主义大众化传播的历程和经验,分析当前马克思主义传播面临的问题,揭示马克思主义大众化的传播结构及其运行规律,阐述当下马克思主义传播的运思逻辑,有利于拓展马克思主义大众化研究的理论视野,提升马克思主义大众化研究的理论层次。第三,从理论上探讨马克思主义大众化传播问题,有利于透过大众化传播过程中的现象揭示马克思主义大众化传播的内在规律,提高对理论传播规律的认识和把握,有利于马克思主义传播学理论体系的建设和完善。

　　研究的应用价值在于：第一，研究马克思主义大众化传播的规律，有利于以科学理论指导马克思主义大众化传播的实践。第二，可以启迪人们着眼于对现实问题的理论思考，着眼于新的实践和新的发展，从而为马克思主义大众化传播主管部门制定相关政策提供理论支持，为实际传播者的实施行为提供智慧指引。第三，对于增强马克思主义传播力，提高国家文化软实力，以马克思主义统领社会主义文化建设具有实践操作意义。第四，对于改变思想政治教育方式，增强思想政治教育的效果具有重要意义。

第一章 马克思主义大众化传播的
学理阐释

本章主要为本研究的展开做以下基础性工作：第一，对马克思主义大众化传播概念的界定。准确地对研究问题进行概念的界定，无疑是真实问题规范性、实证性研究的基础。第二，从传播学视域分析马克思主义大众化传播的特点。传播主体的大众化，传播载体的多样化，传播对象的多质化，传播内容的通俗化。第三，从哲学视域分析马克思主义大众化传播的现实旨归：立足生活世界的现实根基，激发受众情感的心理认同，注重主体精神的实践理路，追求交往理性的认识融通。本章凸显问题研究的学科视域，从传播学和文化哲学视域两个方面进行全面解读，这样才能更好地达于大众化传播的本质。

第一节 马克思主义大众化传播的
概念界定与意义空间

对马克思主义大众化传播的解读，首先必须把"马克思主义大众化传播"作为核心概念加以理清与阐释；还要抓准切入点，构筑符号含义的共通理解、文化境遇的大致接近、交往心理的认同契合的马克思主义大众化传播成立的意义空间。

一、马克思主义大众化传播的内涵界定

1. 马克思主义大众化

第一，关于当代中国马克思主义大众化的界定。十七大报告中提出"开展中国特色社会主义理论体系宣传普及活动，推动当代中国马克思主义大众化"①，从十七大报告中可以看出，"当代中国马克思主义大众化"就是"开展中国特色社会主义理论体系宣传普及活动"。由此看来，"当代中国马克思主义大众化"就是"中国特色社会主义理论体系"的大众化。十七大报告提出了中国特色社会主义理论体系的科学命题，明确指出："中国特色社会主义理论体系，就是包括邓小平理论、'三个代表'重要思想以及科学发展观等重大战略思想在内的科学理论体系。"② 那么在这个意义上，当代中国马克思主义大众化就是"包括邓小平理论、'三个代表'重要思想以及科学发展观等重大战略思想在内的科学理论体系"的大众化。十七大报告语境中的马克思主义大众化，指的就是把中国特色社会主义理论体系包含的基本原理、基本观点的通俗化、具体化、形象化，使之更好地为人民大众所理解、所接受、所掌握、所铭记。

第二，关于马克思主义大众化的内涵界定。马克思主义大众化的内涵所指的范围，即外延，要大于当代中国马克思主义大众化的内涵所指的范围。马克思主义大众化包括中国特色社会主义理论体系的马克思主义与马克思主义理论的大众化。这里要区分和界定"马克思主义"与"马克思主义理论"这两个概念。"马克思主义"是指马克思、恩格斯的观点、理论和学说的体系，具体地讲，是指马克思、恩格斯关于哲学的观点、社会理论和政治学说，是狭义的马克思主义。"马克思主义理论"是广义的马克思主义，即包括马克思、恩格斯本人以及马克思主义者继承创新发展的无产阶

---

① 胡锦涛：《高举中国特色社会主义伟大旗帜 为夺取全面建设小康社会新胜利而奋斗——在中国共产党第十七次全国代表大会上的报告》，人民出版社 2007 年版，第 34 页。

② 胡锦涛：《高举中国特色社会主义伟大旗帜 为夺取全面建设小康社会新胜利而奋斗——在中国共产党第十七次全国代表大会上的报告》，人民出版社 2007 年版，第 11 页。

级思想理论体系。作为无产阶级思想体系的马克思主义，主要包括马克思主义哲学、马克思主义政治经济学和科学社会主义三个组成部分，包括马克思和恩格斯本人的理论学说，也包括他们的继承者发展和创新的马克思主义。在中国，以毛泽东为代表的中国共产党人把马克思主义的基本理论与中国革命和建设实践相结合，创立了毛泽东思想。随着中国社会主义的实践与探索，在对时代发展提出的新问题和出现的新情况进行创造性研究过程中，邓小平、江泽民和胡锦涛等领导集体对马克思主义进行了理论创新，形成了当代中国特色的社会主义理论体系。正如刘建军所说："'当代中国马克思主义大众化'这一命题包含特指和泛指两重含义，前者指当代中国的马克思主义即中国特色社会主义理论体系的大众化，后者指在当代中国条件下的马克思主义大众化，既包括马克思主义基本理论及其最新研究成果的大众化，也包括马克思主义中国化理论成果特别是最新理论成果的大众化。马克思主义中国化，是要让马克思主义成为人民大众认识和改造世界的锐利武器，而不是强制人民大众接受马克思主义。"① 关于马克思主义大众化的基本内涵就是使马克思主义理论体系由抽象理性转变为生动具体，由深奥思辨转变为通俗易懂，由被少数人所理解和掌握转变为被广大人民群众所理解和掌握，并使它转化为人民大众的思想观念和价值观念，内化为人民大众自觉的生活方式和行为方式的过程。本书研究的"马克思主义大众化"的命题是泛指意义上的马克思主义大众化。

2. 马克思主义大众化传播

第一，关于传播的定义。"传播"在汉语中是一个联合结构的词，其中"播"多半是指"传播"，而"传"是具有"递、送、交、运、给、表达"等多种动态的意义。这就指明了"传播"是一种动态的行为。所以在汉语中常作为动词而使用。英语中的"传播"一词是从英语 communication 翻译过来的，在英语中这是个名词，原意中包含着"通讯、通知、信息、书信；传达、传授、传播、传染；交通、联络；共同、共享"等意思。据考证，

---

① 刘建军：《关于当代中国马克思主义大众化的若干问题》，《思想理论教育》2008 年第 7 期。

传播学中关于"传播"的定义来源于 1945 年 11 月 16 日在伦敦发表的《联合国教科文组织（UNESCO）宪章》，其中这样写道："为用一切'mass communication'手段增进各国之间的相互了解而协同努力。"其中的"mass communication"一词就被翻译为"大众传播"。大众传播专指报纸、广播、电视、网络等媒体而言，所以，这些媒体也就被统称为"大众传播媒体"，简称大众传媒。

关于传播的定义有很多种，它们有着各自的侧重点：强调传播是信息的共享；强调传播是有意图地施加影响；强调传播是信息交流的互动过程；强调传播是社会信息系统的运行；强调传播是社会关系的体现。但无论是从哪个角度对传播下定义，其基本意思是与他人建立共同的意识，是带有社会性、共同性的人类信息交流的行为和活动。因此，"所谓传播，即是指社会信息的传递或社会信息系统的运行。"[①] 信息是传播的内容，传播的根本目的是传递信息，是人与人之间、人与社会之间，通过有意义的符号进行信息传递、信息接受或信息反馈活动的总称。传播有两类构成要素，一是基本要素：信源、信宿、信息、媒介、信道、反馈；二是隐含要素：时空环境、心理因素、文化背景和信息质量。

第二，关于马克思主义大众化传播的定义。马克思主义大众化传播是推进和实现马克思主义大众化的一种方式，是通过讲述、传授、对话、文字、报纸、广播、电视、网络等载体或媒体开展马克思主义基本理论及其最新研究成果和中国特色社会主义理论体系的大众化传播普及活动的过程。思想及其客观符号化形态是通过文化信息系统或者文化传统得以保存、积累、改进，并成为了具有进化意义的心理和行为模式的信息。在传播意义上，马克思主义大众化本质上是马克思主义思想及其客观符号化的过程，是通过承载着符号化的信息载体对社会各阶层群体心理和行为模式的作用和影响。马克思主义大众化传播应该包含三层含义：其一，马克思主义大众化传播是传播者与受众基于对马克思主义基本理论及其最新研究成果或

---

① 郭庆光：《传播学教程》，中国人民大学出版社 1999 年版，第 5 页。

中国特色社会主义理论体系的一种信息共享过程；其二，马克思主义大众化传播是传播者有意图地对社会大众施加影响使其认知、接受和信仰马克思主义的过程；其三，马克思主义大众化传播是作为符号意义上的马克思主义在社会信息系统中进行信息交流与互动的过程。传播不同于宣传，宣传强调灌输，传播则注重互动，因此，马克思主义大众化应实现从"宣传"到"传播"的观念转变。由此可见，马克思主义大众化传播具有目的性，其目的是让社会大众认知、接受和信仰马克思主义，并达到信息的共识；马克思主义大众化传播具有互动性，是大众与马克思主义在社会信息系统中的交流与互动，达到信息的分享与扩散，尤其是网络等新兴媒体的出现，使马克思主义大众化传播所具有的信息传播交互性特点更加明显；马克思主义大众化传播还具有社会性，马克思主义大众化传播在是一定社会关系中进行的，是社会关系的体现。

二、马克思主义大众化传播的意义空间

任何一种传播的成立和实现都有它成立的意义空间，即都是在一种大致接近或一致的文化氛围和生活环境中通过对符号含义的共通理解以及在交往心理认同默契的前提下实现信息的认同、传递、交流、共享和扩散。

1. 符号含义的共通理解

符号是传播学和符号学的基本概念之一。符号是人类传播的要素，载送信息的代码，意义的显示。符号是人际传播的中介，也是主体与自身传播的中介。符号是指以某种符号形式表达该符号所包含的意义，是认知主体所了解事物之间复杂关系的抽象表达。符号无处不在，渗透到我们生活的方方面面，社会生活中如打招呼的动作、仪式、标志、文学、艺术、神话等等的构成要素都有符号。总之，能够作为某一事物标志的，都可称为符号。符号伴随着人类的各种活动，人类社会和人类文化就是借助于符号才能得以形成的。在各种符号系统中，语言是最重要的，也是最复杂的符号系统。语言学家索绪尔认为，符号是指能指和所指相联结所产生的整体。

能指是由"有声形象"构成的，即语言的一套表述语音或一套印刷、书写记号；所指是指人的精神和心理的范围，就是作为符号含义的概念、思想和观念。符号的能指是任意性的，而所指是有差异性的。① 符号论美学家卡西尔认为，"符号化的思维和符号化的行为是人类生活中最富于代表性的特征。"② 朗格说："艺术是人类情感的符号形式的创造。"③ 在卡西尔看来，"艺术可以被定义为一种符号的语言"④，每一个艺术形象，都可以说是一个有特定涵义的符号或符号体系。为了理解艺术作品，必须理解艺术形象；而为了理解艺术形象，又必须理解符号。符号作为对象的指称形式，它的统摄功能具有生成人性和塑造人类文化的作用。

符号，一方面它是意义的载体，是精神外化的呈现；另一方面它是物质载体，具有能被感知的客观形式。在信息传播中，符号是信息的外在形式或物质载体，是信息表达和传播过程中不可缺少的一种基本要素。符号通常可分成语言符号和非语言符号两大类，这两类符号在传播过程中通常是结合在一起的。无论是语言符号还是非语言符号，在人类社会传播中都能起到指代功能和交流功能。信息的传播要经过符号的中介，这意味着传播也是一个符号化和符号解读的过程。符号化即人们在进行传播的时候，将自己要表达的意思转换成语言、声音、文字或其他形式的符号；而符号解读是指信息接受者以自己的知识背景和情感体察对传来的符号加以阐释、理解其意义的活动。符号总是具有意义的符号，意义也总是以一定符号形式来表现的，但是意义又是具有个体性和社会性、相对性和决定性的双重向度，个体是依据自己的知识背景、社会阅历和情感体验去建构符号的意义，但是又不能脱离其所生活的社会历史条件和现实根基。符号的共通性理解是符号在个体性、相对性层面的意义寓于社会性、决定性的视域中。没有符号的共通理解，就不会有传播过程的成立，或传而不通，或通而不

---

① ［瑞士］索绪尔：《普通语言学教程》高明凯译，商务印书馆1999年版，第102页。
② ［德］卡西尔：《人论》，甘阳译，上海译文出版社1985年版，第35页。
③ ［美］苏珊·朗格：《情感与形式》，刘大基等译，中国社会科学出版社1986年版，第5页。
④ ［德］卡西尔：《人论》，甘阳译，上海译文出版社1985年版，第183页。

达，或导致误读。符号的建构作用就是在可知觉的符号与能表征的意义之间建立联系，并把这种联系呈现在我们的意识之中。在传播中，符号是作为符号工具承载信息传递的媒介，是约定俗成的社会交际工具，正常情况下传受双方是在约定的前提下使用某种符号，这一约定是自觉的或不自觉的。受众的选择性注意、理解和接受应该在约定的前提下使用。在传播中，符号对传播的有效进行及其效果的实现有很大的作用，符号含义的共通理解是传播成立的首要条件，传者与受传者使用共同的或相近的符号体系，才能进行方向明确、目的清楚的沟通。同时，传受双方须具备相应的符号能力，才能进行精确细腻的沟通，特定的传者或受传者需要具有使用某种符号的熟练程度、能力水平和个性特色直接影响传播的效果。作为一种符号，"马克思主义"是被创造出来的，是经由不同的书写者、阅读者以及不同的传播媒介而被赋予某种特定的认知内容和情感意义的一个名词。

作为一种传播媒介的符号，马克思主义传播呈现的是语言、文字、声音、图像等符号。符号意义上的马克思主义就是包括马克思、恩格斯的观点、理论和学说的体系著作和马克思主义其他作家的经典著作以及对马克思主义书写和表达所使用的语言、文字、声音和其他表征形式的符号。马克思主义传播符号含义的共通理解就是对马克思主义书写者和表达者与阅读者和受众对马克思主义书写与表达呈现的文字等符号意义的共通的理解。"马克思主义"作为一种符号的存在和传播，是经由作家、读者和传播媒介共同完成的。作为一种符号，其一，"马克思主义"在不同的时期及其不同的群体所代表或者被理解的含义是不同的，虽然经典著作具有一定的稳定性，但是随着时代的发展，马克思主义存在的社会条件是变动的，马克思主义者对马克思主义的阐释和书写是变动的，同时读者和传播媒介也是变动的；其二，不同的时期及其不同群体的人对马克思主义所呈现的符号含义的理解和认知是不同的，他们是在对这一符号的理解和使用、传播后才确定了符号的最终含义和意义。所以，只有马克思主义书写者和表达者对马克思主义阐释和传播使用的语言或文字等符号符合阅读者或受众的符号接受能力，才能实现马克思主义传播的成立。

2. 文化境遇的大致接近

人是一种文化的存在，人生活于其中的世界即是文化的世界。"文化首先是人的基本生存方式或'生活的样法'，它制约着人的行为方式和思维方式，具体表现为人应答问题和解决问题的基本思路、思维模式、价值取向、评价标准、心理结构等；其次，文化是不同主体间交往的方式或模式，表现为交往观念、情感模式、道德规范、交往规则等；再次，文化是政治经济等社会活动的内在机理，表现为社会规范、组织机制、民族精神等。文化是一个非常深刻和宽泛的范畴，它在每个社会中，一方面体现为人的现实活动的文化模式，另一方面在哲学等理论形态上表现为自觉的文化精神。"[①] 人生活在文化的张力所交织成的网之中，因此，文化也被人视为一种共享的意义体系，它作为一种象征符号资源被社会成员所使用，借助于它来组织、建构自身的日常生活。人也是在文化世界中进行人与人之间传播活动的，大致接近的文化境遇是实现交往互动与意义共通理解的前提性历史基因和社会条件。从传播心理学角度看，受众接受传播者的观点过程是一个非常复杂的心理过程，不同的人们在各方面表现也有些差异。仅就受众而言，它既要受到受众自身在社会中所处的地位和知识文化水平高低的制约，又要受其内在心理接受图式的影响。一般来说，受众容易接受与他们具有共同知识背景、相近思想观念的传播者所表达的观点，回避或排斥与自己不一致的那些观点。

作为一种意义体系，文化是一种历史的过程，因为它不局限于简单的正在发生的传播，人们是通过长期以来的约定俗成的一些规范来实现眼下的传播实践；与此同时，文化也是一个建构的过程，因为文化存在于传播过程之中，传播过程建构了文化；此外，文化也是一个松散的过程，因为文化虽然规定与制约着传播实践，但在传播过程中，作为文化的规范、符号及意义不仅会受到遵守与重申，也会根据实际情况发生一些改变。因此，文化是一种意义的存在，是一种规范的存在，是一种价值的存在，又是一种影响的存在。文化可以帮助我们了解一个社会的人们如何来建构他们的

---

① 衣俊卿：《全球化的文化逻辑与中国的文化境遇》，《社会科学辑刊》2002 年第 1 期。

日常生活，了解他们关于人的观念，了解他们的互动模式以及他们所习惯采用的策略性行动。这样一来，在一定文化境遇中，必须有效地把传播与文化个体的生活现实联系起来，才能使传播有意义。

俄国十月革命，把马克思主义传播到中国，这样一种跨文化境域中的历史实践，是基于这样一个事实，即中国与俄国有着大致相近的文化境遇与生活状况。文化的自我认识始终都建立在文化传播、交流、比较的基础之上，我们生活的时代是一个迅疾发展和变化的时代，推动所有这些变化的重要力量之一是科学技术的发展。今天，科学技术不仅改变着我们的生活环境和状况，而且改变着生活本身，不仅改变着生存的空间和距离，而且直接以一种新的文化形态影响和改变着时代人群。在这样一个历史时代中，马克思主义在中国老百姓中实现大众化的传播更离不开人们所面临的富有时代性的文化境遇与生活世界。

3. 交往心理的认同契合

"交往心理"是构成传播的重要因素。事实上，社会心理学和传播学的关系是密不可分的，在某种程度上说，社会心理学是传播学的基础。时间上，1908 年英国心理学家麦独孤和美国社会学家罗斯分别出版了用《社会心理学》命名的专著，这标志着社会心理学已成为一门独立的学科。传播学则要晚于社会心理学，它是 20 世纪 40 年代在美国正式形成的。研究范围上，社会心理学是"从心理的角度研究个体与社会、个体与个体、个体与群体、群体与社会之间的相互影响和相互作用的学科"①；传播学是"一门探索和揭示人类传播的本质和规律的科学"，它的研究对象"包括传播活动现象，也包括传播意识现象、传播关系现象和传播规范现象"②，涉及一切传播行为和传播过程发生、发展的规律，以及传播与任何社会的关系。可见传播学是包含在社会心理学范畴之内的。在衡量大众媒介的传播效果时，人们总是会运用到社会心理学的一些特定理论，因为所谓的"传播效果"，

---

① 孙时进编：《社会心理学》，复旦大学出版社 2006 年版，第 4 页。
② 邵培仁：《传播学》，高等教育出版社 2000 年版，第 2 页。

其实也就是受众对传播者发出信息的接受程度，这很大程度上取决于社会个体的接受心理或社会群体的接受心理，很显然这些都离不开社会心理学。当人们进行精神上的交往时，始终伴随着交往心理活动，认知、情感和意志这些心理因素推动和制约着交往的深度和广度，任何人的精神交往活动都不可能"超乎心理学规律之上"①。

在传播学中研究传播效果时往往不会脱离另一个范畴，那就是"认同"。认同是指人们在情感及认知方面对事物所要表达的意义的看法和评价具有一致性或相似性。在交往中，认同是把自己看作别人，特别在相互作用比较强烈的交往中，认同这种心理活动更为强烈，它对能否实现交往以及这种交往能否持续下去，起着非常重要的作用。交往心理的认同契合提示我们：要想在思想上或行为上影响某个人或某个群体，我们首先要尽量取得他们在心理上的认同。认同是人们交往得以开始和持续的心理前提，人们凭借一种标尺开始精神交往并认同或接受外在事物，这个尺度马克思把它称为"内在尺度"。内在尺度是主体内部设立的一种客观的心理标准，可以用来自我审视。"动物只是按照它所属的那个种的尺度和需要来建造，而人却懂得按照任何一个种的尺度来进行生产，并且懂得怎样处处把内在的尺度运用到对象。"② 因此，我们在衡量事物存在时，应该用人的内在观念的本质尺度。人们在接受传播过程中的传播信息时，其认同感表现在用"内在尺度"衡量外来信息，如果自己的内在尺度与外来信息在某方面比较一致时，交往可能开始并持续下去。

在传播信息时，认同心理也会变形为趋同愿望的从众心理。追求趋同的从众心理也是交往心理认同契合的表现。从众心理（conformist mentality）是指当个人在社会交往中受到外界人群行为的影响，而在自己的知觉、判断、认识等交往心理上表现出符合于公众舆论或趋同多数人的行为方式。在这种影响中，只有很少数人保持了独立性，没有被从众，而大多数人由

---

① 《马克思恩格斯全集》第 1 卷，人民出版社 1995 年版，第 133 页。

② ［德］马克思：《1844 年经济学哲学手稿》，人民出版社 2000 年版，第 58 页。

于对不从众感到或强或弱的尴尬和不便就会产生趋同愿望的从众心理。所以从众心理是多数人普遍所有的心理现象。群体规模、群体凝聚力、群体意见、群体权威都是使个人产生从众行为和从众心理的主要因素。法国著名社会心理学家卢朋在他的《群集心理》中创新的将医学术语"感染"一词引入了心理学中。他认为，当很多人聚集在一起时，某一些特定的感情就会像细菌一样在人群中蔓延、传染，此时的个人行为色彩会大大减弱，取而代之的则是一种统一的团体性格。这也就是说，一个群体的情感、意识、观念、信仰等都具有如同细菌一般强大的感染力，而这强大的感染力，正是来源于人们的从众心理。一般情况下，在强大的群体压力面前，很多人都会采取与群体内大多数成员相一致的意见。这种个人受群体压力的影响，在知觉、判断、信仰及行为上表现出与群体大多数成员相一致的现象，社会心理学称之为从众倾向或从众行为。

对一部分缺乏认同感并且有一定倾向和愿望想与同伴保持心理、意见和行为一致的人们来说，往往容易产生从众心理。通常一个群体的各个成员相互接触之后，会形成一种群体规范，这种规范的形成是由于成员彼此之间受到某种思维暗示、相互模仿，继而会表现出尊重和服从，并且这样的规范一旦生成便会对该群体以及群体中每一个体产生持久而深入的作用。它使群体形成一个主流的价值观念，里面包含着大多数人的意见看法，这样就会产生一种力量使得每个成员自觉或不自觉的保持着与大多数人的一致性。相反的，当个体的行为与其不相一致时，就会因为偏离了自身的归属需要而感到不适、紧张甚至恐惧。因此，如果个体不愿意处于这种孤立和尴尬的境地，那么在群体规范的压力下就会与大多数人趋同。因为这种心理上的趋同感，可以成为群体中个体的社会目标，成为个体实现自我认同和社会认同的路径，成为个体自我认识和对社会认识的一个基准，这无疑为马克思主义理论的传播提供了一个有利的切入点。"一棵树动摇另一棵树，一朵云推动另一朵云，一个灵魂唤醒另一个灵魂。"① 这是德国现代存

①　[德] 雅斯贝尔斯：《什么是教育》，邹进译，生活·读书·新知三联书店 1991 年版，第 4 页。

在主义哲学家雅斯贝尔斯在他的著作中的一段话，形象的话语为我们指引出了一条传播的最佳路径。如果能使马克思主义理论在一个群体内形成其主流价值观，通过多数人感染少数人，或者通过多数群体同化少数群体，就很容易使这样的价值观内化为实际行动。这种内化行动一经形成，便会使马克思主义理论成为一种公信力量，不断内化成为人们内心的心理尺度，从而在指导个体行为时发生巨大作用。

马克思主义在我国的传播，从早起的精英化传播到现在的为大众化传播寻找途径，其形式几经变化，传播途径、受众群体、接受效果也都随之转变。用拉斯韦尔的"5W"模式来对马克思主义当下在中国的传播与早起的马克思主义传播进行比较可以发现：传播者人数比以往更多，范围更加广泛；受众群体经历了一个从小众、分众到大众的转变过程；传播途径从口口相传、纸质媒体的传播、广播和电视媒体的传播到信息化的网络传播等，更加趋于多样化；传播内容更是经历了由少到多、由简入繁的过程；然而，在最终的传播效果上，受众的接受程度却呈现出了下降的趋势，现在的受众通常没有了早期马克思主义传播时的接受热情，显然这期间受众的心理变化是值得我们去探究的。

第二节　大众传播思维路径下的马克思主义大众化传播

大众传播思维路径下的马克思主义大众化，就是借鉴大众传播学的理论和方法对马克思主义的传播特点进行学理考察，以便从中探寻当代马克思主义大众化传播的规律及适应社会环境变化的新传播方法和途径。

一、传播主体的大众化

马克思主义大众化传播要充分尊重群众的主体地位。

第一，主体参与来源大众化，突出了主体力量。中国特色社会主义事业是亿万人民群众的事业，人民群众是历史的创造者，推进马克思主义大众化，发展中国特色伟大事业，实现中华民族的伟大复兴，是全党全国人民的共同任务。作为社会成员尤其是党员干部不能认为这只是党中央或理论界等个人或者单个组织的事情，而把自己当作"局外人"或者"旁观者"。发挥广大党员干部和群众在马克思主义大众化中的主体作用，这是马克思主义大众化的本质特点。人民群众是主要力量，无产阶级是阶级基础，党是核心力量，政治家理论家是精英，但是只有少数政治精英和文化学者的参与，还不算真正的大众化，只有充分发挥广大干部和群众的主体力量，扩大参与的阶层群体和传播的受众范围，马克思主义真正做到普及，被人民群众所掌握，才算是真正意义上的大众化。因此，马克思主义大众化发挥各基层群众的主体力量，要求人民大众不但是马克思主义中国化理论的主动学习者，而且更应该成为传播者、实践者和创造者，而绝不是被动的接受者。主体大众化还要力求受众数量广泛，要扩大马克思主义传播的广度与深度，要超越政治、经济、文化、宗教、教育和习俗等因素造成的界限，要辐射不同年龄、性别、职业、阶层、区域和民族的受众，使广大人民群众把马克思主义思想运用到自己的实践中去，运用到自己的生活、行动和工作中去，转为大众自己的文化自觉和行动自觉，使马克思主义成为大众自己的生活智慧和共有的精神文化。

第二，主体参与形式丰富化，突出了主体作用。在现代社会中，个体都渴望实现自己的价值，而个体价值的实现是通过社会化实践来完成的。因此，要鼓励和支持社会大众参与各种组织活动，扮演一定角色，实现自己的人生价值。要有效地实现马克思主义大众化传播，就要带大众进入主体角色，发挥主体作用，通过群众讲给群众听等民间化的传播方式，达到相互教育、相互启发的目的。马克思主义作为国家主导的意识形态，体现了真理性和现实力量，为其传播提供了很好的平台，但是，一旦过多地由行政力量强行推进，带上某种"官气"，可能会导致普通民众对其敬而远之。由群众讲给群众听，能更多地体现宣传教育中的民间意味和大众情怀，因此，马克思主义传播主体的大众化，既要依靠专家学者，同时又要依靠各阶层群众。专家学者固然是理论功底深厚，但毕竟人才资源有限，尚且不一定了解当地情况，讲起来自然也就显得无的放矢。如果马克思主义大众化传播的主体来自民间，那么传播主体本身就具有一种大众身份，这样传播主体长年与人民群众打成一片，熟悉本地群众的生活状况、劳动状况、思想状况和话语体系，传播起来也就具有天然的亲和力和感染力，因而，要起用各基层的人才，利用当地素材，使马克思主义传播更具优势。

二、传播对象的多质化

从传播对象上看，马克思主义大众化传播指向了最广泛意义的社会大众。传统的马克思主义传播是以领导阶层和知识阶层为主要的传播对象。它们无论在著作文字的表述上还是在讲述语言的选择上，都显得艰深晦涩，无法在民众中传播。当代中国的马克思主义大众化传播是人的深层价值秩序位移和重构的过程，因此，要克服马克思主义传播过程中存在的理论脱离实际、躲避现实、远离大众的问题，就要以通俗的语言、生动的情节和丰富多彩的内容，引起普通民众的广泛关注，从而将传播对象转向了大众。

"'马克思主义中国化'视阈中的'大众'不是自明的范畴，不是一个描述性范畴，而是一个规范性范畴。她指的是对当代中国的马克思主义具有理论认同性、对中国特色社会主义建设事业具有价值认同性的'公民'。具有公民身份的'大众'是一个多层次的、多元统合的范畴。她不是阶级、阶层的划分，也不是各种职业的区别，更不是族群的划分；而是统合当代中国社会中具有不同的政治、文化、利益关切的平等的、多元的社会价值主体。"[①] 因此，"马克思主义大众化"所"化"的"大众"由于阶级分层、利益区别、思想差异、民族差异等等呈现"多质"的特征，即马克思主义传播对象是以"多质"的形态存在和发展的，而不是以"同质化"的形态存在和发展的。从传播规模上看，当代中国马克思主义传播必须具有相当

---

① 杨楹、卢坤：《大众化：马克思主义中国化的主体维度》，《马克思主义研究》2009 年第 12 期。

的社会接触规模和人群覆盖密度，不能只局限于党和政府工作人员、理论工作者、青年学生、社会其他精英等狭小的群体或者赢得少数人和个别阶层的认同，应该更加关注受众的差异性、层次性和群体性，更加关注生活于社会中下层的普通民众和社会阶层，在传播对象上打破以往理论传播的界域，由上层而转向下层，由庙堂转向民间，由贵族而转向民众，由精英转向平民，切实强化渗透力和辐射力。在新的历史条件下，随着社会分工日益细化，新的社会阶层和社会群体不断产生，社会朝着多层次、多元化方向的发展趋势越来越明显，因此，作为马克思主义大众化的"大众"是一个多层次的、多质的统合范畴，马克思主义大众化要紧密地结合社会各阶层生活状况和社会实践，使马克思主义传播富有针对性、形象性和多样性。马克思主义传播的"大众化"还要求受众数量的庞大，要让马克思主义大众化成为一种人人参与的事业，要使中国马克思主义是"为一般平民所共有的"而非为"少数人所得而私的文化"，[①]"文化是大众的，因而是民主的。它应为全民族百分之九十以上的工农劳苦大众服务，并逐渐成为他们的文化。"[②]

大众化传播的基本要求是普及化。没有普及化，马克思主义大众化就缺少坚实的民众基础和主体力量，理论作用对象范围就会受到限制。马克思主义要想在实践中真正发挥指导作用，就需要宣传普及，就需要掌握人民大众。因此，马克思主义大众化传播对象的多质化要求推进马克思主义大众化传播必须顺应形势发展，坚持全面、协调、可持续的发展战略，坚持统筹兼顾的根本方法，对马克思主义理论传播进行阶段性、总体性规划，构建多层化、多元化理论传播体系，针对不同阶层和群体采取不同的传播策略和方法，选择不同的传播内容和形式，运用不同的传播语言和语气，通过各种途径和载体，以达到最佳的传播效果。

---

① 《毛泽东选集》第三卷，人民出版社 1991 年版，第 1058 页。
② 《毛泽东选集》第三卷，人民出版社 1991 年版，第 708 页。

三、传播内容的通俗化

马克思主义通俗化，就是赋予马克思主义的传播内容以生动活泼的大众语言，使之适合人民大众的口味。传播的内容通俗化是马克思主义大众化的显著特征。大众化离不开通俗易懂，但通俗易懂不是庸俗化，而是在坚持马克思主义基本原理、基本观点的科学精神的前提下，将其转化为群众的生活语言。通俗易懂是马克思主义大众化传播的必然形式，中国特色社会主义理论只有为广大干部群众所接受，才能产生巨大的精神力量和物质力量。通俗化是当代中国马克思主义说服群众，掌握群众，在实践中发挥作用的重要前提。马克思主义以及马克思主义中国化的最新成果要为广大人民群众所掌握，使群众易于接受，必须在其内容的话语和表现形式上要通俗化、大众化、多样化，用深入浅出的形式讲高深的理论，在传播内容上适合大部分人的接受兴趣与接受能力，注重内容上的通俗化，让大多数人喜爱。所以，大众化离不开通俗化，只有通俗的才是大众的。理论晦涩难懂不是优点而是缺点。

抽象、丰富、深奥的马克思主义理论要走进大众，应该用一般人、普通人都容易理解、领悟的言辞，把理论话语变成"口语化"、"通俗化"、"大众化"、"形象化"的话语，而且用大众都能听得懂的"日常语言"、"生活典故"来讲明精深的道理。同时，将抽象的理论联系实际生活，增强直观性、体验性、亲和性、互动性、娱乐性，从而减少学究味和官味，增强感染力和亲和力。通俗化是马克思主义的优点，邓小平直接地指出："马克思主义并不玄奥，马克思主义是很朴实的东西，很朴实的道理。"[①] 列宁曾经讲过："最高限度的马克思主义＝最高限度的通俗和简单明了。"[②] 要避免在马克思主义大众化过程中将马克思主义理论庸俗化，要将马克思主义所蕴涵着的人文精神和科学精神融入人民群众的生产和生活中，要将马克

---

① 《邓小平文选》第三卷，人民出版社 1993 年版，第 382 页。
② 《列宁全集》第 36 卷，人民出版社 1985 年版，第 467 页。

思主义思想中所蕴涵的改造世界和变革世界的思维方式融入群众社会实践的具体而生动的实例中，逐渐内化为群众的信仰、观念、意识、素养。在20世纪30年代，著名马克思主义哲学家艾思奇的《大众哲学》，就是党的历史上马克思主义哲学通俗化、大众化的成功范例，曾经在党的思想理论大众化中起到了重要作用，影响了不止一代人，对于当代马克思主义理论工作者仍然具有宝贵的思想启迪和方法借鉴。毛泽东同志的《反对本本主义》、《改造我们的学习》、《矛盾论》、《实践论》等，也是用通俗和民族的话语阐述了马克思主义，易于被广大的干部所理解和掌握，在革命和战争年代发挥了重要的思想作用，既凝聚了党的力量，也提高了广大干部的素养。

四、传播方式的多样化

媒体是信息传播包括马克思主义传播的介质或平台，马克思主义要"大众化"离不开马克思主义信息来源和传播渠道的多样化。传播方式的多样化实质上是马克思主义日常存在和呈现形态的多样化，多样化的方式就是通过各种文化样式传播马克思主义，可以在任何时间、以任何方式把马克思主义理论的信息传播并分享给任何受众，使中国特色社会主义理论体系形成马克思主义的文化融入各种文化形态之中，占领舆论传播的思想阵地，贴近人民群众、贴近大众生活、贴近社会实际。通过多元化的传播方式传播当代中国马克思主义，可以使马克思主义信息交换成为大众认识、信念和情感，将中国特色社会主义理论自然有机地融入人民大众的文化生活中，潜移默化，润物无声，融入人们的心田。

传播方式多样化是信息技术发展的必然结果。改革开放三十多年来，伴随着新科技革命及其引发的信息化发展，我国媒体同经济一样，出现了前所未有的快速发展势头，媒介创新能力显著增强，呈现出形式多样化和数字化的发展趋势，传统媒体逐渐让位于新兴媒体。传统媒体是相对于兴起的网络媒体而言的，主要是报纸、杂志、广播、电视等。以传统的大众传播方式即通过某种机械装置定期向社会公众发布信息或提供教育娱乐的交流活动的媒体，通常我们又把它们称为"平面媒体"。当然，传统与现代是变化的。20 世纪 80 年代前，传统媒体主要是报纸、杂志、广播，电视则是新兴媒体，还未有普及。20 世纪 90 年代，互联网进入中国，以不可阻挡之势迅速传播、广泛应用，电视也成为传统媒体。与此相联系，还衍生出数字杂志、数字报纸、数字广播、手机短信、移动电视、网络、数字电视、数字电影、触摸媒体等。相对于报刊、杂志、广播、电视四大传统意义上的媒体，新媒体被形象地称为"第五媒体"，同时传统媒体与新兴媒体也呈现联合趋势。20 世纪八九十年代后出生的受众是新媒体的受众主体，这一代年轻人懂得互联网使用技术，对信息化的媒介工具都非常熟悉，对手机等新媒体的认可度较高，是伴随着互联网、手机成长起来的受众，享受和追逐最新信息化的娱乐方式是这代人的生活方式。多种多样的媒体并存，同时传播信息，这种情况在过去是无法想象的。推进马克思主义大众化传播要实现传统媒体与现代媒体的深度融合，凡是由我们的媒体覆盖的地方，就要让党的声音进入千家万户，实现党的路线、方针、政策广度和深度的覆盖和普及，让大众切身感受到中国特色社会主义理论的实践魅力。马克思主义大众化多样化的传播方式，第一，可以发挥多种载体的传播方式，从而实现理论的聚焦作用和思想渗透作用。每一种文化形式都是一种理解和把握世界的方式，马克思主义通过不同的文化形式表现出来，体现了马克思主义大众化传播社会共建共享的互动性，能让人们从不同的方式和视角去理解和感知当代马克思主义的理论魅力和实践力量，受众对马克思主义的认知可以在这种多样化传播方式的互动中被影响和强化。第二，可以通过不同的传播方式来消除传播内容重复感，避免重复运用单一传播方式造成受众的"接受疲劳"和"审美疲劳"。对社会大众而言，多样化的传播方式不但可以使社会大众更加方便快捷地接收马克思主义信息，而且可以使受众从文字到影像、从声音到情节，通过不同的感官体验和视觉效果来对马克思主义的叙事进行感触，使传播更具有可渲染性和舆论导向性。把马克思主义融入大众文化形式，把党的创新理论有机地自然地融入文化艺术作品之中，使其与群众的精神文化生活紧密联系起来，可以使人民群众在欣赏文学艺术作品、观看文化娱乐节目中受到思想理论教育。第三，可以满足不同受众接受马克思主义的不同方式或途径，使不同传播方式的媒体之间很好地进行互补。新兴媒体不仅是人们获取信息的重要渠道，而且成为思想文化信息的集散地和社会舆论的放大器，信息媒体的传播交织着个性化和社会化的双重特征，在网络新媒体环境下，信息传播不仅是个人简单的获取与阅读的过程，也是个体与他人互动、融入社会的过程。不同受众对不同传播方式的选择也不同，大众接受信息呈现个性化趋势。因此，马克思主义大众化传播的方式多样化可以迎合媒介的发展态势和创新形式，基于满足不同类型受众的心理需求、接受习惯、情感取向和兴趣爱好，展开有针对性的传播，可以通过对受众需求驱动、情感调动和角色互动，使理论传播更具有亲和力和吸引力。

第三节　文化哲学思维路径下的马克思主义大众化传播

　　回归生活世界的文化哲学使我们思考人类存在向现实性、丰富性和开放性的维度展开。文化哲学思维路径下的马克思主义大众化传播蕴涵着马克思主义传播范式的重要转换和跃迁。用文化哲学思维去解读马克思主义大众化传播，可以澄清、拓展和深化马克思主义传播研究的问题域限，是推进马克思主义大众化传播研究的重要前提。

一、立足生活世界的现实根基

　　生活之种种，重在其意义，意义于何生？皆出于生活之根基。正如孙正聿所指出："人的世界，是人类的全部活动历史性地创造的'有意义'的'生活世界'；人与世界的相互关系，人类把握世界的各种基本方式，都应当从人类创造的'有意义'的'生活世界'去理解。"① 在这个意义上，历

---

　　① 孙正聿：《寻找"意义"：哲学的生活价值》，《中国社会科学》1996年第3期。

史表现为人们自己创造自己的历史，表现为"具有意识的、经过思虑或凭激情行动的、追求某种目的的人"①的活动过程。每一个人正是"追求他自己的、自觉预期的目的来创造他们的历史，而这许多按不同方向活动的愿望及其对外部世界的各种各样作用的合力，就是历史"②。马克思主义所表征的不是纯粹的理念，更不是知识层面的摆设，而是对社会历史领域中日常生活本身的关注。因此，马克思主义大众化传播要立足生活世界的现实根基。

"生活世界"的概念是由德国哲学家现象学学派创始人胡塞尔最早提出的。胡塞尔在其著作《欧洲科学危机和超验现象学》中，对"生活世界"问题进行了具体论述，但是并未对"生活世界"概念给予具体界定。在胡塞尔看来："生活世界是自然而然的世界——在自然而然、平平淡淡的过日子的态度中，我们成为与别的作用主体的开放领域相统一的、有着生动作用的主体。生活世界的一切客体都是主体给予的，都是我们的拥有物"③，这个生活世界概念看来正是对"日常生活世界"的定义。在《欧洲科学危机和超验现象学》中，胡塞尔明确地说："作为唯一实在的，通过知觉实际地被给予的、被经验到的世界，即我们的日常生活世界。"④倪梁康对胡塞尔的"生活世界"概念作了诠释："生活世界"是"在自然态度中的世界"，基本而言"生活世界"是指"我们个人或各个社会团体生活于其中的现实而又具体的环境"。具体地说，"生活世界"具有如下特征：

第一，"生活世界"是一个非课题性的世界。非课题性的世界"是指我们在自然的观点中直向地面对现实世界"。⑤可见，非课题世界直面我们思考的事情本身。它始终是一个被经验的世界，我们把它当作清楚明白的前

---

① 《马克思恩格斯选集》第四卷，人民出版社1995年版，第247页。
② 《马克思恩格斯选集》第四卷，人民出版社1995年版，第248页。
③ ［德］E. W. 奥尔特：《生活世界是不可避免的幻想——胡塞尔的"生活世界"概念及其文化政治困境》，邓晓芒译，《哲学译丛》1994年第5期。
④ ［德］胡塞尔：《欧洲科学危机和超验现象学》，倪梁康译，上海译文出版社1988年版，第58页。
⑤ 倪梁康：《现象学及其效应——胡塞尔与当代德国哲学》，生活·读书·新知三联书店1994年版，第131页。

提，因而也是思考和认识的背景和意义的基础。

第二，"生活世界"是一个奠基性的世界。"所有对'生活世界'的探讨都必须以'生活世界'本身的存在为前提。因此，'生活世界'的态度要先于其他的态度并构成其他态度的基础，或者说，其他的态度都奠基于'生活世界'的态度之中。"①

第三，"生活世界"是一个主观、相对的世界。"生活世界无疑是日常经验活动的意义源泉"②，它是一个为我而存在的意义世界，它的意义是在自我运动中实现。我们每一个人都有自己的生活世界，每个人的生活世界都对自己有独特的意义，生活世界是"具体人"的生活世界，而非"抽象人"的先验世界，因此，生活世界的真理是相对于每个个体而言。"每一个人与他人交往时，都将各自的意向性延伸到对方，彼此将自己存在的有效性以一致和不一致的方式结合在一起，对这个共同的世界起意识作用。对同一事物，一个人是这样理解，另一个人则作另外的理解。"③

第四，"生活世界"是一个直观的世界。生活世界是可以直观到的事物的构成总体。"'直观'在这里意味着日常的、伸手可及的、非抽象的。"④它是一个自身无所遮蔽和隐藏的敞开领域，仅靠直观就可以发现的领域。

马克思主义传播回归到什么样的生活世界？如何回归生活世界？人的社会实践活动包含着理解人的生活世界中一切问题的谜底，正如马克思所说："社会生活在本质上是实践的。凡是把理论导致神秘主义的神秘东西，都能在人的实践中以及对这个实践的理解中得到合理的解决。"⑤ 马克思主义传播回归生活世界应该从马克思主义大众化的实践性维度出发。大众的生活世界是马克思主义理论发展、创新、传播的场域，也是中国特色社会

---

① 倪梁康：《现象学及其效应——胡塞尔与当代德国哲学》，生活·读书·新知三联书店1994年版，第132页。
② 尹树广：《生活世界的现实及其价值》，《哲学研究》2003年第1期。
③ 倪梁康：《现象学及其效应——胡塞尔与当代德国哲学》，生活·读书·新知三联书店1994年版，第303—304页。
④ 倪梁康：《现象学及其效应——胡塞尔与当代德国哲学》，生活·读书·新知三联书店1994年版，第132页。
⑤ 《马克思恩格斯选集》第一卷，人民出版社1995年版，第60页。

主义理论体系实践的场域。生活世界立足于现实的具体生活，包含了人类劳动、生产和交往行为等感性实践活动，容纳了情感体验、科学认知、价值诉求与道德关怀等。生活世界是最真实的，离开了生活世界，大众化就失去了存在和发展的土壤和根基，马克思主义大众化传播就无从谈起。因为"生活世界是人类生活形式的历史展开图景。而生活形式作为人们日常活动的一般形式，是人类心性活动过程与物性活动过程的叠合展现形式"①，"如果说，生活指的是生命的存在状态，那么，生活世界指的便是生活实有与应有的畛域。"② 生活世界是人的活动的全面展开，是实现理想的场域，也是价值评判的尺度。在胡塞尔看来，欧洲科学的危机首先在于遗忘了人，遗忘了人的生存方式和生存价值。正是这种"遗忘"，导致了欧洲人的危机和欧洲文明的危机，生活世界是近代一切发明创造的现实根基，科学的有效性意义和人文性旨趣最终都应回归生活世界的基地。多年来马克思主义传播与思想政治教育对受众和受传者"生活世界"的疏离甚至遗忘，主要表现在其方式与方法上是一种单向度的"灌输式"、"独白式"控制性传播和教育，而不是"传"与"授"和"教"与"学"双方互动的沟通式教育。这样，马克思主义"意义世界"就很难进入受众和受传者的"生活世界"。要走出这种困境，需要对传统的传播模式和教育理念进行根本变革，让马克思主义有效融合大众的生活世界，对大众的生存和生活问题给予关心和解决，把人的"生存"变成人所向往和追求的人的"生活"的过程，进而实现"生活意义"的跃升，让人民群众真切地感受到，马克思主义大众化传播在讨论他们自己的事情，在讨论他们自己生活世界中的问题。

二、激发受众情感的心理认同

心理认同是指人们在情感及认知方面对事件所要表达的意义的认可和接受。心理认同反映和制约人们对特定事件的态度和行为。社会心理学意

---

① 黄旭敏：《深度技术化条件下生活世界的危机与重建》，《中山大学学报（社会科学版）》1997 年第 2 期。

② 肖川：《教育的视界》，岳麓书社 2003 年版，第 126 页。

义上的"认同"包括自我认识和社会认同。自我认同是指自己对自我现况、生理特征、社会期待、以往经验、现实情境、未来希望、工作状态等各层面的认知和觉解，统合而成为一个完整、和谐的结构；社会认同是个体认识到他或她属于特定的社会群体，同时也认识到作为群体成员带给他的情感和价值意义。每个人将他的社会世界区分为不同的等级或社会类别，社会身份涉及个人将自己或他人定位为某一社会类别的体系，个人用来定义本身社会身份的总合就是社会认同。

心理认同作用提示我们：要想对个人或者群体的思想、动机或者行为施加影响，我们必须先设法让他们的心理认同。马克思主义大众化要化大众，首先要化大众的情感。因此，马克思主义的有效传播首先需要建构一种有效的心理认同，将马克思主义主流价值观与社会群体的感情共鸣、文化归属紧密结合起来。"一种学说是否能满足人类的精神需求，不仅取决于特定的时间和地点，而且需要独立于时空之外的条件，即不可忽视的基本心理规律。"[1] 所以当人们接受某种理论时，人们的认知、情感和意志往往会制约着这种精神活动发生、进展及其进展的广度和深度。由此来反观马克思主义大众化，不仅要赋予马克主义理论以通俗的语言风格和易懂的内容形式，使人民群众能够很容易地理解和接受，但是更重要的是，要注入群众感情，树立大众情怀，赢得大众认同，使传受双方形成良性的互动与心际沟通，有效地促使马克思主义传播内化为社会心理层次的接受动机和认知态度，进而转化为人民的自觉追求和理想信仰。具体来讲，大众化传播更多时候需要的是一种心际沟通和情感交流，只有通过这种"心理层面"的心际沟通和情感交流，才能在"思想层面"上升为对真理的追求。也正是由于如此，列宁明确指出："没有'人的感情'，就从来没有也不可能有人对于真理的追求。"[2] 由此可见，马克思主义大众化传播绝不应该是一厢情愿的说教和灌输，而是在心理认同的基础上形成良性互动，是以心际沟

---

① ［意］加埃塔塔·莫斯卡：《政治科学要义》，任军锋、宋国友等译，上海人民出版社2005年版，第231页。

② 《列宁全集》第25卷，人民出版社1988年版，第117页。

通与情感交流为基础的精神交往。所以只有具备这样的条件，才能最终达到一种认同。因为基于各种心理因素综合作用而生成心理认同是人们精神交往得以开展和延续的心理前提。同时，要想顺利开展这种精神交往，就需要良好的精神交往环境，这也是顺利开展马克思主义大众化的前提。

激发受众情感的心理认同要树立"生活世界"的理念，生活世界是人们对现实的直接在场，是实现人的现实意义及价值的最根本的世界。马克思主义大众化传播要回归生活世界，关注现实生活中人的真实体验和情感归宿，只有这样才能激发社会大众接受当代中国马克思主义传播的主动性、积极性。

三、注重主体精神的实践理路

一切理论都具有其内在的主体规定、主体意向，都具有特定的价值归属和意义建构。当代中国马克思主义大众化传播要注重群众主体精神在实践中的呈现，因为"全部人类历史的第一个前提无疑是有生命的个人的存在"[①]。人民群众是历史的创造者，是推动历史前进的根本力量，在建设和发展中国特色社会主义事业的过程中发挥着主体作用，马克思主义大众化传播只有依靠群众才能真正实现大众化传播。同时，人们是在其所处的并实践着的、具体的现实中创造着自己的历史，不断推动着社会历史的发展。"人们自己创造自己的历史，但是他们并不是随心所欲地创造，并不是在他们自己选定的条件下创造，而是在直接碰到的、既定的、从过去承继下来的条件下创造。"[②] 也就是说，人们所创造的社会物质条件制约着人们当下的实践活动。马克思主义大众化传播注重主体精神的实践理路凸显了马克思主义理论内在的主体规定和价值诉求，这种实践主体性确认使马克思主义理论超越以往的精英思维的取向，具有现实意义。

马克思主义大众化主体精神的实践理路体现了马克思主义的唯物史观，

---

① 《马克思恩格斯选集》第一卷，人民出版社 1995 年版，第 67 页。
② 《马克思恩格斯选集》第一卷，人民出版社 1995 年版，第 585 页。

体现了对群众历史地位和作用的深刻认识。因此，在马克思主义大众化的过程中，要坚持走群众路线，即站在人民群众的立场，相信人民群众的创造力，坚持把体现党的主张与反映人民心声统一起来，这样当代马克思主义才能真正转化为人民群众的价值诉求和内心信仰。人民群众的创造性活动是在理论指导下的有目的的实践活动。正如马克思所说，"主体是意志的纯自我规定，是简单概念本身。……这里没有行动着的主体，而如果意志的抽象，意志的纯观念要行动，就只能神秘地行动。一个目的如果不是特殊的目的，就不是目的，正像行动如果没有目的就是无目的、无意义的行动一样。"① 只有尊重主体的实践精神，最大限度地激发人们的创造热情，马克思主义大众化传播才能获得最广泛的社会支持。

马克思主义大众化，就是要求马克思主义掌握大众、大众掌握马克思主义，马克思主义成为大众手中改造世界的思想武器。充分发挥人民主体作用，体现了马克思主义大众化这一本质要求。中国共产党九十多年的奋斗历程表明，推进马克思主义大众化，发挥人民主体作用，不仅是党的理论建设的一项重要内容，而且是中国特色社会主义事业不断蓬勃发展的重要法宝。发挥人民主体作用，贯穿了我们党领导革命、建设和改革伟大实践的全过程。马克思主义理论大众化必须尊重人民大众的主体精神，只有真正做到尊重，发挥群众主体力量与实践精神，才能从根本上激发群众投身于中国特色社会主义实践的积极性和主动性，接受、认同并正确运用理论以有效指导其实践，在现实中显示理论的力量和价值，使中国特色社会主义伟大事业成为人民大众的理想追求和价值取向。

四、追求交往理性的认识融通

马克思在《关于费尔巴哈的提纲》中指出"社会生活在本质上是实践的"②，并把人的本质同社会交往实践联系在一起，认为"人的本质不是单

---

① 《马克思恩格斯全集》第3卷，人民出版社2002年版，第45页。
② 《马克思恩格斯选集》第一卷，人民出版社1995年版，第60页。

个人所固有的抽象物，在其现实性上，它是一切社会关系的总和"①。可见，社会关系与人的本质有着密切的联系。而"传播是促成关系产生、发展及衰落的重要因素"②。因此，可以进一步地说"人的本质是传播关系的总和"，这是因为："首先，关系总是同传播紧密地联系在一起，不可分割；其次，关系的性质由成员之间的传播所限定；再者，关系的定义通常较为隐含；最后，关系是在参与者的协商谈判中得以发展的。"③ 由此可见，传播是作为关系而存在的，有交往就有关系，而有人类存在就会有人的交往，所以传播存在于整个人类繁衍发展的全过程，没有传播活动就无所谓交往主体。传播者与受众的关系并不单纯是传播主体与传播客体的关系，而是同一传播活动中共生的两个主体。从交往理性的认识角度出发，可以矫正"主—客"思维方式歪曲了的事实：人的传播活动就是传播主体向作为传播对象的传播客体传达信息以期达到某种影响的活动。实质上，传播者与受众之间的"人际关系"是"社会关系"的一种存在方式，而这种"社会关系"是社会交往理性的主体间性关系。传播不只表现出信息流向的单向扩散，更不是征服大众、权力赖以行使的机制，因为"我们寻索有关他人的信息，同时也提供了关于自己的信息"④。这种信息交换就是一种交往主体间性和传播互为中心的互动。"主—客"思维方式的传播活动片面地建构了"传者中心论"，而"传者中心论"的实质就是单一主体论、主客对立论，就是传播主体征服客体、改造客体使之符合其意愿的自我建构，在这种情况下，受众免不了被物化和异化的命运。

准确理解传播中的受众，仅仅有文化批判眼光是不够的，还必须回到主体与主体的传播关系中，亦即在交往理性的认识论中去把握受众。首先，

---

① 《马克思恩格斯选集》第一卷，人民出版社 1995 年版，第 56 页。
② ［美］斯蒂文·小约翰：《传播理论》，陈德民、叶晓辉译，中国社会科学出版社 1999 年版，第 461 页。
③ ［美］斯蒂文·小约翰：《传播理论》，陈德民、叶晓辉译，中国社会科学出版社 1999 年版，第 451 页。
④ ［美］斯蒂文·小约翰：《传播理论》，陈德民、叶晓辉译，中国社会科学出版社 1999 年版，第 451 页。

传播在某种意义上是一种主体间情感的融通。情感是理性认识付诸行动的媒介。情感是不同主体的生活经历和经验的符合与共通，是主体间对生命意义的心理体验，这种传播主体间的情感契合成为主体之间交往成立的基础或媒介。其次，传播中的主体和主体之间共同分享着经验，进而形成意义分享，由此形成了主体之间相互理解的信息指代和符号意义。可以说，传播中的意义不是在主体自身形成的，而是在主体自身觉解和主体间交往的社会关系中形成的。再次，传播的本质是主体间通过语言符号进行的对话或者交谈，语言所展开的对话或交谈活动本身是主体与主体之间的活动，是主体间性的。所以，语言建构了主体间性，为人们表征世界提供资源。传播是由对一切人都能够相通的语言来表达的，能够相通的语言在任何地方都是主体间性的语言。海德格尔认为语言是言谈，而言谈是"共在"（主体间性）的所在，"把话语道说出来即成为语言。因为在（语言）这一言词整体中的话语自有它'世界的'存在，于是言词整体就成为世内存在者，……所以，话语在生存论上即是语言。"① "共在本质上已经在共同现身和共同领会中公开了。在话语中，共在以形诸言词的方式被分享着，也就是说，共在已经存在，只不过它原先没有被作为被把捉被占有的共在而得到分享罢了。"② 在这个意义上，语言是一种主体间的交往活动或交往过程分享的共在，"由语言所显示或构成的世界就是生活世界；交往行动表达着生活世界的内容，生活世界组成交往行动的背景，交往行动深深植根于生活世界之中。"③ 最后，传播也是主体间自我本质的投射与存在的验证。在传播中，每个人都从他人身上看到自己，也从自己身上看到他人。在这种主体间的传播中，既确定了对于自身而言的自我的存在，也确定了对于他人而言的自我的存在，从这种意义上说，受众是传播关系中的主体，其主体性在传播主体间延伸，亦即在传播主体与主体的相互理解、相互承认、

---

① ［德］海德格尔：《存在与时间》，陈嘉映、王庆节译，生活·读书·新知三联书店 1987 年版，第 188 页。

② ［德］海德格尔：《存在与时间》，陈嘉映、王庆节译，生活·读书·新知三联书店 1987 年版，第 189 页。

③ 李文阁：《回归现实生活世界》，中国社会科学出版社 2002 年版，第 110 页。

相互沟通、相互影响中延伸。进一步地说，追求交往理性的认识融通促成了传播，而在传播中人们实现了自我认同及其生命存在的意义。

马克思主义大众化传播是在大众的层面上普及马克思主义，其实质是通过大众化的传播方式，让马克思主义成为人民大众的思想观念和价值观念，内化为人民大众自觉的生活方式和行为方式，这就需要在理论、传者、大众之间建立交往联系，实现交往理性的认识融通。如何实现马克思主义大众化有效传播所追求的交往理性的认识融通？第一，马克思主义大众化的传播内容要呈现交往的亲和力，即传播的语言和内容都能够为传播的主客体可接纳和被接纳。这就要求马克思主义大众化传播的语言是主体间性的语言，是主体间互相理解和共通的。马克思主义大众化的内容是具有主体间性的内容，是大众都能理解与分享的，是与不同主体的经验相符合的，是与不同主体的需要相契合的。第二，在主体理性视域下推进马克思主义大众化传播必须坚持共同提高的原则、尊重群众主体的原则、平等互动的原则。主体间性是建立交往关系的基础，是人们理解交往关系的关键。当代中国马克思主义大众化的传播者和受传者都是大众化的主体，他们之间是"主体—主体"的主体间性关系，强调二者的主体间性是贯彻落实科学发展观、构建和谐社会、顺应网络信息化时代发展潮流以及提高当代中国马克思主义大众化实效的客观要求。

第二章　马克思主义大众化传播的历史回顾

本章从历史的维度，深入总结马克思主义在中国传播的历史。任何问题的研究都不能抛开历史和隔断历史。虽然历史上没有马克思主义大众化之名，但是有马克思主义大众化之实。为此要深入分析与总结马克思主义大众化传播的范式演变、历史逻辑和成功经验。

第一节　马克思主义大众化传播的范式演变

作为一种外来的思想文化，马克思主义大众化实质上是马克思主义在中国这块民族土壤上生根、开花、结果的过程，而在不同的历史条件下，马克思主义大众化传播呈现出独特的言说方式和实践方式。

一、启蒙化的解释范式

中国人民之所以选择马克思主义，源于马克思主义阐释世界的理论力量与其改造世界的实践力量。鸦片战争以来，帝国主义与中华民族的矛盾、封建主义和人民大众的矛盾相互交织和交替作用，始终是中国社会的主要矛盾。这也决定了中国面临着双重的历史任务：一方面是使中国摆脱被动挨打的局面，争取民族的独立和人民解放；另一方面是使国家摆脱封建专制统治，实现民族的复兴和国家富强。在这样的社会历史背景下，中华民族开始思考如何争取民族的复兴和国家的独立。毛泽东在《唯心历史观的破产》一文中说，"从1840年的鸦片战争到1919年的'五四'运动的前夜，共计七十多年中，中国人没有什么思想武器可以抗御帝国主义。旧的顽固的封建主义的思想武器打了败仗了，抵不住，宣告破产了。不得已，中国人被迫从帝国主义的老家即西方资产阶级革命时代的武器库中学来了进化论、天赋人权论和资产阶级共和国等项思想武器和政治方案，组织过政党，举行过革命，以为可以外御列强，内建民国。但是，这些东西也和封建主义的思想武器一样，软弱得很，又是抵不住，败下阵来，宣告破产了。"① 马克思主义在中国的传播，正是同近代以来西方强势文化的撕裂和中国本土文化的断裂有关，民族生存的危机与文化危机交织构成了近现代中国最严重的现实危机，这就为马克思主义在中国传播创造了良好的社会历史条件。当时传入中国的各种各样思潮中以及众多中国救亡图存的思想方案中，马克思主义无疑是中国近代社会影响最大、最具权威的理论范式，不但给中国人民带来了启蒙思想，同时也彰显了实践的魅力，因而，历史必然性进入近代中国社会，并获得了理论依据和实践路径的合法性。

　　本来中国很封闭，但国门逼开，传教士的宣教、大批留学生的往来，使得各种思想得以进入中国社会。各种新式学校也迅速增加，还出现了一大批新式学校的学生、教师和新闻出版工作者等，加上经过辛亥革命、新文化运动的冲击，许多中国人开始觉醒了，这为他们接受马克思主义准备了合宜的土壤，又逢十月革命第一次把社会主义从书本上的学说变成活生生的现实，这次革命由于发生在情况和中国相同的俄国，所以对中国人民具有特殊的吸引力和感召力。20世纪初，"十月革命一声炮响，给我们送来了马克思列宁主义。十月革命帮助了全世界的也帮助了中国的先进分子，用无产阶级的宇宙观作为观察国家命运的工具，重新考虑自己的问题。"②

　　马克思主义给我们带来了一个一切问题得以根本解决的共产主义社会理想，而俄国在十月革命后又开始实现它，于是，先进的中国人在纷至沓

---

　　① 《毛泽东选集》第四卷，人民出版社1991年版，第1513—1514页。
　　② 《毛泽东选集》第四卷，人民出版社1991年版，第1471页。

来的西方思潮中逐渐选择和接受了马克思列宁主义。这一时期的马克思主义传播主要是先进知识分子信仰和掌握马克思主义的阶段。马克思在创立新世界观时，就指出了它的使命，那就是"哲学家们只是用不同的方式解释世界，问题在于改变世界"①。哲学如何发挥对世界的改造作用？马克思指出："哲学把无产阶级当作自己的物质武器，同样，无产阶级也把哲学当作自己的精神武器；思想的闪电一旦彻底击中这块素朴的人民园地，德国人就会解放成为人。"② 但是，哲学如何把无产阶级当作自己的物质武器？同样，无产阶级又如何把哲学当作自己的精神武器呢？这是需要中介的，这个中介就是马克思主义必须首先获得先进知识分子的认同。马克思主义的传播，最初还限于少数知识分子的范围，早期近代报刊多用文言，较少白话报纸，读者主要是官吏及知识分子，死板的文言严重束缚了信息传播和思想交流，这种状况直接限制了报纸的可读性，这种状况由于新文化运动而得到改变。1918 年 1 月，《新青年》从第 5 卷第 1 号开始全部采用白话和新式标点，其他报纸积极响应，白话文在报刊上广泛采用，促进了传播文体的发展，普通群众只要稍识几字便可以读报，从而大大扩展了报刊的读者数量，提高了传播的广度和深度。中国并没有先天的马克思主义者，传播者首先是接受者，必须通过一个内在传播的过程，因此，马克思主义大众化的发展首先是先进知识分子理解和接受马克思主义，促进自我角色的转变。中国的先进分子在特定的历史语境下翻译、解释和传播马克思列宁主义，他们深入到广大的工厂、学校，以口头的、文字的形式，日积月累地在工人群众和青年学生中进行通俗的马克思主义大众化的启蒙宣传和教育，使马克思主义为人民所接受，所掌握，所运用，马克思主义在中国的影响进一步扩大，使革命斗争有了深厚的群众基础。正如 1922 年 5 月 15 日出版的《先驱》第 8 号所报道："马克思主义在中国，历史是很短的，至今不过三年左右。可是一面因为受了国际资本主义的压迫和俄罗斯无产阶

---

① 《马克思恩格斯选集》第一卷，人民出版社 1995 年版，第 57 页。
② 《马克思恩格斯选集》第一卷，人民出版社 1995 年版，第 15—16 页。

级革命的影响；他一面因为先驱者的努力宣传，竟使马克思主义能在最短期间发达起来，信奉马克思主义的人日益增加起来。"①

马克思主义作为客体文化传播到中国以后所面临的根本问题是如何融入中国的大众情境。中国共产党选择了马克思主义，将马克思主义进行中国化，这显然是一项十分艰巨的历史任务。马克思主义中国化的第一道门坎首先要解决的基础性问题，就是翻译马克思主义经典著作。经过上千年的封建儒学文化浸润的中国，要成功地引进诞生于西方资本主义国家的马克思主义学说，并且产生现实影响，需要马克思主义传播者根据当时的中国社会状况，以及民众的欣赏趣味和理论吸纳能力，有选择地翻译和阐释马克思主义学说。这虽然不是自觉的系统的马克思主义大众化，但却是马克思主义大众化的初步尝试。20世纪的旧中国，民众生活困苦，更缺少文化知识，如何进行理论的移植和嫁接，把深奥难懂的马克思主义理论加以通俗化，让陌生的理论为广大民众理解和接受，使马克思主义思想融入中国的大众情境，便成为马克思主义大众化的关键。因此，早期的马克思主义大众化传播是启蒙化的解释范式。

启蒙化的解释范式突出了知识精英的作用，也强化了对知识精英的依赖。同时，这种范式又凸显马克思主义基本原理与中国具体实际相结合的启蒙维度，在理论上要求合乎实际地阐发马克思主义经典文本，在实践中要求社会精英教化广大民众，唤起大众的觉醒，因此，必须对理论进行移植和嫁接，这个任务历史必然落在中国先进的精英知识分子身上。于是，中国的先进知识分子开始学习和研究马克思主义，马克思主义的经典译著和阐释国外马克思主义的重要译著和著作陆续出版，马克思主义传播者用他们所掌握的观点分析中国的历史与现实。在这方面，做出卓越贡献的，应当首推李大钊。李大钊在1919年8月发表的《再论问题与主义》一文中就已经认识到："一个社会主义者，为使他的主义在世界上发生一些影响，

---

① 转引自《中国社会主义青年团的建立与青年共产国际的关系——录自中国社会主义青年团第一次全国代表大会文件》，《先驱》第8号，1922年5月15日。

必须要研究怎样可以把他的理想尽量应用于环绕着他的实境。"① "我们只要把这个那个的主义，拿来做工具，用以为实际的运动，他会因时、因所、因事的性质情形生一种适应环境的变化。"② 李大钊认为"主义"都有理想与实用两个方面，因此，"我们惟有一面认定我们的主义，用他作材料、作工具，以为实际的运动；一面宣传我们的主义，使社会上多数人都能用他作材料、作工具，以解决具体的社会问题。"③ 在著名的《我的马克思主义观》一文中，他又初步阐述了唯物史观的基本思想，明确谈到了理论与现实（实在环境）的关系。李大钊这些文章是中国人比较系统地介绍和分析马克思学说的开山之作，是对马克思主义中国化的最早领悟。

近代中国对马克思主义的接受、传播与发展主要是当时中国现实斗争的需要，而不是书斋中思辨分析西方文化的结果。所以，在早期的特定历史年代，中国马克思主义传播主要是介绍马克思主义学说，往往与政治斗争密切相关，主要是适应人民大众反帝反封建的斗争需要。马克思主义者运用启蒙化的解释范式移植理论，将马克思主义理论中有关革命的学说进行定向解释，因为时代迫切需要能够解释现实、整合大众和改造现实的思想学说。由此看来，马克思主义传播，除了转换两种不同的语言符号，更有一个理论话语的透明性问题，即将马克思主义诸观念、命题及其关系进行直接分析和阐释，获得帮助我们认识和理解相关世界的部分，这或多或少带有泛政治化的意味。对于当时的社会大众来说，如果理论话语不透明，就会造成理解和解读的困难。

二、民族化的本土范式

马克思主义在中国的传播必然经历一个外来的客体文化与中国的本土文化日趋结合，渐次融于中国具体的革命实际以至最终转化为中国社会主流意识形态的过程，马克思主义民族化的本土范式是这个过程同时态条件

---

① 《李大钊文集》下卷，人民出版社 1984 年版，第 34 页。
② 《李大钊文集》下卷，人民出版社 1984 年版，第 34 页。
③ 《李大钊文集》下卷，人民出版社 1984 年版，第 37 页。

下的历史横断面上的展开，是马克思主义在地理空间和文明空间之中的传播和展开。马克思主义民族化必须和每一个国家和民族的具体革命实践相结合，使马克思主义在各国具体化，使其在表现中带有各国的特性，也就是按照各国的特点去理解它、解读它、应用它、实践它、发展它。民族化的本土范式是马克思主义大众化传播得到发展的动力源泉。把马克思主义应用于其他国家和民族时必然有一个同它们的历史事实、发展过程、民族特点相适应、相结合的问题，即马克思主义传播的民族化和本土化的问题。民族化的本土范式是指马克思主义结合中国的民族特点，在中国土壤上的应用与发展，着重说明民族性和地域性问题，也就是通过民族化和本土化的途径，把马克思主义基本原理转化为中国人民群众喜闻乐见的民族形式和本土风格。民族化的本土范式，从中国共产党成立起，就已经开始。马克思主义经过早期马克思主义者解释翻译进入中国，成为中国共产党的指导思想，那么，中国共产党推进马克思主义大众化传播面对的第一个问题是：如何让马克思主义的思维逻辑与中华民族的思维逻辑进行视域融合和范式对接，成为当代中国的普遍思想意识。为此，它必须充分地融入中国的文化土壤和大众情境，成为民族的行为习惯和思维方式，变成人民群众深刻理解和有效掌握的理论武器，进而由启蒙化的解释范式过渡到民族化的本土范式，使马克思主义更进一步融进中华民族历史中，构成中国文化的有机组成部分，面对新的生存境遇，回答新的时代课题。

　　马克思主义传播的民族化本土范式主要是构建民族化的话语体系，这既是话语表达方式的问题，更是文化融合的问题。在民族化的本土范式之下，推进马克思主义大众化的方法是民族化表达，使马克思主义指向民族文化，向民族思维、欣赏、阅读习惯靠拢。这个民族形式不是"克隆"传统文化，而是通过批判地继承而获得，就是毛泽东说的"新鲜活泼的、为中国老百姓所喜闻乐见的中国作风和中国气派"①，即马克思主义"和民族

---

① 《毛泽东选集》第二卷，人民出版社1991年版，第534页。

的特点相结合，经过一定的民族形式"① 表现出来。马克思主义作为一种来自西方和异域的理论，要在中国的土地上扎根、开花和结果，要使它能为中国人民广泛接受，即成为指导中国革命实践的强大理论武器，必须寻找到一种为中国人民所能理解和接受的民族形式。在这个过程中，以马克思主义为指导，对中国文化进行批判和改造，去其糟粕，取其精华，用中国优秀文化的表达方式和中国老百姓所喜闻乐见的语言形式，来深入浅出地阐明马克思主义的基本原理，从而使马克思主义融入和植根于中国优秀文化的土壤之中而得以生长和繁荣。在民族化的本土范式中，马克思主义通过与中国传统文化的视域融合，从欧洲文化形式变为中国民族形式，成为一种从形式到内容都具有"中国气派"、"中国作风"、"中国风格"的中华民族特色的理论。许多传播马克思主义的精英分子，如李大钊、陈独秀、毛泽东、瞿秋白等人，都是从中国传统文化的思想背景中走出来的。李大钊在 1922 年 1 月创刊的《先驱》发刊词中提出："努力研究中国的客观的实际情形，而求得一最合宜的实际的解决中国问题的方案。"② 对于马克思主义的本土化叙事，毛泽东是光辉榜样，毛泽东具有深厚的中国传统哲学修养，他的许多著作，在形成中国作风、中国气派，在创造民族形式方面，为我们党树立了榜样。他善于运用民族特色的话语成分对马克思主义加以转换和引申，善于用中国传统文化改造并赋予马克思主义以民族化的形式和内容，使马克思主义的思想表达更符合民族口味。例如，用"实事求是"来概括中国共产党的辩证唯物主义思想路线；用"惩前毖后，治病救人"来说明党内斗争的方针。离开中国的具体情况和时代特征，马克思主义作用的发挥就等于无的放矢。因此，要实现马克思主义中国化，必须研究中国的国情，把握所处时代的特点。毛泽东还十分注意运用中国的传统哲学和传统文化中的某些命题、成语、典故、格言解释现代哲学原理，在谈到对立统一规律时，引用《老子》所说"祸兮福所倚，福兮祸所伏"。③ 在谈

---

① 《毛泽东选集》第二卷，人民出版社 1991 年版，第 707 页。
② 《五四时期期刊介绍》第二集下册，生活·读书·新知三联书店 1979 年版，第 528—529 页。
③ 中共中央文献研究室：《毛泽东哲学批注集》，中央文献出版社 1988 年版，第 78 页。

到战争规律时，引用《孙子兵法》中"知己知彼，百战不殆"。"翻开《毛泽东选集》，鲜明朴实的文风扑面而来，生动活泼的语言引人入胜，深入浅出的论述让人茅塞顿开。"[①]

由于各民族文化背景、文明水平、民族传统和社会环境的不同，造成各民族走向人类解放道路的不同起点，使得无产阶级革命、社会主义运动和人的解放在每个革命时代，其革命的对象和内容在形式、形态和实质上都有不同。1848 年 2 月《共产党宣言》的发表，标志着马克思主义科学体系的形成。它在全世界无产阶级面前树立了一面光辉的旗帜，为无产阶级政党提供了第一个"详细的理论和实践的党纲"。但由于各个国家、各个民族的实际情况和历史条件不同，马克思主义没有也不可能指出每一个民族的具体发展道路。正如列宁所指出：马克思主义理论"所提供的只是总的指导原理，而这些原理的应用具体地说，在英国不同于法国，在法国不同于德国，在德国又不同于俄国"[②]。这就是说，马克思主义的实际运用必须随时随地以具体的历史条件为转移，与一定历史阶段的历史任务、一定国家和民族的具体情况相结合。具体来说，近代中国是半殖民地半封建社会，资本主义尚未得到充分发展，既不同于欧美各国，也不同于俄国。因此，只有把马克思主义同中国的具体实际相结合，实现马克思主义的民族化，才能解决中国实践提出的新任务和新问题，并促进马克思主义自身的丰富和发展。总之，从本国实际出发确立革命的具体内容和具体策略，马克思主义民族化的根据就在这里。

三、中国化的创新范式

马克思指出："理论在一个国家的实现程度，总是决定于理论满足这个国家的需要的程度。"[③] 而理论要想满足这个国家的需要就要不断进行创新。中国共产党实现了马克思主义中国化的四次历史性飞跃，形成了四大理论

---

① 习近平：《努力克服不良文风　积极倡导优良文风》，《求是》2010 年第 3 期。
② 《列宁选集》第一卷，人民出版社 1995 年版，第 274—275 页。
③ 《马克思恩格斯选集》第一卷，人民出版社 1995 年版，第 11 页。

成果：毛泽东思想、邓小平理论、江泽民"三个代表"重要思想和科学发展观。这些理论成果构成一个既继承又发展的科学真理的整体，辩证统一于中国特色社会主义革命和建设的伟大实践，不断开辟着马克思主义中国化的新境界。

"马克思主义中国化"无疑是中国共产党历史上最富于魅力的命题之一，这一命题的提出顺应了抗战时期中国共产党文化民族性意识的觉醒。"马克思主义中国化"这个概念，是毛泽东在 1938 年 10 月中共中央召开的六届六中全会上作的题为《论新阶段》的政治报告中提出的。他指出，马克思主义的伟大力量，就在于它是同各个国家具体的革命实践相联系的。对于中国共产党人来说，就是要学会把马克思主义理论应用于中国具体环境，便于马克思主义与中国的具体特点相结合。离开中国特点来谈马克思主义，只是抽象的空洞的马克思主义。因此，要"使马克思主义中国化"，就是使其每一表现必须有中国的特性，具有一定的民族形式。1943 年王稼祥在《解放日报》上发表的《中国共产党与中国民族解放的道路》一文中，首次提出毛泽东思想一语。在正式文件中，首次出现于 1945 年的中共七大刘少奇的报告《论党》里，对毛泽东思想的首次系统论述也是该报告。中共七大首次正式确定毛泽东思想为中国共产党的指导思想。七大通过的新党章指出："毛泽东思想，就是马克思列宁主义的理论与中国革命的实践之统一的思想，就是中国的共产主义，中国的马克思主义。"①

马克思主义创始人恩格斯特别指出，他们的理论不是教条，而是不断发展着的理论，"马克思的整个世界观不是教义，而是方法。它提供的不是现成的教条，而是进一步研究的出发点和供这种研究使用的方法。"② 马克思指出，"正确的理论必须结合具体情况并根据现存条件加以阐明和发挥。"③ 他反对离开具体情况，不顾现存条件而大唱高调。列宁阐明："我们

---

① 《刘少奇选集》上卷，人民出版社 1981 年版，第 333 页。
② 《马克思恩格斯选集》第四卷，人民出版社 1995 年版，第 742—743 页。
③ 《马克思恩格斯全集》第 27 卷，人民出版社 1972 年版，第 433 页。

决不把马克思的理论看作某种一成不变的和神圣不可侵犯的东西。"① 他把马克思主义称为伟大的认识工具,明确指出:"马克思主义的精髓,马克思主义的活的灵魂:对具体情况作具体分析。"② 这些经典作家的思想为马克思主义在不同国家发展并转化为不同民族特色的马克思主义理论形态提供了理论依据。

在中国,马克思主义中国化不仅是一个传播和接受的过程,更是一个转化和创造的过程。是否实现了马克思主义中国化,关键就在于有没有把马克思主义转化为具有中国特色的思想理论形态,即是否创造出了中国化的马克思主义理论体系。这是判断马克思主义中国化成熟与否的核心标准,也是马克思主义发展的题中应有之义。李泽厚认为:"中国实用理性不仅善于接收、吸取外来的事物,而且同时也乐于和易于改换、变易、同化它们,让一切外来的事物、思想逐渐变成自己的一个部分,把它们安放在自己原有体系的特定部分上,模糊和消蚀掉那些与本系统绝对不能相容的部分、成分、因素,从而使之丧失原意。总之,是吸取接收之后加一番改造,使之同化于本系统。"③ 实践永无止境,理论创新也永无止境,因此,要在与时俱进中推进马克思主义中国化。

马克思主义中国化是在始终坚持马克思主义的指导致力于马克思主义基本原理与中国革命、建设和改革各时期现实国情相结合基础上的理论创新。毛泽东指出:"马克思这些老祖宗的书,必须读,他们的基本原理必须遵守,这是第一。但是任何国家的共产党,任何国家的思想界,都要创造新的理论,写出新的著作,产生自己的理论家,来为当前的政治服务,单靠老祖宗是不行的。只有马克思和恩格斯,没有列宁,不写出《两个策略》等著作,就不能解决一九零五年和以后出现的新问题……我们在第二次国内革命战争末期和抗战初期写了《实践论》、《矛盾论》,这些都是适应于当时的需要而不能不写的。现在,我们已经进入社会主义时代,出现了一系

---

① 《列宁选集》第一卷,人民出版社1995年版,第274页。
② 《列宁选集》第四卷,人民出版社1995年版,第213页。
③ 李泽厚:《中国思想史论》下册,安徽文艺出版社1999年版,第1151页。

列的新问题，如果单有《实践论》、《矛盾论》，不适应新的需要，写出新的著作，形成新的理论，也是不行的。"① 邓小平强调"马克思主义是打不倒的"，"老祖宗不能丢"，但要说老祖宗没有说过的"新话"。江泽民旗帜鲜明地提出了两个"坚定不移，不能含糊"，同时指出马克思主义的理论品格就在于与时俱进。胡锦涛在党的十七大报告上对改革开放30年来马克思主义中国化理论成果做出了最新概括，指出："中国特色社会主义理论体系，就是包括邓小平理论、'三个代表'重要思想以及科学发展观等重大战略思想在内的科学理论体系。这个理论体系坚持和发展了马克思列宁主义、毛泽东思想，凝结了几代中国共产党人带领人民不懈探索实践的智慧和心血，是马克思主义中国化最新成果"②，是党进行不断创新的理论结晶。马克思主义中国化的各个理论成果，既一脉相承，又与时俱进，它们辩证统一于中国革命、建设和改革的伟大历史实践中，不断开拓着马克思主义在中国发展的新境界。这个进程还在继续之中，它将随着中国特色社会主义实践的发展而进一步发展。

四、大众化的人本范式

当代中国马克思主义大众化是中国共产党在实现马克思主义中国化的实践中提出的一个新概念。党的十六大以来，以胡锦涛同志为总书记的党中央大力推进理论创新，提出了以人为本、实现科学发展、构建社会主义和谐社会、建设社会主义新农村、建设创新型国家、树立社会主义荣辱观等一系列重大战略思想，开启马克思主义大众化的新篇章，充实和发展了马克思主义。在这样一个背景上，十七大提出要宣传和普及中国特色社会主义理论体系，推动当代中国马克思主义大众化，其实就是解决马克思主义与时俱进的时代发展问题，一个突出特点就是既坚持了科学社会主义的基本原则，又立足中国现实国情，强调以人为本，把人民群众的利益实现

① 《毛泽东文集》第八卷，人民出版社1999年版，第109页。
② 胡锦涛：《高举中国特色社会主义伟大旗帜 为夺取全面建设小康社会新胜利而奋斗——在中国共产党第十七次全国代表大会上的报告》，人民出版社2007年版，第11—12页。

好、维护好、发展好，注重公平正义，让改革的成果惠及全体人民，它凸显大众的价值诉求与主体性，反映人民实践的深度与广度，弘扬大众要求全面发展的本性。在这样的历史条件下，马克思主义大众化传播的范式有了新的变化，更强调马克思主义传播要反映人民群众的实际利益，着眼于团结一切可以团结的力量，即马克思主义传播的大众化人本范式。这个范式指明了马克思主义传播所要回答的是我们生活的这个世界上最重要、最根本、最值得关注的问题——人本身的问题，主张马克思主义传播根本目的是为了人，传播的根本动力是依靠人。

马克思主义是理想性的，更是现实性的，现实性最根本的层面就是人的物质生活。"作为一种理想，人文关怀既是对人的物质的、世俗的衣食住行的现实关怀，也是对人的精神的、神圣的'意义域'的终极关怀。人文关怀于本能中激活精神、于物质中张扬意义、于当下追寻永恒，提升和丰富了人类对自己的目的性、可能性及潜在能力的关切、理解和追求。"① 当代马克思主义传播大众化的人本范式正是体现这种人文关怀，强调"以人为本"的理念，肯定人民大众在社会历史发展中的主体作用与本质地位。它要求我们革除现实生活中违背人性发展的问题，不断推进人的全面发展；要求我们重视大众作为人的共性与个性的差异，将社会发展成果惠及全体人民，提高民众的生活质量，不断满足每个人的基本需求，尊重每个人的合法权益、能力差异和创造个性，即"人以一种全面的方式，就是说，作为一个总体的人，占有自己的全面的本质"。②

当代中国马克思主义大众化是以广大人民大众为对象，开展中国特色社会主义理论体系普及宣传活动，提倡以人为本，就要准确了解人民大众的知识结构，加强马克思主义与我国人民群众的民间文化和生活实践相结合，用符合人民群众特定的思维习惯、表达方式和话语形式来阐述当代中国马克思主义的理论体系。在理论传播中，从内容、形式到方法都要以人

---

① 寇东亮：《人文关怀是实现人的全面发展的价值实践活动》，《中国社会科学报》2011 年 3 月 2 日。

② ［德］马克思：《1844 年经济学哲学手稿》，人民出版社 2000 年版，第 85 页。

民群众为主体，以人民群众的利益和需求为价值取向，充分尊重人民群众的价值主体地位和满足人民群众的价值需求，使马克思主义的基本原理、观点和方法为群众所理解、掌握和应用。在传播过程中采取依事论理、寓教于乐、寓教于情的方式让马克思主义理论成为能够最大限度指导人民实践的通俗理论，把抽象的理论形象化，把深邃的思想具体化，对当代中国马克思主义进行生动活泼的阐发、讲解。树立没有受众就没马克思主义大众化的传播思想，改变过去陈旧观念，重新认识受众不可或缺的主体地位，在传播中，惟有尊重受众，时时处处想着受众，才能更好地完成传播任务，实现传播功能。在马克思主义传播中努力揭示马克思主义经典理论对于当代中国的现实意义，深入把握和切实回应前人没有遇到、现实需要解决的课题，在新的历史条件下充分展示其真理光辉。在传播的内容上与大众生活中的真实问题、现实困惑相对应，形成受众的心理需求，使受众能够从理论解读中获取有价值的信息，获得启迪。一方面，要高度关注并认真研究今天凸显的群体心理、受众口味和个性化趋势，通过努力使科学的理论真正走入人们的生活世界，以平等交流的意识与受众构筑"共生效应"；另一方面，要高度关注并认真研究今天受众的内在需求、情感取向和兴趣趋势，通过对受众需求驱动、情感调动和角色互动的针对性满足，实现有亲和力的传播。此外，马克思认为生产力发展是人类社会发展的最终决定力量，而科学发展观强调的发展就是要求以经济建设为中心，实现经济又好又快的发展。这就为马克思主义大众化提供了强大的物质支持，并且创造了积极的实现条件。当下马克思主义传播不仅满足了人民群众建设现代化国家的理论诉求，同时也保证了最广大人民的根本利益。因此，使当代中国马克思主义更具人本化的特征是实现大众化的必由之路。

第二节　马克思主义大众化传播的历史逻辑

马克思主义在中国被认同与接受不能一蹴而就，也不能一劳永逸，而是一个漫长的历史过程，这个历史过程是同中国革命和建设发展的历史进程同步的。中国革命和建设发展的历史进程决定着大众化传播的逻辑进程，马克思主义大众化传播的逻辑进程反映并推动着中国革命和建设的历史进程。

一、从静态的理论传播转向鲜活的实践运用

马克思主义在中国的传播经历了一个由静态理论传播到实践运用的过程。早期马克思主义在中国的传播主要依靠中国先进的知识分子和社会精英阶层，他们利用的是报纸和杂志等传播媒介，这种平面化的静态传播方式和现代立体交互性的数字化传播方式难以比拟，这也决定了传播只是通过翻译、阐释马克思主义等静态的传播方式。他们只是用马克思主义来分析和解释中国的社会现实，还没有进行马克思主义的革命实践，这时期马克思主义静态传播的范围仅限于精英知识阶层和上流社会。1920 年 8 月，最早的中国共产党党组在上海成立，史称上海共产主义小组。随后，各地共产主义小组陆续成立。各地共产主义小组成立后的主要任务就是有计划、有组织地通过报纸和杂志等大众传播媒介或者宣讲等形式传播马克思主义。当时，马克思主义是在和非马克思主义论战中、反动势力的封锁和迫害中登上中国历史舞台的，落后的封建思想与马克思主义是格格不入的，从根本上阻碍了马克思主义在中国的传播，这就决定了马克思主义在中国必须经历一个静态的理论传播到鲜活的实践应用的过程。1921 年中国共产党成立，年轻的中国共产党，虽然成立伊始力量还很弱小，但她从一开始就把马克思主义作为指导思想写在自己的旗帜上，她极其重视并推进着马克思主义经典著作的翻译、出版和传播。从此，马克思主义经典著作开始有领导、有系统、有计划地被翻译介绍到中国来。1921 年 9 月 1 日，中国共产党成立仅仅一个多月，便在上海正式创办了党的第一个秘密出版机构——人民出版社，开始有系统地编译马克思主义经典著作。为了进一步扩大马克思主义的宣传，继人民出版社之后，1923 年 11 月，中国共产党又在上海成立了第二个出版发行机构——上海书店，主要出版经销马克思主义著作

等革命书刊和印发党的对外宣传刊物。马克思主义在中国的传播由此翻开了新的一页。之后，又经历了国共合作时期，马克思主义得到更大范围的传播，马克思主义不仅成为中国共产党的指导思想，而且对国民党人也产生了重要影响。在马克思主义成为中国共产党的革命斗争的思想武器后，一些马克思主义传播和实践的杰出代表，如瞿秋白、刘少奇、任弼时运用马克思主义来指导中国革命实践，进一步促进了马克思主义与中国工人运动的结合，使马克思主义得到了更深层次更广范围的传播，马克思主义不再局限于在精英知识分子阶层的静态传播，而是从精英走向工农劳苦大众，从静态的文本翻译走向激烈动荡的思想战场。

没有革命的需要，就不会有革命的理论。"马克思列宁主义来到中国之所以发生这样大的作用，是因为中国的社会条件有了这种需要，是因为同中国人民革命的实践发生了联系，是因为被中国人民所掌握了。任何思想，如果不和客观的实际的事物相联系，如果没有客观存在的需要，如果不为人民群众所掌握，即使是最好的东西，即使是马克思列宁主义，也是不起作用的。"① 早期的马克思主义之所以能够从各种社会思潮中脱颖而出，为一些先进的中国人所接受，并在短短的几年内蔚为显学，究其原因，最根本的一条就在于马克思主义能够解答近代以来中国社会的实践主题，还在于早期的中国共产党人深刻了解中国实际，能够把马克思主义理论灵活运用到中国社会实际，使马克思主义在中国形成燎原之势，成为中国社会发展持久的指导思想。当然，马克思主义只有在实践运用中发挥应有的作用，才能被大众认可和接受，才能实现大众化。"理论在一个国家实现的程度，总是决定于理论满足这个国家的需要的程度。"② 如果脱离开国家的需要和人民大众的需求，必定无法真正让马克思主义深入到群众中去。新民主主义革命时期，国家和人民的最现实的需要就是民族独立和人民解放。马克思主义这一时期的革命实践应用中形成了中国化的马克思主义——毛泽东

---

① 《毛泽东选集》第四卷，人民出版社1991年版，第1515页。
② 《马克思恩格斯选集》第一卷，人民出版社1995年版，第11页。

思想。由于这一思想体系顺应了时代和人民的需求，并取得了新民主主义革命的胜利，因此毛泽东思想很好地被大众认可、接受，并转化为大众争取自由和解放的思想武器，成功地推进了马克思主义大众化。我们党历来高度重视马克思主义理论依据实践发展的理论创新和实践运用，客观地推进了马克思主义大众化传播进程。改革开放时期，邓小平注重依据不断变化着的实际，在用马克思主义指导中国对外开放的实践应用中，在探索、思考和回答"什么是社会主义、怎样建设社会主义"这一问题时，形成了邓小平理论体系。这一时期，我们党将理论主题和实践主题转到以经济建设为中心，中国大众真正享受改革开放的成果，并在现实生活中感受马克思主义的魅力，有力地推动当代中国马克思主义大众化。在总结社会主义兴衰成败的历史经验、科学判断党的历史方位，深刻认识当今世情、国情与党情的新变化的基础上，以江泽民同志为主要代表的中国共产党人提出了"三个代表"重要思想。马克思和恩格斯在《德意志意识形态》中指出："一切划时代的体系的真正的内容都是由于产生这些体系的那个时期的需要而形成起来的。所有这些体系都是以本国过去的整个发展为基础的。"[1] "面对世情、国情、党情出现的这些新变化，我们党经受着一系列严峻考验：在充满机遇和挑战的21世纪，能不能抓住机遇、应对挑战，紧跟世界进步潮流？在现代化建设的未来征程中，能不能与时俱进，开拓创新，提出新思路、运用新办法、解决新问题，把中国特色社会主义事业顺利推向前进？在党所处环境和党的队伍状况发生重大变化的情况下，能不能用时代发展的要求审视自己、以改革的精神加强和完善自己，成功解决党所面临的两大历史性课题，进一步提高党的执政能力？"[2] 正是基于对这些重大问题的深入思考，以江泽民同志为主要代表的中国共产党人提出了"三个代表"重要思想。在十七大报告中，胡锦涛同志提出了科学发展观，"科学发展观，是立足社会主义初级阶段基本国情，总结我国发展实践，借鉴国外发展

---

① 《马克思恩格斯全集》第3卷，人民出版社1960年版，第544页。
② 江泽民：《论"三个代表"》，中央文献出版社2001年版，第2页。

经验，适应新的发展要求提出来的。"① 这些马克思主义中国化的理论成果，是马克思主义在中国实践运用的经验总结，形成了中国特色社会主义理论体系，保持了它独有的贴近群众生活、紧扣时代脉搏、针对现实问题的特点，有力回答了时代的课题，分析了中国面临的难题，阐述了人们关心的热点，提出了发展的理念，从而推动马克思主义大众化。

二、从封闭的传播空间走向开放的传播视野

由于历史的原因，马克思主义在中国传播一度限制在封闭的传播空间中。这种封闭的传播空间表现在三个方面：第一，早期的马克思主义者传播局限是在先进的无产阶级知识分子内部。早期马克思主义者传播的马克思主义主要是翻译和引进外来的本源马克思主义，传播马克思主义主要是依靠当时先进的无产阶级知识分子。然而，当时知识分子接受外语的机会是有限的，一般的知识分子、知识青年都难以直接阅读外文版的马克思主义理论著作，更何况是文化层次较低的广大无产阶级和广大没有机会接受教育、目不识丁的劳动群众。这就决定了马克思主义理论的传播要通过文化素质较高的先进的知识分子。党成立后，有创造性的把马克思主义应用于中国的革命实践，形成中国化的马克思主义，即中国特色新民主主义革命理论，由于武装革命的需要，这一时期马克思主义宣传原则是坚持意识形态的阶级性。因为在阶级社会里，主导意识形态是占统治地位的统治阶级的思想。正如马克思所说："占统治地位的思想不过是占统治地位的物质关系在观念上的表现，不过是以思想的形态表现出来的占统治地位的物质关系；因而，这就是那些使某一个阶级成为统治阶级的关系在观念上的表现，因而这也就是这个阶级的统治的思想。"② 近代中国，尽管社会意识形态形式呈现混合多元，但居主导地位的意识形态则是占统治地位的大地主大官僚资产阶级所倡导和维护的封建文化，因此，党所倡导的马克思主义

---

① 胡锦涛：《高举中国特色社会主义伟大旗帜 为夺取全面建设小康社会新胜利而奋斗——在中国共产党第十七次全国代表大会上的报告》，人民出版社 2007 年版，第 13 页。
② 《马克思恩格斯选集》第一卷，人民出版社 1995 年版，第 98 页。

意识形态则处于排挤、压制的状态，这样的历史条件决定了当时的马克思主义传播局限于先进的无产阶级知识分子内部。第二，新中国成立初期的马克思主义传播主要局限于学校教育传播和经院式学术研究传播。新中国成立初期，百废待兴，从压迫的命运中解脱出来的社会大众，首先面对的是恢复生产，社会整体上还是贫穷和落后，能享受到教育的只是少数人，因此，当时的马克思主义传播的空间主要是学校教育。由于党在思维方式上没有适时地从革命党向执政党转换；另外受马克思主义意识形态遭遇过教条主义话语垄断的影响，长期以来强调"阶级斗争在一定范围内还存在"，社会基本矛盾还未解读为人们日益增长的物质文化需要与落后生产之间的矛盾，过分强调阶级斗争和强化思想统一等，这些诸多因素导致马克思主义在传播过程中过分突出其阶级属性，而轻视了人的需求以及为满足需求而进行的理论关切与实际回应。这种传播思维方式，直接导致了在学校教育中形成了苏联教科书模式的马克思主义话语体系。在学术研究中，抽象式的学术话语在某种程度上与"实然"的学术价值和"文化自觉"的治学方向相背反，这种仅仅存在于纯学术的学院派之中马克思主义传播难以融入世俗生活，使马克思主义成为书斋里的学问。第三，新中国成立以来马克思主义传播还表现为是政治生活领域的意识形态传播。新中国成立后马克思主义传播主要是作为对党的意识形态宣传工作来说的，倡导坚持不懈地用马克思主义理论成果武装全党，局限于政治生活领域，宣传目的侧重于意识形态政治权威，为的是巩固马克思主义意识形态的主导地位，大都采取灌输的方式，抽象演绎及其政治高度提升难以使马克思主义回归到大众生活空间，马克思主义逐渐成为"官学"。新中国成立后尤其是"文化大革命"期间，由于更多地满足意识形态作为政党指导思想的需要，在意识形态宣传方面存在着严重的教条化、抽象化、泛化、虚化、非理性化等倾向，马克思主义难以从中共党员走向群众视野。第四，从传播介质上看，传统的媒介文化所构成的是一个个相对独立、封闭的文化传播体系，由于受到当时技术、时空的限制，因此也造成了马克思主义传播空间的狭窄。

在过去的一段时间，我们的马克思主义大众化进程之所以缓慢，其中一个重要的原因就是思想上自守，长期处于在一个封闭的体系中进行，因而隔断了马克思主义发展和传播的源头活水。中共十七大报告中强调开展马克思主义大众化就是通过理论宣传和普及等形式让马克思主义理论主动走进群众的生活，让马克思主义理论真正适合广大群众需要的一个过程。大众化的马克思主义普遍真理不能是经院式的，不能是一种空洞的理论，而是要武装群众，宣传群众，要变成群众改造世界的武器和行动。推动当代中国的马克思主义大众化是我们应该着力完成的一项任务。进入新的历史条件，马克思主义已经融入了中国现代化的道路，并成为中华民族的思维方式、话语方式、思想体系，已经融入老百姓的日常生活之中。新时期推动马克思主义大众化传播将走向开放的视野，具体表现为四个注重：第一，更加注重让马克思主义从理论走向实践；第二，更加注重让马克思主义从"官学"走向"民学"；第三，更加注重让马克思主义从党员走向群众；第四，更加注重让马克思主义从书斋走向生活。

三、从工具的目标维度导向人本的价值关怀

在革命战争和阶级斗争作为社会的主要矛盾的时期，马克思主义传播强调的是马克思主义的社会属性和阶级属性，突出马克思主义理论作为政治斗争的手段和工具，马克思主义所包含的一切思想文化都自觉不自觉地成为政治斗争的工具，革命时代的客观条件决定了政治需求成了主导一切需求的核心内容，这在特定的历史环境下有着不可避免性。然而，新中国成立后，我们的马克思主义宣传、传播和教育的思维模式和实践方式并没有随着社会历史的变迁而转变过来，在相当长时期内仍然秉持革命年代的思维方式和实践路径，这种传播方式的实质是工具性传播模式，强调达到目标的手段，在传播过程中，是把传播主体的权威角色作用于传播客体，直接导致了传播客体处于一种"我说你听，我推你动"的受控、被动局面，充当的是受教育、被灌输的角色，习惯于被动地遵从而较少有选择的自由，个性意识往往处于被压抑状态。由于历史等各方面原因，马克思主义不是

被当成一种可以自由思考和探讨的思想理论，而是在抽象层面上将马克思主义抬到不容置疑的地位，形成了长期以来在人们心理中对政治意识形态灌输的抵触情绪，使得民众在"大众化"过程中存在着有意无意的淡化政治、疏离政治的情感倾向，这种传播方式不仅违背了国家和人民群众需要的历史性，也忽视了人民群众需要的全面性，使马克思主义大众化一度遭受扭曲。真正的马克思主义不能排斥人的本性和价值关怀。把马克思主义的研究和宣传当作政治斗争的锐利武器，把符合当时政治斗争需要的马克思主义的基本内容，极力粉饰、抬高和放大，隆重推出，大力宣传，这种方式有着历史的必要性。但是随着革命的胜利，国家转向和平建设时期，再继续将马克思主义宣传视为一种政治斗争的工具，必然损害马克思主义的形象，破坏人们对马克思主义的信仰，戕害人民的科学精神，阻碍甚至扭曲马克思主义的发展和取消真正的马克思主义的指导地位。

社会主义制度建立后，我国最基本的国情就是我国已经进入并将长期处于社会主义初级阶段。我国社会的主要矛盾是人民日益增长的物质文化需要同落后的社会生产之间的矛盾。社会主义的根本任务是解放生产力，发展生产力。因此，解放和发展生产力是党和国家各项工作的中心，各项工作都围绕着发展生产力这一首要任务来抓。因此，这一时期马克思主义传播又服务于另一个工具性的目标，即服务于生产力的发展和经济建设，然而，过分强调经济的发展，却忽视了社会的发展和人的发展。"一个中心两个基本点"，"发展是硬道理"，"以经济建设为中心"，"不管黑猫白猫，能抓到老鼠就是好猫"等指向生产力的传播话语主导着整个社会和政治生活。这套话语体系的形成是我们的改革开放事业在"以阶级斗争为纲"的极"左"理论和实践的背景下转入"以经济建设为中心"的过程中不可避免产生的一种"矫枉过正"的现象。这一时期的马克思主义传播话语，一方面，适应了时代主题的现实转换，反映了人民群众的基本需求，把发展社会生产力摆在首位，推动了社会全面进步，为社会主义政治建设、文化建设打下坚实的基础，增强了我国的经济实力，在实践中获得了巨大的成功，重新唤起了人民大众对马克思主义的信心和信念，推进了马克思主义大众化传播；另一方面，由于这套政治伦理传播话语在理论和具体的实践操作层面呈现一种"唯生产力"的经济功利性倾向，忽视了人的需求的全面性原则，公平正义、以人为本、精神文化等人文关怀被遮蔽了，使得马克思主义大众化传播效果或多或少被打了折扣。

新的历史条件下，要成功推进马克思主义大众化传播，首先就要使马克思主义契合人民大众的实践主题，紧扣和顾及人的需求的历史性和全面性，实现马克思主义传播思维方式对人的定位从工具目标性向主体价值性的转变。这样一种转变符合马克思主义的全面发展观。马克思主义全面发展的理论告诉我们，人的全面发展主要包括人的本质的全面发展、人的需要的全面发展和人的素质的全面发展。马克思主义传播的过程中，或过分强调人的政治需求，或过分强调人的物质需求，而忽视了人的内在价值需求，都是过分把马克思主义作为一种工具理性看待，造成马克思主义人文精神的失落。马克思主义是以"每个人的自由全面发展"为价值依归的。因此，原有的"政治宣传"、"思想政治教育"等工具性目标维度的传播形式，其传播有效性的实效性在新的社会现实中受到冲击，亟需探索一套体现新时代的思想理念、价值追求、话语诉求的传播模式。正因为如此，我们在推进马克思主义大众化传播过程中，应当始终铭记"每个人的自由全面发展"的根本宗旨，关注人的内在价值和目的本身，在传播中自觉地表达人民大众的多方面需求，这也是马克思主义大众化传播的现实价值。

视人民群众为价值主体，坚持"以人为本"，始终把实现好、维护好、发展好最广大人民群众的根本利益作为党和国家一切工作的出发点和落脚点。以人的全面发展为价值目标，体现了马克思主义大众化传播的根本价值诉求。只有坚持以人为本，关注人的价值、权益和自由，关注人的生活质量、发展潜能和幸福指数，以实现人的全面发展为价值目标，才能真正超越资本主义，充分体现社会主义的优越性。导向人本价值关怀的马克思主义传播必须把党的创新理论和方针政策贴近群众生活、紧扣时代脉搏，针对现实难题和热点问题，以大众喜闻乐见的通俗形象和生动风格做出回答和解释，对就业难、购房难、看病难、上学难等人们最关注和渴望解决的民生问题展开讨论，并探讨解决问题的方式和途径，以彰显民生实现的理论魅力。只有让理论表现出联系实际的人文关怀，才能使党的理论创新成果在社会各阶层群众中有了坚实的发展根基和被认同的社会土壤，马克思主义大众化传播才能成为可能。

第三节　马克思主义大众化传播的成功经验

从先进的中国共产党接受马克思主义开始到使中国特色社会主义成为全国各族人民团结奋斗的共同思想基础，中国共产党在推进马克思主义大众化传播方面积累了丰富的经验。回顾和总结建党九十多年来推进马克思主义大众化的成功经验，深刻认识和准确把握不同历史时期中国共产党丰富和发展马克思主义的规律和特点，对于在新的历史起点上坚持和发展马克思主义，不断推进马克思主义大众化，具有十分重要的意义。

一、关注民生的传播取向

马克思主义大众化传播必须紧密结合大众的民生问题来进行，否则马克思主义信仰就不可能有牢固的社会基础，从而也难以真正赢得最为广大的人民群众的支持。从马克思关于共产主义社会应当是"以每个人的全面而自由的发展为基本原则的社会形式"的思想，到列宁关于保障"社会全体成员的福利和自由而全面的发展"的思考，关怀具体的每一个活生生的人始终是马克思主义的基本价值取向。

表达人民群众的诉求，维护人民群众的利益，实现人民群众的愿望，是中国共产党推进马克思主义大众化的出发点和落脚点，也是中国共产党赢得群众支持、马克思主义传播获得社会认同的成功经验。民主革命时期，毛泽东明确指出："共产党人的一切言论行动，必须以合乎最广大人民群众的最大利益，为最广大人民群众所拥护为最高标准。"[①] 新中国成立以后，

---

① 《毛泽东著作选读》下册，人民出版社1986年版，第1096页。

针对党执政以后出现的新情况，毛泽东进一步强调指出："共产党就是要奋斗，就是要全心全意为人民服务，不要半心半意或者三分之二的心三分之二的意为人民服务。"① 改革开放后，邓小平关于"发展才是硬道理"的观点，关于社会主义本质的认识，关于"三个有利于"标准的提出，关于人民群众"拥护不拥护"、"赞成不赞成"、"高兴不高兴"、"答应不答应"、"满意不满意"的说法以及"解决温饱问题"、达到"小康水平"、"基本实现现代化"的思想都是着眼于表达人民群众的诉求，维护人民群众的利益，实现人民群众的愿望，体现尊重人民和为人民服务的执政理念。江泽民强调："在任何时候任何情况下，与人民群众同呼吸、共命运的立场不能变，全心全意为人民服务的宗旨不能忘，坚信群众是真正英雄的历史唯物主义观点不能丢。"② 把努力实现好、维护好、发展好最广大人民的根本利益作为党的先进性的体现。胡锦涛也特别强调指出："相信谁、依靠谁、为了谁，是否始终站在最广大人民的立场上，是区分唯物史观和唯心史观的分水岭，也是判断马克思主义政党的试金石。对于马克思主义执政党来说，坚持立党为公、执政为民，实现好、维护好、发展好最广大人民的根本利益，充分发挥全体人民的积极性来发展先进生产力和先进文化，始终是最紧要的。"③

在新的历史时期，中国共产党提出的全面建设小康社会、构建社会主义和谐社会、科学发展观、以人为本等理论，既反映了社会主义建设的发展规律，又深切关注人的全面发展，反映和实现了广大群众的愿望和诉求，是合规律与合目的的统一，因而深入人心。而这些关注民生的思想理论和政策话语，又通俗地表达了人们的心声，因而容易被广大群众所理解和掌握，并转化为实践。这些都说明，中国共产党人在推进马克思主义大众化传播过程中坚持了关注民生的传播价值取向。"让全体人民共享改革发展成

---

① 《毛泽东著作选读》下册，人民出版社 1986 年版，第 800 页。
② 《江泽民文选》第三卷，人民出版社 2006 年版，第 271 页。
③ 胡锦涛：《在"三个代表"重要思想理论研讨会上的讲话》，人民出版社 2003 年版，第 16—17 页。

果"的价值选择，并将其迅速转化到政策措施层面上，对住房、教育、医疗、"三农"等事关群众切身利益的问题进行统筹安排加以解决，使党的根本宗旨中本已包含着的马克思主义人文关怀得到落实，理论的人性意蕴在实践中更加明确的彰显。从《七个"怎么看"——理论热点面对面·2010》，我们可以清楚地看到，对七个人们最关注的热点问题的分析，都按照一个基本的理论框架展开：揭示相关现象对于群众生活和社会和谐所造成的影响、造成这种现象的原因、对于解决问题的重要性的理论认识、解决问题的基本途径等；再如《从怎么看到怎么办——理论热点面对面·2011》，提炼概括出了怎么保持物价稳定、怎么解决分配不公、怎么解决住房问题、怎么解决就业难、怎么解决看病难、怎么实现教育公平、怎么解决发展不平衡、怎么遏制腐败现象蔓延八个问题。可以说，这些问题，说到底来自群众、来自实践，是当前社会热点难点的集中反映。在这些理论分析中，把党和国家对于民生问题的高度重视和对民众疾苦的关怀，特别是解决相关民生问题的决心和政策措施，用具体的、贴近群众的语言形象地表达出来，都非常深刻地显示出党在推进马克思主义理论传播所秉持的关注民生的价值取向。

二、自由探讨的传播环境

正如毛泽东所说，"马克思主义必须在斗争中才能发展，不但过去是这样，现在是这样，将来也必然还是这样。正确的东西总是在同错误的东西作斗争的过程中发展起来的。"[①] 早期马克思主义在中国的传播，不仅表现在革命斗争的领域，而且也呈现在思想文化领域，在与各种非马克思主义和反马克思主义的错误思想的斗争和论战中不断被中国知识分子和中国人民所认同和接受的。在执政前，中国共产党是马克思主义意识形态的宣传者，新的政治文化的倡导者，但还没有掌握国家意识形态机器，因而其引导方式只能是一种倡导的或引领的方式，即批判封建主义，批判与半封建

---

① 《毛泽东文集》第七卷，人民出版社 1999 年版，第 230 页。

半殖民地社会相适宜的剥削阶级的意识形态，批判当时的国民党专制独裁，在批判中传播民主与科学的观念。在这个批判的过程中，不仅中国共产党起了很大的作用，当时许多左翼的学者、作家也做了相当多的努力，早期的马克思主义传播经过一些批判和论战，对于马克思主义在中国的大众化传播起到了非常重要的作用。从马克思主义在中国早期传播中所经历的论战看，真理是不怕辩论的，早期马克思主义传播者利用近代报刊作为舆论宣传的利器，经过几次报刊论战，结果是马克思主义在中国获得了更加广泛的传播。真理在辩论的过程中得到认识，人们在辩论的过程中凝聚了对真理的共识。凡是在争论中能够存留下来并得到人们认同的东西，一定是有生命力的。因此，如果一个国家和民族能够允许思想的自由讨论，其实就是为这个国家和民族获得真理、坚持真理、修正错误提供了保障。

民主的氛围和制度是马克思主义大众化传播的保障。从党的马克思主义传播历程来看，在自由探讨的民主传播环境中更能有效的推进大众化。没有民主的氛围，没有正常讨论问题的氛围，没有说真话的氛围，马克思主义传播就会受到阻碍。建国后直至十一届三中全会前，中国共产党在意识形态领域中的一项主要任务就是确立马克思主义在国家意识形态和社会思潮中的指导地位。传播的主要方式是通过不断的思想政治运动，改造人的思想，并转化为全社会的政治实践。这对于确立党的执政地位的合法性是不可缺少的手段与方式。这种以政治运动的方式来传播和灌输马克思主义，在当时收到一时的轰动效应，但也出现了负面作用，造成了思想的僵化、教条主义盛行、理论创新滞后，偏离马克思主义基本原理，或者囿于成见和教条没有新突破，使马克思主义缺乏了创新和发展的活力，不能对实践提供新指导，对党员和群众越来越缺少吸引力。

人们对真理的认识存在着至上性和非至上性。任何个人，甚至一个领导集体，对真理的认识都是有限的。唯有允许自由探讨，包容不同意见，才能使真理显现而不被遮蔽，才能增强真理的认同度并扩大受众范围，形成舆论。但是，不同意见的表达是有条件的，只有在民主的气氛下，人们才有可能表达出真实的意见，解放思想、实事求是的风气才有可能真正实现。

经济全球化背景下各种意识形态的交流和对抗，使得中国特色社会主义理论体系在新的空间和领域中传播着和影响着，向人们展示其优势和吸引力，试图以美好的面貌吸引着社会民众，进一步巩固马克思主义的指导地位。

三、坚定信仰的传播主体

信仰是隶属于人类精神世界的，是一种超越每个个体的统摄性的共有的精神渴求，它为人类的全部行为实践确定动机和目的，并制约着每个个体的思想方式和行为方式。"多元真理之所以会成为历史发展中的普遍现象，原因在于它们能够以不同的方式迎合不同主体的特殊利益诉求，支撑着主体在荆棘丛生的生命历程中奋勇前行。综观中外思想史上各家各派对人性问题的持久性论争，一种话语系统之所以会倾注全力甚至不惜话语所属群体或个体的生命去维护认定的真理，就是因为它表征着该话语系统对人性问题的诠释及其完善的理论建构。当主体以实际行动捍卫认定的真理时，信仰便开始在其内心逐步确立起来，至此，主体在不断追求自我完善本性的驱使下最终使真理实现了向信仰的跃迁。"① 反观马克思主义传播历史，马克思主义作为外来思想之所以能够很快在中国思想领域中被认可并居于主流地位，逐渐成为先进的中国人的理想信仰和实践的指导思想，一是因为它在很大程度上迎合了当时大多数中国人救亡图存的迫切愿望；二是坚定信仰的马克思主义者对马克思主义传播充满了热情，并身体力行地实现着自己的文化自觉和行动自觉。这是马克思主义大众化传播不可或缺的人才保证和智力支持。毛泽东说过："我一旦接受了马克思主义是对历史的正确解释以后，我对马克思主义的信仰就没有动摇过。"② 一种理论要发

---

① 徐俊、刘魁：《人性、真理与信仰——当代中国马克思主义信仰传播主体维度探究》，《内蒙古社会科学》2010 年第 2 期。

② ［美］埃德加·斯诺：《西行漫记》，董乐山译，生活·读书·新知三联书店 1979 年版，第131 页。

挥它改造世界和变革世界的力量，还必须有一个很重要的载体，那就是践行和传播它的主体。在中国，马克思主义的理论践行和传播主体就是早期的马克思主义者和中国共产党。正如毛泽东所说："灾难深重的中华民族，一百多年来，其优秀人物奋斗牺牲，前仆后继，摸索救国救民的真理，是可歌可泣的。但是直到第一次世界大战和俄国十月革命以后，才找到马克思主义这个最好的真理，作为解放我们的民族的最好武器，而中国共产党则是拿起这个武器的倡导者、宣传者和组织者。"① 邓小平也鲜明指出："对马克思主义的信仰，是中国革命胜利的一种精神动力。"② 中国共产党之所以能从小到大、从弱到强，源于她不同其他政党和组织的特殊性———一种高度的理论自觉。从一开始，她就站在人类发展的高度，站在改变中华民族命运的高度，寻求最先进的理论，以改变现实的中国社会。从马克思主义在中国传播历程中，我们可以看到，坚定信念的马克思主义传播主体在中国社会充当了两个角色：一是思想的传播者。李大钊、陈独秀、瞿秋白、毛泽东等早期的马克思主义者通过创办报纸和杂志，热情地传播马克思主义，吸引很多的青年知识分子投身到信仰马克思主义的行列中，他们为了在中国这块土地上实现社会主义理想甘愿"抛头颅、洒热血"，即使在1927年大革命失败后，中国共产党人忠贞不渝地信仰和继续传播马克思主义，不惜牺牲生命去实现共产主义理想，涌现出了许许多多传播马克思主义的先驱者和杰出代表。他们是一个英雄群体，犹如璀璨群星，光华夺目。二是思想的实践者和创造者。马克思主义在中国的大众化并不仅仅需要知识分子进行思想的传播，而且需要脚踏实地的实践者。在坚定信仰的基础上，毛泽东等一批中国化马克思主义者把马克思主义作为观察国家命运的工具来探索社会主义实践道路，把经典的马克思主义文本解读成为中国大众理解和接受的话语形式，并结合中国的革命和建设实际，创造性的进行理论创新，形成中国特色马克思主义，成为中国革命和建设的指导思想。

---

① 《毛泽东选集》第三卷，人民出版社1991年版，第796页。
② 《邓小平文选》第三卷，人民出版社1993年版，第63页。

四、常识政治的传播话语

常识即普通的知识、众所周知的知识或一般的知识，是指与生俱来、毋须特别学习的判断能力就能掌握的知识，或是众人皆知、无须解释或加以论证的知识，也是指对一个理性的人来说是合理的知识，即"日常知识"。常识政治的传播话语是指切实将马克思主义的抽象理论与中国大众的日常生活结合起来，通过用常识的话语表达出来。常识政治的马克思主义传播话语能使理论真正具有解释现实困惑、解答发展选择等实际问题的功能，不但满足了大众对理论知识的渴求，还把马克思主义变成实际生活中的知识，切实让大众感受到理论对其生活的价值，消除马克思主义与大众日常生活之间的距离感，使大众变被动接受为主动求知，变逆反为认同。常识政治的马克思主义传播话语实现的途径主要有两个方面：一是要贴近大众生活的实际问题。理论的传播要与大众生活中的真实问题、现实困惑相对应，使受众能够从理论解读中获取有价值的信息、受到启迪。与大众生活联系的信息才是最真实的、最有吸引力和传播力的，也是老百姓最需要的。二是要与大众的发展需求相结合。当理论传播能够对受众当下的生活给予关照，给予未来发展的智慧和启示，就会形成心理需求。关照大众的真实需要、关心大众的切实感受，关注大众的未来发展。为此，要根据不同阶层受众的思想状况和发展需求及其理论接受能力选择合适的理论宣传内容和大众传媒方式。理论能不能被群众接受、认同，很重要的是能不能恰当使用民族的语言、大众的语言、时代的语言、通俗的语言、简化的语言。毛泽东提出大众化应当认真学习群众的语言，他指出："大众化"就是我们的"思想感情"要和"大众的思想感情打成一片"①。他提出的如"三大法宝"、"糖衣炮弹"、"纸老虎"、"三座大山"、"三个世界"等，都是符合大众要求、贴近大众生活，契合大众情感、易于理解和传播的。邓小平主张，"学马列要精，要管用的。长篇的东西是少数搞专业的人读的，

---

① 《毛泽东选集》第三卷，人民出版社1991年版，第851页。

群众怎么读？要求都读大本子，那是形式主义的，办不到。"① 在改革开放时期，他的一些经典语言极具特色和给力，诸如"不管白猫黑猫，捉住老鼠就是好猫"、"摸着石头过河"、"不能像小脚女人一样"、"发展才是硬道理"、"贫穷不是社会主义"等，浅显直白，寓意深刻，直指问题要害，也是契合大众生活的话语方式。2003 年起，由中宣部理论局每年编写一本的通俗读物《理论热点面对面》，就是用最新素材阐述理论问题，用身边事例说明深刻道理，图文并茂、文字生动、通俗易懂、可读性强，使群众于细雨润物中明白理论，于潜移默化中升华思想境界，以"面对面"的亲切与平等形式切实架起了理论通向大众的桥梁。艾思奇在 20 世纪 30 年代为通俗宣传马克思主义哲学而写的优秀著作《大众哲学》赢得了许多人的欢迎，起到了宣传普及马克思主义的效果，特别是对于把那些青年人引向革命之路、引向信仰马克思主义有着很大影响。目前马克思主义大众读物和文化作品较少，受市场经济的利益驱动，一些媒体和个人往往为了商业利益，而失去对社会责任的承担，同时，媒体自身出现了多元化发展，需要满足社会各种内容的传播，容易导致社会责任的缺失，甚至放弃了文化的道德使命。要创造出深受欢迎的马克思主义传播作品是非常不易的，要和人民群众的生活紧密相关，使用群众熟悉的语言，例举群众身边的事例，谈论群众关心的问题，把深刻的道理用浅显生动的语言讲出来，把抽象的思想用通俗的文化作品表现出来，使马克思主义与民众生活发生联系，这样才能使马克思主义的信仰越来越牢固。

五、多元渗透的传播方式

推动马克思主义大众化过程中，我们党始终注重当代中国马克思主义大众化的多种实现方式，主要表现在以下几个方面：一是理论内容阐释方式的多样性。马克思主义大众化传播需要采用通俗化、大众化的风格来传播马克思主义真理。不仅以经典著作的形式，也以通俗读物的形式、文艺

---

① 《邓小平文选》第三卷，人民出版社 1993 年版，第 382 页。

作品的形式、艺术展示的形式等来表达，任由人们自主地选择。二是理论的物质载体和传播渠道多样性，既要充分利用传统的、群众喜闻乐见的渠道进行行之有效的传播，又要积极利用新媒体，不断赋予马克思主义传播的新形式。新媒体的出现使人们从被动的阅读、收听和观看媒体传播的信息内容，变为主动地去寻求信息，积极地参与到制作、传播交流中去。新媒体的出现使普通的新媒体使用者拥有了前所未有的话语权，为当代中国马克思主义大众化传播带来了新的机遇和挑战。马克思主义传播可以针对不同群体，采用不同的载体和手段，充分利用现代化、便捷化和信息化的传播手段及其传播迅速、影响广泛、交流互动的优势特点，在表层上影响受众的行为方式，深层次上塑造人的思想观念，让人民大众了解、认识、认同和接受马克思主义。三是充分发挥隐性教育功能。在开发和生产丰富多彩的文化消费品中，坚持正确的文化导向，把马克思主义的思想精髓和发展创新的理论成果渗透到人们日常文化消费这一隐性渠道中。四是充分发挥大众文化的艺术鉴赏效应。大众文化的艺术形式使马克思主义大众化传播的更具有自然性、渗透性。把马克思主义理论融入高质量的文学艺术作品、电影和电视剧中，通过艺术形象传递价值观，使大众在欣赏这些作品时潜移默化地认同马克思主义的立场、观点和方法。受到大众追捧的红色青春偶像剧《恰同学少年》、百位明星阵容打造的引人眼球的《建国大业》和《建党伟业》等，这些文化艺术作品都是马克思主义大众化传播的成功范例。

第三章　马克思主义大众化传播的现实审视

时代维度是马克思主义大众化的基本向度，与时代特征相结合是马克思主义发展的内在要求。马克思主义大众化传播既要尊重历史，借鉴历史上马克思主义传播的成功经验，又要直面现实、针对现实、诠释现实、引导现实。因此，从现实的维度，深入研究马克思主义在中国传播过程中的现实困境与问题是探索马克思主义大众化传播不可回避的现实课题。

第一节　马克思主义大众化传播的现实困境

从现实的维度来看，当代中国马克思主义大众化传播中面临着精神诉求的困境、实践方式的困境、传媒整合的困境和话语转换的困境。如何克服影响马克思主义传播效果的制约因素，走出传播困境，需要在传播实践过程中化解理想化与世俗化的矛盾、精英化与草根化的矛盾、碎片化与统一化的矛盾、外来化与本土化的矛盾。

一、精神诉求的困境：理想化与世俗化的矛盾

人是过程性的存在，又是未完成的存在，理想性不可避免的构成了生活的维度，赋予人的生活以意义，使人诗意地栖居在大地上。任何时空境遇的人都有自己的理想性的精神诉求，不仅需要形下的物质满足，还需要形上的信仰支柱，以满足人的智力追求，安顿人的现实生命，慰藉人的心灵，实现对人生的终极关怀。精神诉求是关注人本身的文化精神，既指向

人的理想化层面，又关注人的世俗层面，它是对人理想生活与现实生活的双重关怀。共产主义不仅是一种价值理想，更是一种现实的积极的批判的实践活动和运动过程。

马克思主义从"现实的人"出发重新审视，建立了与以往一切历史观根本不同的历史观。"我们首先应当确定一切人类生存的第一个前提，也就是一切历史的第一个前提，这个前提是：人们为了能够'创造历史'，必须能够生活。但是为了生活，首先就需要吃喝住穿以及其他一些东西，因此第一个历史活动就是生产满足这些需要的资料，即生产物质生活本身。"①可见，马克思主义不但用唯物史观发现了社会主义必然胜利、共产主义必然实现的客观规律，在全世界无产者心中确立起共产主义的信仰，而且也强调了对人物质的、世俗的衣食住行的现实关怀。马克思主义大众化传播实践过程中，理想与现实、应然与实然、形上的终极信仰与形下的世俗需要、目标认同与实际行动之间会出现差距甚至矛盾。马克思主义所表达的理想是美好的、有意义的、值得追求的事物。社会主义核心价值体系体现着社会所追求和憧憬的最高价值，即社会的理想、信念、信仰，蕴涵以人为本、公平正义、共同富裕、文明和谐等基本要素，从宏观的终极价值目标和最高的价值主体层面确立了社会主义的价值理想和追求，而价值本身就包含了对世俗化的超越。必须看到，意识领域纷纭复杂和价值多元化的背景下，我国意识形态领域长期的一元意识形态的统领，其他价值观念处于从属的地位，这种状况不同程度地导致在理论传播和思想教育中马克思主义理想神圣化、悬浮化，有效受众局限于精英知识分子中间，普通人对此难以接受，从而导致了马克思主义对大众精神引领的式微。"一些人失去了人生的目标和方向，内在心灵世界没有依归，出现了'价值真空'的状态；不同时代的价值观并存，'价值多样'而导致无所适从的现象比较突出；社会对平民大众的价值取向缺乏有说服力的分析和引导，从而出现'价值错位'；社会的宣传舆论与平民大众的实际观念存在断裂，出现了

---

① 《马克思恩格斯选集》第一卷，人民出版社 1995 年版，第 78—79 页。

'价值悬置'。价值真空、价值多样、价值错位和价值悬置，综合起来，又导致了'价值虚无'的状况。"① 而这些问题的根源又是马克思主义的理想教育和主流价值观念的引领缺少平民意识的包容性，难以满足大众世俗生活的需要。社会主义核心价值体系反映的是社会整体的、根本的、长远的利益，必然会与个人的、世俗的、眼前利益之间存在一定矛盾。特别是进入市场经济以后，中国社会生活中的世俗化趋势日益增强，出现了"耻言理想、嘲弄信仰、蔑视道德、躲避崇高、锯齿传统，不要规则，怎么都行"② 的信仰危机。文化上出现了迅速的世俗化、大众化、功利化的价值取向，党的政治意识形态所整合的社会一元文化体系逐渐解体以后，它所给出的乌托邦式的理想承诺逐渐淡出人们的视野。"生产的不断革命，一切社会关系不停的动荡，永远的不安定和变动，这就是资产阶级时代不同于过去一切时代的特征。一切固定的古老的关系以及与之相适应的素被尊崇的观念和见解都被消除了，一切新形成的关系等不到固定下来就陈旧了。一切固定的东西都烟消云散了，一切神圣的东西都被亵渎了。人们终于不得不用冷静的眼光来看待他们的生活地位、他们的相互关系。"③ "造成变迁的因子早就潜伏在社会秩序既有的条件中，否则社会秩序是不可能改变的。"④ 这种信仰危机的出现，一方面是市场经济的负面效应，另一方面是市场经济促使人关注自我利益的觉醒。新中国成立以后，作为一个脱胎于半殖民地、半封建社会的社会主义国家，如何使自己尽快地摆脱贫困和落后，这是其面临的重大课题。市场经济体制的运行，带来经济的发展和人们主观价值观的变化。"稀缺性假设认为，个人的优先价值观是社会经济环境的反映，人们会把最主要的主观价值观给予相对稀缺的事物，这一假设类似于经济学中的边际效用递减理论。也就是说，在经济发展的初级阶段，人们以物质主义需求为主，因为经济的增长和物质生活的改善能增进幸福感，

① 陈亚杰：《建设社会主义核心价值体系》，人民出版社 2007 年版，第 16 页。
② 孙正聿：《现代教养》，吉林教育出版社 1996 年版，第 413 页。
③ 《马克思恩格斯选集》第一卷，人民出版社 1995 年版，第 275 页。
④ ［美］大卫·哈维：《巴黎，现代性之都》，黄煜文译，群学出版社 2007 年版，第 20 页。

那么当经济发展到一定水平时，经济增长所带来的幸福感就会减弱。……另一方面，在物质生活上过得富足的人，会认为个人归属、自我表达以及公民权利等更加重要，他们会要求一个更加人性化、更加自由的社会，并希望拥有良好的生态环境。……当今中国的经济发展和人民生活也进入了注重质量、追求全面发展和进步的新阶段。"①

　　理想和现实的关系告诉我们，人们更愿意去选择和接受期望解决现实社会问题的理想作为信仰和准则以指导生活，所以，在冷静肯定现实生活的同时，必须保持对现实生活清醒的批判性思考，用理想来观照现实生活，提升现实生活，而不能用肯定现实生活来否定和消解理想。因此，马克思主义大众化要把握现实性与理想性的关系，一方面，以提高人民生活水平和满足人们世俗需要作为基本的价值标准，给人们的生活世界中需要关怀的地方洒满阳光，而不能用理想化的"乌托邦"式的标准来遮蔽普遍性的基本现实。马克思主义传播不但需要厚重的历史感，更需要赋予鲜明的时代精神，具有强烈的现实关怀，这样才能深入人心。借用恩格斯的话说，就是使人"自己成为衡量一切生活关系的尺度，按照自己的本质去评价这些关系，根据人的本性的要求，真正依照人的方式来安排世界"②。另一方面，以马克思主义理想性的目标体系和价值观念为社会活动和个体追求指明方向和提供动力。"一种理论观念的强大之处就在于，一旦越来越多的人认识到它的正确性，它就会顽强的存在于人们的意识之中，无论遇到的障碍有多大，它总有一天会变成现实。"③ 只有这样，马克思主义大众化传播中所承诺的以人为本、公平正义、共同富裕、文明和谐才成为人们的理想信念支柱，马克思主义大众化传播所赋予的精神诉求才不至于滑向极端式的乌托邦与过度式的世俗化两级。

---

① 郭莲：《中国公众近十年价值观的变化——"后现代化理论"的验证研究》，《国家行政学院学报》2011 年第 3 期。

② 《马克思恩格斯全集》第 3 卷，人民出版社 2002 年版，第 521 页。

③ 章国锋：《哈贝马斯访谈录》，《外国文学评论》2000 年第 1 期。

二、实践方式的困境：精英化与草根化的矛盾

"精英"（outstanding person）一词最早出现在 17 世纪的法国，意指"精选出来的少数"或"优秀人物"。精英理论认为，社会的统治者是社会的少数，但他们在智力、性格、能力、财产等方面超过大多数被统治者，对社会的发展有重要影响和作用，是社会的精英。其中极少数的政治精英代表一定的利益集团，掌握着重大决策权，他们的政治态度、言行，对政治发展方向和前景产生重要影响，决定着政治的性质。"草根"（grassroots）一词始于 19 世纪美国，当时美国正沉浸于淘金狂潮之中，盛传山脉土壤表层草根生长茂盛的地方，下面就蕴藏着黄金。后来"草根"一说引入社会学领域，被赋予了"基层民众"的内涵，即与那些社会精英相对的普通老百姓、小人物，也指草根文化，是相对于御用文化、殿堂文化而言的，生于民间，长于民间，没有经过主流意识的疏导和规范，没有经过文化精英的加工改造，充满着乡土气息，蕴涵着丰富的生活共识的文化。

第一，精英化与草根化的矛盾首先表现在阶层差异上。精英集团是指那些对社会政治资源、经济资源、舆论资源占有程度较高的知识分子，精英阶层的主张往往能够影响政策导向，调动更多的社会资源，在话语权方面有着明显的优势，其社会发展建议更容易达到政治决策层。而草根阶层的观点有时根本难以到达决策层。一直以来，马克思主义传播是精英主导的、由精英推动的、自上而下式的传播模式，这样形成了精英话语主导话语权，在理论宣传上"一些理论研究缺乏人文关怀"、"一些学者充当特定利益集团的代言人"、"一些宣传舆论对弱势群体切身利益的忽视"，[①] 少数精英阶层的专家学者丧失道德底钱，成为某一利益集团的代表，一些理论宣传不是为"草根"阶层的幸福代言，而是代表精英阶层，在关系群众切身利益的问题上，缺乏人文关怀。广泛听取社会各阶层意见，形成主流舆论意见共识是制定各项政策措施的先导。然而，精英阶层主导着主流媒体，

---

① 李英田：《宣传理论工作要多关注"草根"阶层利益》，《理论导报》2008 年第 8 期。

左右着主流舆论发展趋势，而普通大众草根阶层为自己利益的呐喊难以形成主流舆论的声音。草根阶层是我们社会的主要阶层，马克思主义传播大众化只有关怀大众草根阶层利益，才能化大众，而只有化大众，才能大众化。

第二，精英化与草根化的矛盾其次表现在文化属性上。精英文化与草根文化之间有审美媒介和表现层次的高低不同。草根文化是伴随着改革开放思想的解放、意识观念的革命、科学技术的进步、市场经济的发展而带来的人们生活方式、道德观念、情感喜好、审美趣味、价值趋向等变化，出现的文化多样化的发展趋势，是在民间产生的一种平民文化现象。草根文化所代表的是底层、弱势、平民形成的文化现象，自然会带有平民化、大众化、广泛性的特点，易被社会大多数人所接受。草根文化的出现和盛行不同程度对一些主流文化的普及和弘扬也是一种挑战。文化要靠雅俗共赏赢得受众，草根文化的流行丰富了人们的文化生活，满足了人们的精神需求，对主流文化进行了辅助和补充，体现出了文艺"雅俗共赏"的特点，不管是高雅之士，抑或是俗常之人，皆可以产生共感共鸣。但是，由于草根文化基于其民间性，很难与有组织的国家力量相抗衡，亦难以进入意识形态宣传的主阵地，在很大程度上是被官方所忽略甚至被排斥的，不可能得到官方及主流文化的明确认可。

精英文化是与大众文化、平民文化、草根文化相对立而产生的文化现象。精英文化是知识分子阶层中的人文科技知识分子创造、传播和分享的文化，以受教育程度或文化素质较高的少数知识分子或文化人为受众，旨在表达他们的审美趣味、价值判断和社会责任的文化。现代以来，我国出现过新文化运动时期以文化精英为主导的精英文化，其后也出现过以政治精英为主导的精英文化，现在初见端倪的则当是经济精英为主导的精英文化。而精英文化注定了它们的受众群体较为高端，不是那些需要简单资讯的普通受众，而是精英群体。精英文化的主题是关注社会发展和活跃在社会经济各领域的人，是这个知识经济社会形成的"知识群体"，充分体现这部分人的"精英追求"。"在社会上，对权力金钱的追逐加剧了，对达官贵人的追捧增多了，对精英成功人士的吹捧泛滥了，社会运行中'赢家通吃'的局面屡见不鲜了。平民越来越淡出了社会的视野，平民的诉求，平民的意愿，平民的利益，在社会考量中的权重减轻了。令人惶惑的是，许多平民连自己的平民情怀也淡化了。这是一种社会意识与心态失衡的悲哀。"①这种失衡也造成了草根与精英之间的裂痕，并且有不断扩大的趋势。现在"草根"民众一定程度上对主流精英文化有种抗拒与不信任。"草根"群体的最大特点就是身处体制之外。草根文化日渐风行在一定程度上提升社会底层的话语权，因为"草根"的背后是奋斗于社会底层的社会群体。"草根"这个词既明确指出了他们的出身，又反映出了他们现在的生活境遇。草根文化作为精英文化的广阔基础，需要不断提升文化内涵。而精英文化则要在商业浪潮中找到平衡点，那些经历过市场经济洗礼的精英知识分子会愈加显示出人格的魅力和学术的功底，而正是他们承担着文化使命。因此，马克思主义大众化传播要在"精英文化"和"草根文化"的之间架起一座便捷之桥，既要实现"草根文化"对"精英文化"的渴望，释放和解脱长期以来受众对精英文化大众化的需求和满足得不到实现所导致的压抑，又要实现"精英文化"大众化的诉求，使精英文化所传播的意义得到"草根文化"受众的认同和肯定。

第三，精英化与草根化的矛盾再次表现在传播方式上。精英掌握着舆论控制权，并利用自己对舆论的控制权，通过媒体不断的释放出对他们有益的言论，以此影响决策。中国主流媒体被他们掌控，草根阶层缺少发言的阵地，部分失去了话语权。因此，精英集团在利益上和草根阶层存在着冲突甚至是敌对，精英们获得的社会资源恰恰是利用权势强行占有了草根阶层应有的那部分。在媒介传播中，有关草根阶层的叙事，叙事者往往不是作为故事"主人公"的草根阶层自身，而是政府、专家等精英的他叙，媒体对主流话语和精英意识的遵从，决定了它叙事模式的价值导向更容易倾向于拥有更多符号运作资本的社会精英群体，这必然弱化了草根阶层自

①　陈家兴：《大学精神不能缺少了平民情怀》，《中国青年报》2011 年 6 月 28 日。

我解释的自主权和话语权。"话语生产总是依照一定程序受到控制、挑选、组织和分配的",① 话语体现的是社会权力网络的整体运作。"即使在同样的信息环境中,不同群体往往占有不同程度的支配其他群体的力量,这使得信息的制造、占有和操控成为权力生产的体现,拥有信息和话语权力的人可以单方面地生产'普适性'意义框架,进而将其灌输给其他群体,由此形成以信息和象征系统的生产与传播为机制的身份区分逻辑。"② 由此也决定了草根阶层在大众传媒中的自我呈现相当不足,其真实的存在容易被他者的叙事话语所误读甚至遮蔽,结果就是"失声"抑或被动的客体化呈现。

在大众传媒的话语平台上,草根阶层自我呈现受到现有媒体叙事的较大限制,缺乏自主的表达权,同时,由于经常性、普遍性地被他者陈述,其身份符号必然被他者的话语所塑造,从而难以成为自我身份建构的主体。在一定程度上,他们已然丧失了谋求身份合法性必需的符号权力。但是,随着草根意识的觉醒,社会发展进入了信息时代,互联网的出现,使纸质媒体、声像媒体再也不是老百姓可望而不可及的梦想时,互联网这种集文字、声像为一体的传播工具自然会逐渐成为草根阶层表达心理诉求的载体,他们利用互联网这个精英们很难完全控制的渠道诉说自我并表达自己的利益诉求。

三、传媒整合的困境：碎片化与统一性的矛盾

"碎片化"是对当前中国社会传播语境的一个形象描述,所谓"碎片化",英文为"Fragmentation",原意为完整的东西破成诸多碎块,它是网络时代最明显的传播特征。美国著名未来学家阿尔温·托夫勒指出,这是一个碎片化的时代,信息碎片化、受众碎片化、媒体碎片化。随着新媒介技术的更新及其传播功能的加强,电视、报纸、互联网、移动互联构成了综

---

① 转引自黄晓钟、杨效宏、冯钢主编：《传播学关键术语释读》,四川大学出版社 2005 年版,第 154 页。

② 王建民：《社会转型中的象征二元结构——以农民工群体为中心的微观权力分析》,《社会》2008 年第 2 期。

合的信息网络。电信网、有线电视网和计算机通信网相互渗透、互相兼容，形成三网融合的结果不是内容更加的整体化、逻辑化，而是更为碎片化了，信息社会的传播呈现泛滥横流的态势。信息碎片化，人人都是信息传播的载体、参与者与评价者，特别是新信息传播平台出现后，更是加快了信息社会"碎片化"的进程，使得社会信息流动进入了一种新媒介传播生态。就传播的影响力而言，以往依靠某一种类媒介的强势覆盖而"号令天下"的时代已经一去不复返了。一方面是传统媒介传播市场的份额在不断收缩，其话语权威和传播效能在不断降低；另一方面则是新兴媒介的勃兴与活跃，传播通路的激增、海量信息的堆积以及表达意见的莫衷一是，这便是现阶段传媒整合所面对的社会语境。马克思主义大众化传播如何适应媒介融合化、数字化的趋势，如何构建多渠道的互斥传播链条，适应受众多元化、自主化的趋势，实现多种传播途径的叠加，尊重受众接受途径的个性化趋势，实现更加分众的传播，这些都是我们要思考的问题。

这样的现实即是马克思主义传播不可回避的碎片化传播环境，当前阻碍马克主义大众化传播的困境主要在于传播方式上还是局限于知识精英社会整一性阶段时的那种统一目标与绝对共识，而对于现阶段的碎片化语境下的受众碎片化、媒体碎片化抱以偏见和漠视，低估了"碎片化"现实背后的社会进步价值。其实，碎片化以及与碎片化相伴随的传播领域的分众化和大众化恰恰使统一性单一传播媒介中被忽视甚至被损害的大众及每一个个体的个性与价值得到了前所未有的凸显和关注，学术权威和平民地位，社会精英和草根百姓之间的距离，至少在心理层面上不再横亘着一条不能逾越的鸿沟。人们在新的数字传播平台上获得了更多的自我满足，而在传统的精英社会的整一性传媒平台中，他们只能是一个追随者。受众的分化形成了许许多多受传者群落的"碎片"，这就要在传播媒介选择中特别重视每一个细分的个性化族群的认知特征和心理需求，深刻地把握这一特征的传播者必然会看到这样一种碎片化之下的真正社会涵义，这就是要打破统一性的传播媒介，将有着同一价值追求、生活模式与文化特征的众多个体，以某种传播手段和渠道平台聚合到一起。理解与重视受众的"碎片化"现实的真正意义还在于，明确传播目标的对象群体，使传播资源发挥最大的传播效能，从而获取最大化的传播效果。因此，如何能够使马克思主义传播内容通俗化、传播方式形象化、渠道手段现代化，是马克思主义实现大众化的关键因素。如果我们按照旧的统一性的传统传播方式，而不了解媒体的深刻变化，那么马克思主义传播就是脱离它所处的根基。特别是我们当下碎片化的传播环境中，整个受众都在发生着明显的变化，包括他的性格心理、兴趣指向、群体层次和生存其中的传播环境，他们的接受习惯和交往媒介与以往有很大差别，而且这样长期的网络思维模式深刻影响他们的认知习惯和接受信息的习惯。从文化传播的视角看，马克思主义大众化是社会主义先进文化和价值观念传播与接受的过程。在这个过程中，传播者与接受者是双向互动的实践主体，双方在平等、民主、对话、选择的基础上实现传播与接受的目标。马克思主义传播本质上是实践的，它的作用机理本质上是情感认同，即把作为意识形态的制度化体系化的思想和真理性认识锲入大众的心灵之中，它是通过调动激情的方式奏效的。换言之，通过感性的方式表达理性的观念，是意识形态进入大众"头脑"的通道。在今天，意识形态感性化的趋势十分明显，增强意识形态吸引力、说服力的挑战十分突出，这就要求我们在更加注重理论彻底性的同时，尤其要注重实践方式的创新。

四、话语转换的困境：外来化与本土化的矛盾

马克思主义话语的本土化是将马克思主义的灵魂或精髓即立场、观点、方法，带上中国的文化作风和气派，形成符合中国文化思维的风格和特点，表现为中国人民所喜闻乐见的本土化的话语形式。对于马克思主义来说，尽管它揭示了人类社会发展的规律，但它毕竟是舶来品，本身是来自于西方文化背景下的一种学说，在一百多年的时间中始终是作为一种西方学说的身份在融入中国历史和文化传统之中的。"马克思主义是属于整个人类的优秀文化成果，它具有一种世界性意义。但是，我们也应该清楚地认识到，马克思主义诞生于欧洲大陆，从其最初起源来说，隶属于西方文化传统，

而我们中国却坐落于亚洲大陆，有着迥异于西方的本土文化传统。也就是说，原生态的马克思主义隶属于西方文化，作为原生态马克思主义的理解者和实践者的当代中国人却置身于中国文化。"① 所以，欲使其在中国普通民众中得到更广泛的传播，必须相应地解决马克思主义话语体系的中国化问题，必须紧密联系中国人民的思维方式、语言特点和实际需求，对马克思主义外来话语进行本土化转换，亦即把马克思主义从外国语文本转换成中国语文本，从欧洲的思维习惯、表达方式转换成中国的思维习惯、表达方式，用中国的本土话语阐释使其形成具有中国风格和气派的马克思主义话语体系，使马克思主义传播话语符合中国社会大众的接受心理，从而实现马克思主义理论的中国化、通俗化和生活化。马克思主义只有通过和中国本土文化的对话和交流，形成本土化的话语方式，才能被中国人民群众所接受和认可。

马克思主义的实践性品格，要求马克思主义话语体系必须结合新的社会实践进行转换。从语言本身而言，马克思主义也是一个不断调整、转换、重构的符号系统。在马克思主义传播过程中，马克思主义的中国化本身就具有深刻的本土背景，因此表现为一种本土化的话语形式。正如毛泽东所说："马克思主义必须和我国的具体特点相结合并通过一定的民族形式才能实现。"② 但是我们依然没有摆脱这种西方话语言说方式的纠缠，在马克思主义传播过程遭遇到的乃是文本作者、传播者与文本的理解者、接受者处于不同的文化语境之中的情形，使马克思主义传播的理论话语缺乏本土化的文化自觉，存在着过于西化的问题，借助于西方话语来建构自己的话语体系，甚至离开了西方话语，我们就不会说话，一些西方的概念、范畴充斥着学术研究领域，具有浓厚的西方色彩。在马克思主义中国化的过程中，我们曾教条地把马克思、恩格斯、列宁、斯大林的话语绝对化、经典化和权威化，在马克思主义传播中往往以"官方的马克思主义"、"学术的马克

---

① 彭启福：《马克思主义"三化"中的诠释学问题》，《马克思主义与现实》2010 年第 6 期。
② 《毛泽东选集》第二卷，人民出版社 1991 年版，第 534 页。

思主义"和"西方马克思主义"之话语出场，在高校马克思主义理论教育中，同样还面临着"教科书的马克思主义"或者"讲坛上的马克思主义"、"中国特色的社会主义"的差异问题，在历史上我们党曾一度用"苏维埃"、"布尔什维克"等许多外来词和概念作为构建马克思主义中国化理论的基本原材料，在当下理论活动中还出现借助于某些经典作家的话语、学术权威的话语粉饰自己或者抬高自己。这些话语长期出现在马克思主义传播语境中，造成了中国普通民众对这些话语的理解困难，因此也使群众难以理解和接受马克思主义，这种缺失本土化的基本视野的话语言说方式直接影响着马克思主义本土化和大众化的实现程度。在马克思主义大众化传播中，马克思主义出场形式应是融入中国文化思维模式的本土化的话语形式，因为，马克思主义中国化意味着马克思主义在中国经过传播、运用、发展和新形态的创造，已经"中国化"为一种比较深厚的历史文化传统，它已经内化和融入到中国近现代至今的历史和文化之中了，它根本上不再是外来的思想和匆匆的过客，它已经有"根"和"脉"，并且发挥着自己的"功"与"用"。因此，要使马克思主义能为中国占大多数的普通劳动者广泛接受，并在实践中发挥指导作用，必需要寻找一种为他们所能理解和接受的本土化的话语形式，必须要解决马克思主义外来话语和本土话语的沟通和转换问题，必须要建构具有中国特色、中国风格和中国气派的马克思主义话语体系，实现由精英话语体系向大众话语体系的转换。这需要有一个很长的过程，最终离不开党和人民的独立探索、理论自觉和文化自信。

第二节　马克思主义大众化传播的问题根源

社会中个人的信仰，总是有特定的语境，总是跟个人身份、生活境遇、某种主义与社会和当事人的关系、具体的环境等因素结合在一起的。我们反思马克思主义传播问题时，如果仅仅是局限于抽象的理念和历史的归咎，而不去寻找某种理念的孕育、形成或者这种理念表达的机制与路径及其历史必然性，那么马克思主义传播的改革、改变，很可能无从着手。

一、传播主体的"僭越"与受众的"遗忘"

1. 传播方式剥离了受众的接受需要

需要是有机体感到某种缺乏而力求获得满足的心理倾向。人为了求得个体和社会的生存和发展，必须要求一定的事物作为实现的保障。这些需求反映在个体头脑中，就形成了他的需要。"需要——这是被人感受到的一定的生活和发展条件的必要性。需要反映有机体内部环境或外部生活条件的稳定的要求，……需要是人的思想活动的基本动力。"① 外因是事物变化的条件，内因是事物变化的根据，外因通过内因起作用。遗传的、本能的自我需要始终是驱使人类行为和人类活动的内部动因。因此，马克思主义传播能否被受众接受的决定因素是受众的需要。需要满足是人的需要的实现和达到，满足和需要紧密联系，受众是从他们的利益需要和心理需要出发，以一种理论的实践效用能否满足自身需要为根据，来决定是否认同和接受一种理论的。但需要的满足又依赖于外部条件的存在，因此，推动当代中国马克思主义大众化传播，必须从满足社会发展需要和个体身心发展需要的统一现实出发，高度关注人民群众的多层次多方面的需要。同时，为了满足人民群众的内部需要必须设法创造相应的外部条件，努力通过实践使当代中国马克思主义大众化获得好的传播效果。因为，人的思想的获得不是外部的强制，而是内部的需要，社会是由一个个排斥性的接受个体构成的，社会个体总是在寻找实现自我的道路和形式，如果马克思主义不足以给人提供某一方面需要的满足，就难以形成理论自身的感召力和吸引力，一旦这两个方面相互适配，就形成了马克思主义的传播与接受，否则就会形成排斥。在以往的马克思主义传播和普及中，传播者对受众的需要重视不足，无法满足个体诉求，致使传播关系不和谐，制约着传播效果，表现为传而不通，或者通而不畅。在马克思主义作为执政党的意识形态得

---

① ［苏］波果斯洛夫斯基等主编：《普通心理学》，魏庆安等译，人民教育出版社 1979 年版，第 69 页。

到巩固以后，在传播实践中往往出于政治宣传需要而忽略了受众接受的情感需要，致使马克思主义一度远离大众的生活，失去了指导生活与实践的普适价值。

主体对客体的需要与客体对主体的满足决定着主体对理论的追求和接受。在马克思主义大众化传播过程中，一方面，主体的要素参与其中，并决定着对理论价值的判断、认同和选择，主体的需要构成了传播的关键；另一方面，也离不开价值客体即主体需求的对象，这里的关键是理论是否满足了主体需求和诉求。马克思主义大众化传播实质是人们需要的实现与客体对需要的满足的统一，这就需要我们在实践中使两者一致起来。传统的马克思主义传播方式是理论的灌输，片面追求大众对理论的知性认识和思想遵从，无视大众在实践中对理论的需要和价值选择，生活着的个体的利益诉求难以在其需要对象身上得到满足，其价值理解和追求的"文本"尤使他们失望，从而无法达到行动上的自觉，所以在传播过程中，经常发生一些假互动、非对称互动的传播现象。假互动是指传播者在传播过程并未考虑受众，只是按照自己的主观意愿和个人兴趣随心所欲的传播，受众虽然拥有传播媒介或接受载体，但对传播内容毫无兴趣，视自己为传播过程中的"局外人"，在想或干着其他的事。非对称互动是一种单向型、缺乏呼应的互动，主要表现为：一是传播者本来是根据受众的需求在进行传播，但受众却不理不睬，这是一种一厢情愿的传播；二是受众对传播者提出要求，希望传播者能满足自己对传播的某种需要，而传播者对此要求不闻不问，只是按照自己原先的意图或计划来进行传播，这是一种两情不悦的传播。这种冷落受众的传播，脱离了现实的人。

马克思主义中国化的理论只有给人们带来实际利益和由此而产生愉悦感，即所谓物质和精神的双重快乐，才能使理论为大众所认同和接受，进而实现大众化。所以，推进当代马克思主义大众化传播，使中国共产党的理论创新成果成为人民大众的实践精神武器，使当代中国马克思主义由主流意识形态转化为人民大众乐于接受的政治信仰，就要让人民大众充分认识到，当代中国马克思主义本质上也是为人民大众立言的，它具有大众立场，能够实现大众的根本利益。当下马克思主义大众化传播要把党和国家所倡导的科学发展、社会和谐、以人为本、关注民生、生态文明、共同富裕等融入其中，把这些理论诉求内化为他们的行动自觉。

2. 沟通方式忽略了受众的接受能力

信息传播的有效性取决于信息的内容和意义是否能够被广大受众所接受，而信息的内容和意义是否能够被广大受众所接受又取决于是否符合受众的接受心理和解读能力。受众对媒介选择与信息接受是由受众所处的传媒生态环境、个体需求和选择媒介、接受信息所要付出的成本和代价共同决定的。这就需要在传播者和受众之间架起一座桥梁，这个桥梁就是二者互相认可的沟通方式。由此反观马克思主义大众化传播就需要把马克思主义学术话语、理论话语、政治话语通过现代化的传媒技术，利用方便快捷、通俗易懂、生动活泼的传播方式，把信息整合包装并传播出去，达到大众化的传播效应。

马克思主义大众化传播要求马克思主义传播内容具有通俗性，能符合大众的接受能力而被大众所理解，要求外来的马克思主义转化为中国作风和中国气派的话语体系渗透于老百姓的"生活世界"之中。这也是人生活的现实性的重要表现。社会分工在一定程度上使马克思主义理论学习和研究成为专属于一部分精英群体或者说"学院派"的任务，或者是一些青年学生阶段性的学习任务。现代社会快节奏的生活方式，使一般普通民众更难以拿出闲暇时间去专门学习和研究抽象化、思辨化、系统化的马克思主义理论。

马克思主义传播是一个各种因素交互作用的过程，不仅传播主体、传播内容和载体会对传播效果产生影响，受众的自身接受能力也同样制约着传播效果。对文化水平高的受众，信息编码周密严谨，可以偏重说理，注重理性分析，信息量可以大一些；对文化水平低的受众，信息编码则应简明扼要，要以事说理，偏重情感，注重感性升华。如果在传播过程中没有根据受众的不同文化水平而分别对待，沟通方式忽略了受众的接受能力，受众就会产生逆反心理；同时，对新媒体的使用也要看受众的接受习惯和媒介使用能力，不对受众的媒介选择兴趣加以分析，无法打破单一媒介传播的瓶颈，同样也会造成传播受阻。如果说有一种隔阂叫做不理解，有一种不理解叫做危机，那么危机现在似乎初见端倪，这种危机表现为传播受阻和受众逆反，比如，不会主动选择这类的宣传媒体、青年学生在思想政治课上表现懈怠等等。当下，我们想要转变这一现状的当务之急就是抓住根源、肃清障碍。以往的马克思主义传播在一定程度上禁锢在"学院"教育体系和"庙堂"思想动员之中，学术话语本身的刻板性、理论话语的晦涩性以及政治话语居高临下的命令性、训导性和规范性不同程度的超过了受众的接受能力和水平，马克思主义传播的符号化内涵难以被大众所理解和接受，更难以产生亲近感，造成了大众接受力与沟通方式之间的矛盾，因此分析这二者产生的传播分离的原因是肃清障碍的第一步。

随着传播实践的发展，人们开始重新审视受众在传播过程中的重要位置，并逐步地恢复了受众在传播中的本原位置：传播者和受众的关系是平等的。事实上，任何种类的传播都不是自然生成的，传者在信息发送之前必须对它进行重新建构，利用的便是在一个有意义的话语形式内产生的语言符号，在与彼此认可的规范性背景相关的话语的正确性上，对世界上的某种东西达成某种协调，彼此能使自己的意向为对方所理解。在传播中，传者在运用语言符号对信息进行编码的过程中所依靠的必然是他所熟悉的话语形式。但是编了码的信息一经传送，编码者就会对其失去控制，因为语言符号的意义不是仅停留在信息的内在层面，而是两个交往性传播主体对符号理解和意义建构。如果传播参与主体对符号的理解方式不一样，就可能造成多义的信息解读，甚至会由于传受双方对信息解释的不一致性而造成误读或"扭曲"，这种沟通方式就缺少了参与主体之间的默契与合作。

众所周知，马克思主义思想有一个逐渐形成、发展与完善的过程，而对于中国来说，马克思主义思想是经过一些"中转站"传播过来的，其中在翻译上或者传递上缺少有效的文化转换就有可能造成大多数人理解的困难。而当我们想要把两种不同文化的符号和事物相对应时，往往也会出现较大偏差，很容易造成中国受众对其文本话语的接受困难。在大多数人眼中，马克思主义文本多半有着教条的、理论性过强的、空洞的特点。在160多年的历史演变中，一部分例证和背景已经不适用于当今的社会的现实背景，而当时的文本话语却在当今社会仍然继续沿用，这就势必造成马克思主义文本与大众接受力之间的分离。因为当年的传播者在对马克思主义思想的编码过程中所运用的符码在当今社会已经很难被受众完全无误的解读，相反的，可能会因为传者和受者之间的符码不对称造成某种信息不对接，甚至误解。

从上面的分析我们可以看出，如果要使传者与受者之间的编码和解码过程达到一致，其先决条件便是二者存在共通空间，才能使得受众对传者的编码符号有相同的理解。传播是在一定的社会互动中进行的，如果没有这样共通的意义空间，就会造成传播过程的偏差、误解，从而产生传播隔阂，造成人与人之间传播的阻碍。而共通的意义空间除了上文所阐释的对语言符号的共通理解之外，必不可少的就是二者应有大体一致或接近的生活经验和文化背景。

受者在接受信息进行编码的时候，往往是根据自己的自身需求和生活经验进行解读的。他们是心理上积极、主动的个体，信息只是加强或削弱自己主观世界的原始资料，他们会以自己的背景来弥补信息的多义性和不明性。这时，如果传者向受者传递的信息离他本人的生活经历和自身需求太过遥远，信息就势必没有办法顺利对接。在马克思主义传入中国的初期到建国以前，中国国民正经历着前所未有的沉痛社会现实的压迫，亟需这样一种力量帮他们打破藩篱开始新的生活。而新中国成立以后，见证了中国社会的巨大变化的中国国民深深的意识到马克思主义理论的重要作用，此时的马克思主义文本话语与他们的生活境遇是息息相关的。但是到了改革开放之后，中国社会更是发生了翻天覆地的变化，从前的很多价值观念渐渐被取代，对物质的追求使得人们渐渐忽视了曾经的精神信仰，也使得马克思主义思想与当代人的生活经验越来越远，也就是形成了主体与客体双方共识域的缺乏，即共同话语的缺失，造成沟通双方不能"意义共享"，从而导致缺乏相互理解、相互肯定和相互认同，久而久之，甚至形成了接受分离和传播障碍。

当马克思主义理论在大众中间关注度减弱的时候，大众媒介通常采取的措施就是加大信息的宣传力度，希望借此来改善这一现状，由于受众获取信息的途径同社会体系和社会条件有关，这一尝试并不是总如之前所期望的那样行之有效，而相反的，可能会造成一部分原本知识水平较弱的受众对马克思主义文本话语的接受力下降，其原因可用"知识沟假说"给予解释。"知识沟假说"（knowledge-gap hypothesis）是1970年美国传播学家蒂奇纳等在《大众传播流动和知识差距增长》一文中提出的，"随着大众传媒的信息进入社会体系的增多，人群中具有较高社会经济地位的那部分人比地位低的人更快地接受信息，这两部分人的知识差距就会增加而不是减少。"[①] 具体地说，这个差距"一是指某一点时间上的差距，二是指有可能产生变化的长期差距。另外，还要对这两个意义进行区分，一是知识差距指的是教育程度与知识的关系，并不包括媒体；另一个差距是由于对媒体的接触程度不同带来的差距"[②]。"知识差距的假说包括三个变量：在特定社会环境中的大众媒体宣传程度、个人教育程度和知识水平。"[③] 蒂奇纳等研究认为，在一段时间内，当媒介已对某个话题做过大量宣传之后，文化程度较好的人将比文化程度较差的人以更快的速度汲取该话题的知识。同时，在特定时间里，较之未大量宣传的话题，在媒介大量宣传的话题上，所获知识与教育程度应该有更高的相关性。以大众传媒针对马克思主义的思想教育为例，当大众媒介在一段时间内大量宣传这类的内容，其效果往往就是教育程度较高、曾经对这一领域有较多关注、社会地位较高的人群会吸收更多的宣传知识，相比之下那些被期望能对这一领域有更多关注的低教育人群反而不能达到更好的传播效果。在马克思主义文本话语的传播方式

---

① 转引自［美］塞西尔·加齐阿诺：《知识差距：对媒体效果的分析》，常昌富、李依倩选编：《大众传播学：影响研究范式》，关世杰等译，中国社会科学出版社2000年版，第324页。

② 转引自［美］塞西尔·加齐阿诺：《知识差距：对媒体效果的分析》，常昌富、李依倩选编：《大众传播学：影响研究范式》，关世杰等译，中国社会科学出版社2000年版，第325页。

③ 转引自［美］塞西尔·加齐阿诺：《知识差距：对媒体效果的分析》，常昌富、李依倩选编：《大众传播学：影响研究范式》，关世杰等译，中国社会科学出版社2000年版，第325页。

中，我们最常见的传播形式就是广播电视新闻、报纸的头版头条，以及各类的教育书籍，这些方式大多流于表象，因而缺乏形象的呈现。马克思主义文本话语传播的最大障碍便是它的文本话语问题，大部分的受众认为其文本语言晦涩难懂，专业性太强，不易读、不易看、更加不易理解。而在其表达方式上，往往见不到更多的实际例子，只是靠理论的支撑而向受众传递，甚至一些传者也不能很好的认识和掌握其理论内涵，而往往流于字面，解释空洞，抽象演绎理论，反而更加造成了受众的反感与不满，那就更不用说兴趣了。首先，受教育程度高的人往往具有较高的理解能力和较大的阅读量，这有助于他们对大众传媒所宣传的马克思主义文本话语的理解，与受教育程度较低的人群相比，一般会有更高的接受力。其次，教育程度较高者与教育程度相对低的人群在知识信息储备上也有着差异，前者可能先前就在大众传媒和正规教育渠道接受过马克思主义思想的教育，有些人甚至接触过经典原著，这就使得他们在之后类似的信息接触中更加容易。再次，社会地位较低的人群往往生活空间闭塞，不像社会地位较高的人群一般社交活动活跃、交往范围广。一般说来，社会地位高的精英将会有更多的可控制和接近传媒的机会，对媒介的依赖程度也比非社会精英人物要低一些，因而，与社会地位高的人相比，社会地位低的人也没有更多的渠道去获取马克思主义思想领域的知识。最后，受众在接受大众传媒信息进行解码的过程中，通常都会根据自己的实际情况和实际需求进行解码，将所接收到的信息转化为自己所需要的内容进行吸收，这也是受众对信息的选择接触的过程。在这个过程中，如果受众认为大众媒介所宣传的马克思主义思想与其生活相关则会主动接受，反之则可能拒绝接受甚至抗拒。马斯洛的需求层次理论指出人首先满足最基本的低层需要，继而才会去满足更高层次的需要，那么对于生活水平较低的人群来说，马克思主义这类理论知识的学习往往就会降为次等追求。通过以上的分析我们可以看出，社会地位较低的人群对马克思主义文本的接受力弱跟他们的社会状况与受教育程度较低都是相联的。

按照西方新闻学的观点，"知的权利"是一种基本人权。然而，实际上并非人人享有平等的"知的权利"。知识的传播往往会造成两极分化的现象，使原本知识丰富的人更丰富而贫乏的人更贫乏，因为教育程度较低的人群往往会认为很多信息与自己的生活并不相关，此时的"知识沟"最容易形成。而当前我国的马克思主义思想理论教育的最大障碍是如何让更多人群学习了解马克思主义理论，尤其是在社会地位较低的人群中间，只有让他们认识到自己的生活和马克思主义理论的相关性才能激起他们的主动接受意念和接受热情，从而减小"知识沟"障碍的形成，提高自身的接受力。

3. 话语方式疏远了受众的接受情感

情感是人对客观事物是否满足自己的需要而产生的态度体验。情感是生活真谛的感悟，是内心感动的升华，每个人都有情感的需要，它是人这个有机体与生俱来的特征。西方媒介传播学者梅里维奇和赫斯从媒介社会心理角度出发将受众接触媒介的目的分成五类：认知的需要、情感的需要、个人整合的需要、社会整合的需要、舒解压力的需要。[①] 可见，情感需要是促成传播的重要因素。人们接受一种理论不仅取决于理论能否满足人的需要，还受人的情感因素制约。当一个事物呈现的客观意义与个体态度中的内向感受、意向具有协调一致性时，人们就会接受这一个事物。据于此，可以说情感认同使马克思主义传播成为可能。因此，马克思主义大众化传播"仅仅凭借于理性并不能完成从事实到价值的转换，要越过事实与价值之间的鸿沟必须经过情感这个桥梁"[②]，不能仅停留在理性的外在认识层面，也不能很直接地很表面化地去表达马克思主义话语层面上的主题，而是必须推进到情感的内在认同层面，把抽象的理性认识转变为具体的情感要求，将马克思主义传播话语所要表征的主题蕴藏于传播者和受众的情感体验中，从而激发出传播者与受众的情感共鸣，让情感资源淋漓尽致地发挥。马克思主义从五四时期的民间信仰到建党以来党的指导思想，再到建国以来的

---

① 转引自〔美〕沃纳·赛佛林、小詹姆斯·坦卡德：《传播理论——起源、方法与应用》，郭镇之译，华夏出版社2000年版，第324页。
② 兰久富：《社会转型时期的价值观念》，北京师范大学出版社1999年版，第315页。

国家意识形态，它的传播与接受的外部条件越来越好，但是传播效果却并不理想。尤其在今天这样一个资讯爆炸、商品泛滥的时代，很多人更关注自己的现实利益，对理想信念教育缺乏热情，马克思主义信仰也由此受到严峻挑战，同时遭到了"工具理性"价值观的排斥，认为这方面信息的接受与自己的日常生活无关，所以不能激发起他们的接受兴趣。在马克思主义传播过程中，原有话语方式疏远了受众的接受情感，阻碍了马克思主义大众化的实现，在政治生活和社会生活中表现为一些领导常常不分时间、不分场合、不分对象地套用学术话语、政治话语、文件话语和权力话语，忽视了受众内在的情感体验，受众不但不能正确理解、接受和内化传播者的思想，而且难以激发受众的接受情感，容易引起传播障碍。

尊重受众情感的话语方式是一种平民化和人性化的话语方式。然而，目前传播话语中存在着突出的"文风"和"话风"方面的弊端。不可否认，当下的大众媒介中对马克思主义思想教育的宣传显得死气沉沉，受众能看到的除了例行公事般的会议报道，便是在重大庆典到来之前的"一窝蜂"似的宣传，理论界的"文风"抽象、晦涩、难懂，理论研究和理论宣传话语往往存在色彩浓厚的"学术化"或"政治化"倾向，话语方式缺少人本应固有的情感体验。一些研究和论文咬文嚼字、随意生造概念或简单移植西方学术话语，越来越呈现出经院化、小众化和边缘化的倾向；而政界的"话风"枯燥、冗长、呆板，不是缺少真知灼见，就是照本宣科，在一些所谓"正式"场合的报告和汇报中，假话、空话、大话、套话等官话屡见不鲜，群众既听不进去，也造成了理论与群众的情感隔阂。学术研究话语和官样话语之所以已经发展为马克思主义大众化的痼疾，是由于我们的马克思主义传播者缺乏基本的理论修养和民主意识，此类话语的大量存在也阻碍了人们对马克思主义理论的接受和认同，这样的媒介宣传不能抓住受众的兴奋点，不能把传者所渴望宣传的与受众所渴望了解的做到相一致，最后的结果就是媒介失去了受众的信任，媒介希望传达的信息被受众所排斥。正如王岳川所说："就社会文化心理而言，现代传媒在冷却人们的真血性、真情怀并冷却意义的价值生成中，……不期然地抚平了现代人'生活在表面'的失重感和创伤，使其遗忘生活和命运的严峻性以及安身立命的重要性。"① 当前马克思主义大众化的传播障碍根源就在于，马克思主义传播话语方式并未能把握受众的利益诉求和情感需要，因此，马克思主大众化传播首先要适应时代的发展潮流、顺应社会发展形势；其次，要及时捕捉并反映这一时代和社会中人们普遍存在的思想感情和心理需求；最后，要在马克思主义大众化传播作品的创作上遵循艺术规律，紧紧抓住"情感"要素做文章，恰当地把握受众心理。

20 世纪初，现代西方哲学的一些重要的哲学家就明确地提出，哲学问题从根本上说是语言问题。他们认为，"我们现在认识到哲学不是一种知识的体系，而是一种活动的体系，这一点积极表现了当代的伟大转变的特征；哲学就是那种确定或发现命题意义的活动。"② 也就是说，对语言的分析，既是哲学的真正的使命，又是清洗传统哲学的可靠途径，也是现代哲学的真正的正确的出路。这个哲学观点被称为"语言分析说"。虽然它过分注重"技巧"，而低估了"理论"的重要性，但是也足以提醒我们，对文本话语的理解是十分重要的。如果受众与某种理论的文本话语发生了分离，那传播上的障碍简直是必然的。

如果传播的马克思主义无法让受众真正理解其文本话语，那么马克思主义的传播就会缺失一个具体方向，从而提升马克思主义大众化的针对性和时效性的方法就少了一条路径。事实上，现阶段的马克思主义理论传播除了上面提及的受众接受力减弱的问题之外，不能回避的还是文本话语的孤立，文本自身的局限性造成了其本身传递性的缺失，因为传者所宣传的话语未能与受众的生活世界发生密切关联而富有针对性和实效性。长期以来，我们所传播的马克思主义文本话语疏离了生活世界，过分注重意识形态的方向性，却脱离了时代感和生动性，存在过度理想化倾向。通常在媒

---

　　①　王岳川：《当代传媒的现代盲点》，《人文评论——中国当代文化战略》，作家出版社 1995 年版，第 78 页。
　　②　石里克：《哲学的转变》，洪谦主编：《逻辑经验主义》上卷，商务印书馆 1982 年版，第 8 页。

介传播的马克思主义文本话语中，一贯树立高大完美、无可挑剔的榜样形象，少数先进优秀分子的高标准力求普遍化为全体人民的行事准则。尽管理想化的马克思主义话语无比正确，但由于它脱离了受众的实际而让人难以企及，因此在人们现实生活中起不到任何影响。同时，马克思主义传播内容相对稳定，变动性小，其发展是一个周期循环的渐进过程，而且这个周期长、见效慢。所以，在漫长的教育过程中，马克思主义传播的效果要经过很长一段时间才能显现出来，这就无形中带来了传播效果的滞后性。

长期接受和学习马克思主义的受众往往都有一个切身的体会，那就是，传者在向受者传递这类信息时，往往选择直接灌输的方式而不是交往式的对话和交流。事实上，传者往往主宰着话语权，并以权威的身份、高高在上的姿态对受众实施单向的信息传递并渴望对方无条件的接受，受众对马克思主义文本的自身理解与解释却遭到漠视。在传播者的话语支配下，冷冰冰的教条灌输、大道理式的压服教育充斥其中，受众通常缺乏与传者之间的平等对话与交流，缺乏对于马克思主义文本的理性反思和切身感悟，而传受双方的关系变成了一种控制与被控制、劝导与被劝导关系。

在马克思主义的文本传播中，传者的身份往往有别于我们在其他传播中的身份，他往往不应以一个主体的身份出现在受众面前，而应是作为一个桥梁搭起受众与马克思主义文本之间的联系。那么，传者就应该对自身的权威性进行反思，不能以一种高高在上的姿态将信息传递给受众，而是认真听取受众对马克思主义文本的理解和解释，通过更多对话与讨论的形式，为受众提供引导，从而增强受众的接受力。

二、文本魅力的"衰微"与阅读的"失真"

1. 理论的错位研究疏离了马克思主义传播的实践探索

目前学界的论文和研究仅仅停留在对党中央提出的"马克思主义大众化"这一战略任务的呼应上，表现在如下方面：第一，从学理的深度对这一论题进行合理性的论证。在论证过程中，只是对论题本身进行解释，缺乏系统性的分析和实证性的研究，而且仅仅停留在意义与原则性的思考上，创新思维少。第二，从研究的视角和领域对马克思主义大众化的具体内容进行创造性的解读。学术界对马克思主义大众化的具体内容表述不一，马克思主义大众化的内容究竟是什么，或者说马克思主义大众化的内容有哪些，这些问题在理论界还没有一个比较明确的认识。第三，从形式和口号上对实现马克思主义大众化的对策进行分析。学界近年来的研究论文很多，但是有建设性意见的却很少，现有的一些研究成果多停留于口号式的理念或者形式化的实践途径，可操作性和可行性的建设思路十分少见，对马克思主义的话语方式和叙事原则、马克思主义大众化的接受心理和内在需要缺乏微观性的思考，这说明对马克思主义大众化如何进行传播实践探索还不够深入。马克思主义大众化不仅是一个理论问题，而且是一个实践问题，并且归根到底是一个实践问题。马克思在创立科学世界观之初就明确表示自己的理论主旨在于实践。针对当时德国的一些旧哲学家满足于坐而论道的行为，马克思表明了自己的态度，他不屑于做这样的哲学家，并大声疾呼：“哲学家们只是用不同的方式解释世界，而问题在于改变世界。”①

2. 话语功能的泛化运用遮蔽了马克思主义的本质内涵

马克思主义作为一种科学的真理、崇高的信仰对象，至今在中国的整个传播过程可以说是在不断与中国文化传统和现实国情的动态结合中推动马克思主义话语功能实现与话语方式转化的过程。马克思主义话语功能的实现不仅仅是因为其话语本身具有科学性和实践性，更因为其话语方式具有亲和性、情感性、现实性。以马克思主义为指导是我国社会主义意识形态的主要特征，因此，马克思主义在我国常常是作为一种意识形态理论形式而出场的，作为意识形态的马克思主义不仅必须按照意识形态的话语形式来进行表达，而且在运用过程中被赋予了众多意识形态的功能和内涵，在意识形态建设的实践中往往容易使马克思主义理论陷于简单化、片面化

---

① 《马克思恩格斯选集》第一卷，人民出版社 1995 年版，第 61 页。

的误区，脱离其所指的思想内核而指称一些定理、规律和命题。同时，在马克思主义大众化进程中，部分传播者政治意识弱化，历史使命感降低，往往只注意马克思主义理论在政治口号和宣传教育中的话语地位，而不大注意它理论价值的实践意义，即它与人们现实利益、思想感情和行为方式的实际联系，"人们'嘴上说的'与'心里想的、手上做的'相脱节，这是一种典型的价值观与价值相背离的状态。一般说来，这是主流价值观建设中最大的误区。"① 甚至，一些党员干部把坚持马克思主义作为口号、政治态度和标签，缺乏研究理解。部分党员干部和群众对共产主义理想产生了怀疑和不信任，丧失了党的意识形态应有的敬畏态度。"我们不是从人们所说的、所设想的、所想像的东西出发，也不是从口头的、思考出来的、设想出来的、想像出来的人出发，去理解有血有肉的人。我们的出发点是从事实际活动的人"。② 认真分析当下质疑与批判马克思主义话语的种种泛化应用的现象就可以发现，其共同之处就是马克思主义只见"物"，不见"人"，脱离了马克思主义本质内涵，也就脱离了"现实的"、"活生生"的人。马克思曾指出："理论只要说服人，就能掌握群众；而理论只要彻底，就能说服人。所谓彻底，就是抓住事物的根本。但是，人的根本就是人本身。"③ 毛泽东也指出，理论工作者"应当学会不用书本上的公式而用为群众事业而奋斗的战士们的语言来和群众讲话"④。这就是说，如果我们抓住同人民群众生存与发展息息相关的问题，揭示其中孕含的内在矛盾，就抓住了事物的根本，就具有彻底性，就能说服人，从而掌握群众，并转化为群众实践的物质力量。马克思主义的理论话语是来自于实践和生活的理性逻辑和理论力量，带给我们的不是抽象的理性思辨的王国，而是饱含人文关怀和人文价值的文化精神，是真正体现以人为本、能够说服人的活的理论。然而，在马克思主义传播实践中，不同程度地把理论话语当作权力和

---

① 李德顺：《当前的价值冲突与主导价值观到位——从"主流价值观边缘化"的危机谈起》，《学习时报》2010 年 3 月 29 日。

② 《马克思恩格斯选集》第一卷，人民出版社 1995 年版，第 73 页。

③ 《马克思恩格斯选集》第一卷，人民出版社 1995 年版，第 9 页。

④ 《毛泽东选集》第三卷，人民出版社 1991 年版，第 842 页。

身份的象征到处泛滥运用，不同程度地遮蔽了马克思主义的本质内涵，这是马克思主义大众化传播困境的问题根源。

3. 话语叙事的宏大结构弱化了马克思主义的情感认同

从地域角度来看，原生态的马克思主义学说虽然来自于西方，无疑带有西方思维方式和话语方式的特点，具有很强的逻辑性、系统性和思辨性，但是它并不玄奥。由于中国传统思维方式的影响至今仍然根深蒂固，这在一定程度上影响了人们对马克思主义的理解、接受、认同程度。但是影响人们对马克思主义的理解、接受、认同程度的更重要原因是在我们的政治生活和思想领域中长期存在着对马克思主义的解读误区，诸如把马克思主义泛化、工具化、学院化、神圣化，这些都对马克思主义大众化产生了消极影响。建国以来，马克思主义在国家政权的推动下得到了广泛的传播，在高校马克思主义理论作为必修课被写进教材，教科书体系的马克思主义由此形成，同时，马克思主义理论作为中国共产党的指导思想和国家的意识形态，成为了政治生活领域中出现频率极高的一个词语。马克思主义的传播主要依靠政府推动，并以组织传播为主要形式，在话语上采用宏大的叙事结构，这使得马克思主义成为一个政治传播符号和意识形态的象征，马克思主义意识形态功能得到强化甚至极端化。"封建社会"、"阶级斗争"、"革命"、"共产主义"、"人类社会"、"右倾"和"反右"、"左倾"和"反左"等构成了国家意识形态和思想政治生活领域的主要话语形式。当国家社会开始转向和平建设的时候，这种曾经激起了无数民众革命热情的宏大叙事及其话语形式便逐渐地与人们的日常生活无关了。在这个话语结构中，大众是置于被教育、被改造的位置，马克思主义的学习带有强制性，与人们息息相关的问题被回避，人们生活中的矛盾被"遮蔽"。这使得马克思主义作为国家意识形态因受到官僚主义的影响带有盛气凌人、冠冕堂皇、华而不实的色彩，令大众敬而远之。虽然在我国学校教育体系和思想文化传播领域对这种旧的宏大叙事结构进行了改造，正在尝试构建新的体系，对马克思主义理论的理解和阐释也取得了巨大的进步和提高，但是马克思主义传播实践领域仍然没有完全摆脱这种宏大叙事的基本框架和逻辑结构，旧的话语体系尚未终结，新的话语体系还未形成，大众对叙事宏大的马克思主义还缺乏情感认同，就成为我们面临的最大挑战。正如邓小平所说："其实马克思主义并不玄奥。马克思主义是很朴实的东西，很朴实的道理。"① 所以，"空讲社会主义不行，人民不相信。"② 有一些党员干部喜欢借用马克思主义中的宏大叙事来粉饰和抬高自己，这极大地降低了大众对马克思主义的情感认同。这种情感上的疏离使得群众缺乏认识和了解马克思主义的热情和激情，将马克思主义的学习视为一种与自己无益亦无害的形式；千篇一律的套话和空话，远离了群众的现实生活，更未能形成大多数人的情感共鸣和价值共识。诚如利奥塔所说，后现代的特征就是对启蒙运动现代性所预设的"宏大叙事"或元叙事的彻底怀疑和摒弃。前现代社会那种"元叙事"已经彻底解体了，对于今天的社会文化语境已经不再具有阐释和分析上的有效性。③ 所以，转换理论范式、重新确立观察和分析问题的视角和维度、把握话语阐释的有效范围和具体语境，进一步对马克思主义的叙事话语进行凝练，这些正是马克思主义大众化传播所要审视的关键环节。

4. 大众既有的认知模式阻碍了马克思主义的认知接受

以往的马克思主义传播是通过反复的宣传和教育来实现的，这种长期盛行单向度的灌输式传播观念，受众往往被认为是缺乏主体意识的、被动接受的客体，忽视个体的主观能动性和参与性，致使一部分受众对理论兴趣缺乏，政治情感冷漠，接受、认同最新理论成果主动性、积极性不高，也难以形成真诚对话和情感交流。这种传播观念和传播模式使包括党员干部的群众的头脑中形成了马克思主义消极的认知模式。这种认知模式有三个特点：第一，从传播内容上看，它是以苏联教科书体系作为传播内容的。苏联哲学教科书体系是我国马克思主义理论教育内容的直接来源，长期影

---

① 《邓小平文选》第三卷，人民出版社 1993 年版，第 382 页。
② 《邓小平文选》第二卷，人民出版社 1994 年版，第 314 页。
③ ［法］让·弗朗索瓦·利奥塔：《后现代状况：关于知识的报告》，车槿山译，生活·读书·新知三联书店 1997 年版，第 1—2 页。

响着学界对马克思主义的研究。特别是从 20 世纪 80 年代开始，我国哲学界对"教科书体系的马克思主义哲学"这一理论形态进行了前所未有的批判和修改。苏联哲学教科书体系是在传统的本体论和二元对立的思维方式下来建构世界观的理论体系的，带有浓厚的本体论色彩、体系化特征和教条化思维方式，这些都扼杀了马克思主义理论本有的生命力、感召力和凝聚力。第二，从传播目的来看，它具有意识形态的思想统领功能和政治统治功能，强调了马克思主义作为国家意识形态的主导作用，以马克思主义的指导思想巩固党的领导地位、维护社会稳定和民族团结的需要。这种马克思主义理论传播目的本身具有很强的政治性和方向性的特点，直接影响了大众对它的接受兴趣。第三，从传播方式上看，它是以高调动员为情感指向，这种高调动员使马克思主义具有高势位的引领功能。高势位就是马克思主义作为社会主义意识形态的指导思想与其他意识形态和社会思潮相比所内蕴的价值、知识、规律等具有更强大的理论势能与理论层次。这种高势位不同程度地使马克思主义成为复杂的、高高在上的、与大众日常生活无关的符号，难以使理论的最新研究成果从金字塔尖向基层传播。

三、理论解读的"局限"与现实的"消解"

1. 理论对社会问题的解读存在一定的界限

马克思曾经说过，每个时代总有属于它自己的问题，准确地把握并解决这些问题，就会把理论、思想发展一步，把人类社会大大地向前推进一步。"马克思主义的思想观念和理论上的每一次重大突破，都是在正确认识、处理和解决社会经济发展进程中的突出的、主要的矛盾和带全局性、战略性的重大关系问题中实现的。"① 而所谓问题"就是公开的、无畏的、左右一切个人的时代声音。问题就是时代的口号，是它表现自己精神状态

---

① 徐其清：《论党的第三代中央领导集体坚持和发展马克思主义的新路径》，《江淮论坛》2004 年第 2 期。

的最实际的呼声"①。理论需要实践检验，具有价值性诉求的理论就更需要实践的验证，马克思主义之所以具有强大的理论魅力和吸引力，能够统一全党全国各族人民的思想认识同心同德地推进中国特色社会主义的伟大事业就在于马克思主义理论对社会问题的正确解释力和科学预测力。当代社会进入了全球化的时代，社会发展节奏加快，社会矛盾复杂化了，实践既具有创造性也具有破坏性，既肯定人又否定人的双重特征，表现为实践对人既有利又有害的利害双重化。当代人类社会活动性质的利害双重化给当代社会迎接未来带来了更多不确定性。如何应对当前的挑战，这就要求我们必须对这些问题进行深入研究，努力作出既有理论深度又有说服力的科学分析，努力作出社会发展走向的前瞻性预测，否则就无法控制这种社会发展局面，从而导致马克思主义魅力和吸引力弱化。

　　理论对社会问题的解读是通过理论的对象化实现的，如果理论对象化的程度不够，人们就会对理论产生质疑。而这其中既有认识的非至上性的客观因素，即每个人和每代人的认识必然要受到客观事物及其本质暴露的程度、社会历史的实践水平的制约，更有认识的非至上性的主观因素，即人类的认识能力、思维能力是有限的，它受个人的知识结构、认识方法、教育程度等主观条件的制约。超越性、理想性是马克思主义意识形态的重要特点，但是，在现实社会实践中，它"人学承诺"的兑现总是相对的和有限的，存在着理论与实践的分离性，这是意识形态理论在对象化的实践过程中存在的客观结果。如果人们无视这一客观结果，就极有可能将意识形态的超越性和理想性作为其虚假性的依据。正如德国社会学家曼海姆在区分"意识形态"和"乌托邦"时所指出，"那些后来证明只是歪曲地说明过去或潜在的社会秩序的思想，就是意识形态，而那些在后来的社会秩序中得以恰当实现的思想则是相对的乌托邦。"② 可见，意识形态的"人学承诺"不是"乌托邦"的海市蜃楼，社会主义意识形态理论的引导作用和激

---

① 《马克思恩格斯全集》第 40 卷，人民出版社 1982 年版，第 289—290 页。
② ［德］卡尔·曼海姆：《意识形态和乌托邦》，黎鸣、李书崇译，商务印书馆 2000 年版，第 209 页。

励力量主要在于其思维超前性和科学预见性，它是衔接现实和未来、理想与实际、理论和实践之间的纽带。但是，由于社会现象的特殊复杂性，使社会主义意识形态理论在证明自身和实现自身的时候，并不能够以纯粹的方式精确地兑现，而是以超前性对存在理想状态给予憧憬，以预见性方式对可能发生的社会风险给予规避，同时，在伴随着理论对象化的过程中，可能会出现非对象化的方面。

2. 社会现实一定程度上消解了大众的信仰

第一，思想文化领域多元、多样、多变在一定程度上消解了大众对马克思主义的信仰，对推动当代中国马克思主义大众化提出了新课题。伴随着经济全球化深入发展，世界范围内的各种思想文化相互交融、碰撞和冲突更加激烈，思想文化领域的斗争依然深刻复杂；由于经济体制深刻变革、社会结构深刻变动、利益格局深刻调整，人们思想活动的独立性、选择性、多变性、差异性明显增强，社会价值观念日趋多样。虽然马克思主义作为我国社会主义意识形态的指导思想不断得到巩固和加强，但思想理论领域存在着各种非马克思主义，甚至反马克思主义的噪音杂音时有出现；虽然随着社会主义改革和实践的成功，"中国奇迹"、"中国特色"、"中国模式"、"中国道路"等已经深入人心，但是我们不能陶醉于这些赞美之中，相反应该有一种忧患意识；虽然在中国共产党执政的六十多年里，我们已经从正反两方面深化了对中国共产党执政规律的认识和对社会主义建设规律的认识，党的领导和社会主义制度不断赢得公众支持和巩固，但是各种否定社会主义制度、否定改革开放、否定中国共产党领导的言论时有出现；虽然热爱祖国、改革创新、崇尚科学成为社会精神生活的主流，但是思想文化领域中崇洋媚外、因循守旧、封建迷信等道德观念依旧存在；虽然在社会生活中知荣明辱、爱岗敬业、团结互助、遵纪守法是大多数人的追求，但是见利忘义、诚信缺失、骄奢淫逸、媚俗低俗等消极因素的影响仍然时有发生。因此，如何使广大干部和社会群众进一步坚定共产主义的信仰、掌握当代中国马克思主义的强大思想武器，着力增强抵御西方思想渗透的能力，着力增强抵御各种错误思潮的免疫力，是推进马克思主义大众化面临的重大课题。

第二，当前社会矛盾和问题日益凸显，在一定程度上消解了大众对马克思主义的信仰，对推动当代中国马克思主义大众化提出了新任务。理论满足思想需求的程度决定着它被群众接受、认可、信服和欢迎的程度。当前，我国经济社会发展面临重大挑战，国际金融危机的影响仍在深化，我国经济增速明显放缓；收入分配亟待调整，扩大内需压力增加；社会利益矛盾增多，新型群体性事件值得关注；反映在人们思想上的困惑和疑虑增多；贪污腐败现象严重，潜规则到处盛行，这些深刻的社会现实与激烈的社会矛盾不断地消解人民群众对马克思主义理想信仰的认同度。

温家宝同志在 2011 年"两会"后例行的记者见面会上，回答记者提问时说的那句话——"当前，最大的危险在于腐败"，引起了舆论广泛反响。之所以会有这么强烈的反响，就在于近些年来一些地区、部门频频发生腐败行为，有的案件涉及很高级别的政府官员，涉及令人震惊的数额，产生了极恶劣的影响。群众对于腐败现象深恶痛绝。腐败不仅很危险，而且是最大的危险。如果对腐败行为和现象打击不力，治理不力，那么就不仅仅会带来更大的经济损失，而且会败坏党风政风和社会风气，我们国家的这座摩天大厦也会因为这些蛀虫的侵害而渐渐倾斜甚至坍塌。胡锦涛同志在十七大报告中明确指出："中国共产党的性质和宗旨，决定了党同各种消极腐败现象是水火不相容的。坚决惩治和有效预防腐败，关系人心向背和党的生死存亡，是党必须始终抓好的重大政治任务。"① 在任何时候，都要做到把群众利益放在第一位，始终坚持权为民所用、情为民所系、利为民所谋，真正做到让权力在阳光下运行，才能增强社会主义意识形态的吸引力和凝聚力。推进马克思主义大众化就要实现马克思主义与民族复兴、时代发展、群众实践的相互融合、相互促进，就要研究和回答改革开放和社会主义现代化建设实践中凸显出的重大现实问题。这就要求马克思主义大众

---

① 胡锦涛：《高举中国特色社会主义伟大旗帜　为夺取全面建设小康社会新胜利而奋斗——在中国共产党第十七次全国代表大会上的报告》，人民出版社 2007 年版，第 55 页。

化传播要充分了解和反应群众生活实际，真正做到关注民生、了解民意、体察民情，站在群众立场上想问题、办事情，从群众最关心、最直接、最现实的问题入手，并在传播中努力运用马克思主义中国化最新成果解疑释惑、疏导情绪、统一认识、凝聚力量。

第四章 马克思主义大众化传播的结构优化

马克思主义大众化传播既是一门科学，又是一门艺术，它有着严密的传播结构，及其自身运行的规律和原则，在实施马克思主义大众化传播时要把握其完整性。马克思主义大众化传播的"系统结构"，实际上就是一定"传播主体"在特定"传播环境"中，通过一些主要"传播渠道（或载体）"以某些合理"传播方式"，向"传播对象（受众）"有效地传播马克思主义并能使之切实成为他们的信仰信念的系统结构。

第一节 马克思主义大众化传播结构的构成要素

在传播学中，一般认为传播系统由以下几个要素组成，即传播者、传播内容、传播渠道、受传者。有人把传播效果也归入传播结构中，其实这是传播结构运行的最终目标和效果，本身不能作为一个独立的要素。马克思主义大众化传播的"系统结构"即传播运行过程中的构成要素或子系统，包括马克思主义大众化传播的主体、受众、载体、环境等。推动马克思主义大众化传播，首先需要建构和完善"传播结构"，理清这些要素在系统结构中各自所处的地位、作用、角色及其关系。

一、马克思主义大众化传播的主体

传播主体即传者，受传主体即受众。从哲学上分析，有认识能力和实践能力的人，才能成为主体，所以我们把具有意识和意志的传者与受众，视为传播结构的两大主体则是名正言顺的。传播内容在未经历传播过程之前，它属于自然信息而独立存在。当它作为传播内容进入传播渠道时，便开始了传播过程。传播过程的实质是信息流动的过程，没有这种信息的流动，就没有所谓的传播过程。而信息的流动，受到传者与受众的制约，所以，离开了传者与受众，就不能构成任何传播过程。由此可见，传播主体在传播过程中发挥着十分重要的作用，他不仅是信息的承载者和表达者，而且还担负着与媒体、公众进行有效沟通的职责，能够使传播信息在双向或多向传播的互动过程中得到媒体和受众的接受与认可。

马克思主义大众化传播主体承担着马克思主义大众化传播的基本诉求。由于传播技术手段的限制，在很长一段历史时期里，马克思主义传播的主导主体是国家，是代表国家意志进行意识形态控制的宣传机构。随着互联网等现代传媒手段的应用以及自由探讨舆论环境的出现，使马克思主义传播主体发生了质的根本性变化，由一元走向多元，只要具备一定条件，任何人都可以摆脱相对封闭的信息环境和身份藩篱，走入开放的、无疆界的信息空间，成为马克思主义大众化的传播主体，其结果是，国家和政府不再作为主要的或唯一的传播主体主导传播过程，在它们之外的其他机构与个人也摆脱了依附地位，成为传播主体。从这个角度来看，马克思主义传播的这种趋向体现了现代中国社会的自由与民主的人文精神。不同的行为传播主体各有其传播规律与特殊要求，拥有不同的传播内容及传播的侧重点。而不同的行为主体和不同的传播内容决定了传播方式的选择上必然存在差异，因而，就不同的马克思主义传播的行为主体而言，它们各自的传播特点也是不尽相同的。

1. 马克思主义大众化的政治传播主体

马克思主义大众化的政治传播主体一直是马克思主义传播的主导主体。马克思主义大众化的政治传播主体通常是官方组织、政府官员、新闻发言人和网络发言人等。功能往往是政治宣传和思想教育，并与一定的传播方式与互动方式相对应。政府机构主要是通过主流媒体向大众提供时事新闻或国家政策、方针、理论，是以从政府到媒体、公众的单向传播方式和直接传播方式为主。新闻发言人和网络发言人是一种制度安排，体现了政治传播主体在传播过程中面向媒体和公众的主动性和社会责任，是组织实施各种政务信息的传播，与媒体和公众的信息沟通，回应媒体和公众对政府的信息及意见诉求的具体责任人。政府是国家权力的执行机构，行使着国家事务的管理、监督、指导、服务、保卫等职能。由于政府具有特殊的地位，在马克思主义传播中，它始终是主导性的传播主体，是所谓的"强势主体"。在很长一段时间里，政府作为传播主体的地位无人能够企及，它代表国家进行马克思主义传播和舆论控制，是意识形态传播中最主要的体现。正因为马克思主义传播长期由政府主导，与国家主权、国家利益密切相关，它才带有浓重的政治色彩。传播主体多元化的趋势，使政府作为马克思主义传播主体的强势地位受到挑战，尽管由于当今价值观念和社会思潮的多元化，任何有传播能力的传播主体都可以借助传播媒介发出自己的声音，但是在诸多传播主体中，它仍然处于主导地位，并左右着对其他主体的传播行为。改革开放以来，马克思主义传播主体逐步自觉地更新传播理念和转换传播方式，从过去单纯的"宣传"向"传播"转变，这种转变有着积极肯定的意义。但是，从政治传播的视角看，一定要理性认识这种转变。因为，马克思主义大众化的政治传播主体因其所实施的"传播"与"宣传"的关系更为特殊，使其不同于一般传播主体，即马克思主义大众化的政治传播主体实施的传播在本质上其实是政治传播，它具有泛政治化的本质属性：第一，传播主体是代表党和政府的个人和组织；第二，传播内容是具有阶级性的意识形态；第三，传播方式是说服性的政治灌输。就此而言，政治传播虽然不能理解为完全意义上的宣传，却也不能够丢掉宣传的基本特质和其所带来的优势。所以，马克思主义大众化传播在任何时候都不可能淡化更不可能放弃其政治传播的主体性、政治性、劝服性、灌输性和单向性而单纯注重与受众的互动。从世界范围看，不同政党或国家通过政治传播所承载的特有政治意图，以及与此相应的灌输性和强制性是其政治传播和思想控制的最为显著的特征。从当代中国马克思主义大众化传播实现来看，不仅要改进传播方法、更新传播理念、关注传播对象，更重要的是要坚持和强化政治传播所特有的传播主体意识。

2. 马克思主义大众化的民间传播主体

马克思主义大众化传播就是让马克思主义从"官学"走向"民学"。马克思主义大众化的民间传播有其自身的独特形式和鲜明特色，考量这些特质亦应该将其置于其所固有的环境中，以显示其个性。这里的所谓民间传播主体是指除政府之外的民间性组织，包括各种政治性、文化性、学术性、宗教性、福利性的组织机构与社会团体，包括各种协会、学会、研究会、联合会以及其他企事业单位和个人。这些团体、组织均有明确的目标与宗旨，或是为了唤起人们对某一问题、某种事物的普遍关心，或是力求推动某项社会事业的发展。马克思主义大众化民间传播主体是有别于官方的政治传播主体的民间力量，这股力量具有得天独厚的传播亲和力，也是马克思主义大众化传播的主要力量。这股力量分散于社会生活的各个层面，传达的信息虽然有局限性，但对社会民众来讲更直观，更容易接受，更可信。普通人身边发生的普通事情是展现中国发展和进步的最好事例，让来自于民间的普通人来讲述国家和民族日新月异的变化，同时每个社会民众都会把对马克思主义的认识具体化到对某一个或几个人，或者某一个群体的认识，这样的认识比任何政治传播形式都更具体、更生动。同时，互联网的发展使任何人都可能成为独立的传播主体，即个体传播主体。以网络为首的新媒体传播力量，为马克思主义大众化传播注入了新的活力，这种民间网络传播力量的兴起，重构了马克思主义传播体系。个人传播主体是随着互联网的产生而出现的，具有隐匿性、分散性、随意性的特点，其传播规律和要求与上述主体显然不同，这种民间网络传播主体相对于官方和政府组织的网络传播主体而言更能使传播主体具有参与的广泛性、互动性和发布信息的快捷性等鲜明特点。网络传播主体基于个体爱好、兴趣指向、个体诉求或者某种特殊情怀而建立一种网络平台，在这种网络平台里，传播主体传播上至国家大事的官方内容下至社会生活的民生信息，传受双方就某个相同的话题和其他传者或网络平台里的其他人互相交流，达成共识；或者在网络平台上面得到所需信息和建议。在诸种传播主体中，个人的影响力似乎最小，因为他们是一个个分散的个体，且个体的声音远不及国家和政府、社会组织，但这种个体一旦集中与互动起来就是一种强大的传播力量。一旦出现非正常情况，权威性的传播主体失语或提供的信息不准确时，个人就会成为补充性的信息源，它们聚少成多，最终必将形成强大的舆论声势，以至对政府或大型组织机构的决策产生影响。因此，马克思主义大众化传播在强调政府以及其他主流媒体的传播力和对公众的影响力的同时，应对个体传播主体给予足够的重视。

3. 马克思主义大众化的教育传播主体

教育传播是由教育者按照一定的目的要求，选定合适的信息内容，通过有效的中介或媒体通道，把知识、技能、思想、观念等传送给特定的教育对象的一种活动。教育传播是教育者和受教育者之间的信息交流活动。教师是教育传播中的"把关人"，把关人就是信息传递线路上有权决定让哪些信息通过的人。确切的说，教师是教育信息流通线路上的主要把关人。在教育传播过程中，传播内容和传播渠道主要是由教师决定的。在推进马克思主义大众化的进程中，学校作为先进文化的引领阵地，必然成为马克思主义传播的重要阵地，受教者接受马克思主义是一个从认知到实践的持续过程，是马克思主义大众化的教育传播主体通过有目的、有计划、有组织的教育和影响，使受教者知晓、理解、接受、掌握、信仰马克思主义基本理论，并将其内化为自身理性信仰，外化为各种实践的活动。在学校教育体系传播马克思主义过程中，教育主体扮演着重要角色，是传播内容的设计者、传播方式的主导者和传播活动的执行者。马克思主义大众化传播是教育者的理论自觉和行动自觉，马克思主义的教育传播主体应把马克思主义贯穿于各个学科教育之中，在学科的系统教学和实践教学中贯穿马克思主义的原理、方法、思想和精髓。

马克思主义大众化教育传播主体具有学历层次高、知识广博等特点，他们的观点和看法不仅对学生有直接和持久的影响力，而且这种影响力还可以进一步地传递到学生的家庭、同伴和人际交往圈等，因此，对于社会群体成员有着特殊的影响力，充当着"意见领袖"。现代传播学认为，信息在从信源传递到信宿的过程中，会受到人际因素的影响，在信息传播过程中，"意见领袖"在这种人际因素的影响中发挥着主要作用。"意见领袖"是指那些对信息保持较多接触，经常为他人提供信息、观点或建议并对他人发挥个人影响的人。从信源传递出来的信息，并非全部都直接地流向一般受众，而是要经过"意见领袖"这个中间环节，信源向"意见领袖"进行第一级传播，"意见领袖"再向一般受众进行第二级传播。马克思主义大众化的教育传播主体具有影响他人的心理和行为的能力，这种能力就是传播中"意见领袖"的影响力，即在对青年学生推进马克思主义传播中，学生对教师的讲授、说导和指示的接受程度是以教师的威信为转移的。这种意见领袖的影响力来自两个方面：一是地位和权力。意见领袖的影响力取决于个人在教育主客体关系中所处的地位和权限，它对人的心理和行为的作用主要表现为服从与被动，它是在教育过程中产生的一种不言而喻、不容置疑的影响力。由此，在对青年学生进行马克思主义传播时，应充分利用权威性高的权力性影响力，甚至在必要时，可采取适当的强制手段迫使受教者服从，如强制性的学习、灌输的方式等，以期改变受教者的态度和行为。二是自身因素形成的影响力，建立在崇敬、信服的基础上。它对人的心理作用是主动、自愿的。这种影响力不仅作用于学校管理，更主要的是作用于学生的思想意识。教育主体与学生的关系主要不是主动与被动的关系，而是教育者与被教育者的关系。非权力影响力可以通过不断提高传播主体各方面的素质，发挥其主观能动性来增强。20 世纪 50 年代，美国传播学者霍夫兰对传播者的可信性与传播效果之间的关系进行了实证研究，最后认为，"一般来说，信源的可信度越高，其说服效果越大，可信度越低，说服效果越小。"[①] 用良好的形象来争取受众信任是改进传播效果的重要前提。教师作为意见领袖的可信度在于教师在所从事的知识领域有权威性。作为教师，在说服受教者之前，首先需完成自我对于主流价值观的知情意行的过程，必须充满自信，并身体力行。教师的权威性不但来自于个

---

① 郭庆光:《传播学教程》，中国人民大学出版社 1999 年版，第 202 页。

人在这一学术领域的学识、经验和资历，还来源于教师自身的人格魅力。教师的人格魅力将直接影响学生的心理变化，左右着其他教育因素作用的发挥，进而促进学生态度改变的方向和强度，同时，通过这种人格感化力量可以赢得学生对理论的理解认同。

4. 马克思主义大众化的文化传播主体

马克思主义大众化的文化传播主体是指在推动马克思主义大众化传播过程中承担着文化自觉和行动自觉的国家和社会文化艺术事业的从业人员，包括新闻、出版、戏剧、影视等从业人员。文化的影响力，已经提升为综合国力竞争的重要因素。塑造社会主义核心价值观，弘扬主流文化，把中国特色社会主义的共同理想、爱国主义的民族精神、改革创新的时代精神和社会主义荣辱观融入文化艺术产品的创作和传播之中，是当代中国马克思主义大众化文化传播主体的崇高使命和历史担当。文化的内涵与精神，对一个国家、一个地区、一个城市发展愈加重要，人们对精神文化的需求也愈加强烈，文化对社会公德标准的引领也愈加明显。在民主革命时期和社会主义建设时期，一种崇高的人文情怀，完全成为文化工作者的革命情怀，文化的爱国精神唤起和引领了无数中华儿女，为了民族独立，为了国家富强前仆后继，流血牺牲。特别是社会主义革命建设时期，经济体制的单一性同文化产品的革命化相辅相成。一些小说、诗歌、电影、戏曲等文化产品无不折射出时代主流文化的光芒，人们的价值观念和社会思潮，无不经受着主流文化的千重洗礼，中华民族精神得到空前凝聚。重塑主流文化的信心，文化工作者要用自己的人品和文品营造绿色的文化市场，与低俗、庸俗文化决裂、斗争，生产高雅向上的文化产品，从而满足人民群众日益增长的健康的精神文化需求，让文化不仅成为人们审美与思维的魅力呼唤，同时也成为社会主义建设事业的总动员。

文化作为经济社会发展的重要支撑，对主流意识和价值观念起着传播、吸引和凝聚的作用。文化传播主体是推动马克思主义大众化的践行者，肩负着引领高尚文化发展、引领公众接受马克思主义思想的责任。从文化范畴讲，文化传播主体是传播者，也是施教者。用社会主义核心价值体系引领文化市场，是文化传播主体的政治品格。文化传播主体使命艰巨，要勇于担当，确保文化的先进性，要全面塑造和谐、公正、仁爱、共享社会主义核心价值观。要把集体主义、爱国主义和革命英雄主义，融进文化产品的血脉，化作文化的崇高灵魂，鼓舞群众，引领大众，让社会公共精神标准与社会高尚标准相一致，让主流价值观与崇高价值观相一致，这是文化工作者最终的历史责任。

　　先进文化是民族的，也是大众的。文化本身应该是属于大众的，是从大众中生长出来的，同时从大众文化中还会长出一种文化叫精英文化。随着文化传媒的发展，大众文化在社会生活领域影响的程度不断扩展和深化，也造就一个个文化明星，当我们了解到有相当一部分人接触媒体主要是消遣娱乐、放松自己时，便想去满足他们。但同样是消遣娱乐，不同的人的要求也是不同的，因此，用什么方式来满足受众的不同需要，最终的决定权仍然在传播主体手中，这就对传播主体的追求、品位与价值取向提出了要求。明星在大众生活中逐渐被偶像化，偶像是人的内心世界最宝贵的情感寄托。当人们处在生活的瓶颈无法跨越，当他们心灵渴望激励与振奋，偶像走进他们的心扉。"在当代媒体文化中，体育明星、影视演员和媒体人物成为当代社会的偶像和神祇，这是因为他们身上体现了大众的梦想，并且建构了生活的幻像。"① 而作为文化明星，他的文化性更主要体现在对文化的继承和创新，因为这些明星生活在舆论的闪光灯下，一举一动都在公众的视线之内，并能引发人们的膜拜与效仿，基于此，明星作为公众人物足以成为社会风尚的指标。明星之所以能成为明星，他的存在和发展之维是大众的喜爱和追捧，在马克思主义大众化传播中，他们的责任是借助大众赋予其影响力，引导社会主义核心价值体系的传播，呈现给大众优秀作品，塑造出光辉的影响，着力将自己塑造为马克思主义大众化传播的代表性人物，借以传承优秀文化造福社会。"现代意义上所谓的明星，是那些与

---

　　① ［美］道格拉斯·凯尔纳：《媒体奇观——当代美国社会文化透视》，史安斌译，清华大学出版社 2003 年版，第 115 页。

视觉形象发生密切关系的，具有相应知名度的，并且独立支配因个人名誉而获得的经济收益的，能激起观众神性崇拜而且这种神性崇拜同时必须是代表社会进步力量的理性崇拜的物理意义上的人，场所或企业。"① 爱德华·莫让曾把好莱坞的明星们比作众神，他说道："明星就如同众神，在每个明星脚下都供奉着一座教堂，有些则扩建为一座大教堂，以便全世界的虔诚信奉者定期来此朝圣。从一定程度上讲，好莱坞就是耶路撒冷，电影庆典就是众神的节日聚会……。"② 在某种意义上，人的大脑好比商铺，在那里随时供奉着一些偶像，而人自己就是虔诚的朝拜者。《建国大业》云集了 170 余位影视明星，他们精湛的演技不仅保证了人物形象演绎的质量，也增加了受众观赏的期待和观赏的强度。因此，主旋律电影在展示宏大叙事的同时，吸纳有较高声望和演艺实力的影星加盟，不仅可以强化主旋律电影传达宏大历史观念的权威性和可信性，还可以使受众观念中将看主旋律电影理解为"去影院受教育"转变为主动地"去影院提升审美境界"。只有吸引受众主动地接受影片，革命影视艺术中有关马克思主义思想价值才能够潜移默化地渗透于受众的思想意识，从而真正实现革命影视艺术的政治诉求。所以，作为文化传播主体向大众提供什么榜样或展示什么样的榜样对社会大众的价值取向十分重要。文化传播主体为大众提供的榜样应该是富有责任感和奉献精神、创造有价值文化的楷模。这就需要通过宣传主流价值观念来消解文化传播主体负面形象对大众的负面影响，坚守文化传播主体的精神家园和人文精神，歌唱人的高尚价值，鞭挞丑恶，让人性中的理想和崇高，以美的形式实现终极统一，把人类的向往和追求，引向光明和美好。马克思主义大众化的文化传播者要担当起人文精神的捍卫者，要关注人的价值、人的尊严，要以个人的价值与尊严，引领社会公众的价值与尊严，从而让公众真切地感受到人的社会价值，敬仰人的崇高尊严。

---

① 陈新丽：《明星制度探讨——二战后的明星化现象》，《法国研究》2006 年第 1 期。

② Edgar Morin, *Les stars*, Paris：éditions du Seuil, 1972. 6.

二、马克思主义大众化传播的受众

受众是大众传播的核心概念之一，是考察大众传播效果的基点与立足点。现代传播学的受众理论特别强调受众在接受过程中的核心地位，强调受众的主体性。受传主体即受众，是和传播主体相对应，具有平等地位的接受主体，包括了读者、听众与观众，他们的存在形态是分散的、游离的，是个人意志的体现者。在由传媒、社会与人的复杂关系建构起来的大众传播理论中，受众是一切问题的交叉点。同时，有的放矢是我们做好任何一项工作应把握的重要原则。正缘于此，明确受众分层特征，认真分析各个阶层、各类人群的思想实际和利益要求是实施马克思主义大众化传播的必要前提。毛泽东同志在《反对党八股》中说道："共产党员如果真想做宣传，就要看对象，就要想一想自己的文章、演说、谈话、写字是给什么人看、给什么人听的，否则就等于下决心不要人看，不要人听。"① 当代中国马克思主义大众化传播所面对的"大众"，是在文化程度、知识结构、职业特点、生活状况、兴趣个性等方面有着多样差异的群体。不同的群体对理论的期待、理解、需求等也是有很大差异的。在推进马克思主义大众化传播过程中，如果不能根据不同的传播受众设计不同的话语规则，就会造成语言风格的单调和笼统，致使马克思主义传播受阻。因此，要注重群体特性，努力在尊重差异中扩大社会认同，在包容多样中形成思想共识，在尊重差异与包容个性中实现马克思主义大众化有效传播。很长时期内，我们在马克思主义传播中，对农民、工人和新兴社会阶层等不同群体受众的心理结构、思维方式和表达习惯等关注不够，不能很好地适应各个不同群体受众的口味，理论宣传缺乏针对性，使得马克思主义传播方式过于单调、枯燥，受众接受和学习马克思主义理论的积极性、主动性不高，这是当代中国马克思主义大众化传播必须克服的问题。

受众的分类基于大众传播对不同受众的个体差异的划分。"个人差异

---

① 《毛泽东选集》第3卷，人民出版社1991年版，第836页。

论"是由卡尔·霍夫兰在 1946 年最先提出,并由德弗勒在 1970 年作了某些修正而形成的。梅尔文·德弗勒认为,大众传播对受众的影响因人而异。不同的受传者面对大众传播媒介的信息时,因不同的受众成员特点各异,所做出的反应也势必因人而异。这正如西方谚语所说:一千个读者就会有一千个哈姆雷特。"研究表明,个人在需求、态度、价值观、智力和其他个人因素等方面的差异对个人行为的形成起着关键作用。"① 德弗勒(1975)将这种"个人差异"主要分为以下五个方面:第一,个体的心理结构是形形色色的、千差万别的;第二,个体的先天禀赋与后天习性是各不相同的;第三,个体在认识客观环境时所形成的态度、价值观与信仰是不同的;第四,由于后天习得的不同,导致人们在感知与理解客观事物时的倾向性是各不相同的;第五,由于对客观事件的理解不同而形成的稳定见解造成了人们对大众传播媒介内容的接受、理解、记忆、反应的差异。这些不同或差异决定了受众不是一个笼统的概念,而是诸多的具有差异性的个体,大众传播对于这些具有差异性的个体来说其效果也并不一样。个体差异论告诉我们,在传播过程中要特别重视个人心理因素对媒介信息接受行为的影响,在进行大众传播前,首先需要弄清楚受众的兴趣、爱好、需要、态度、信仰、价值趋向、教育程度和接受能力等,再挑选与之相应的传播信息和传播方式。否则,与受众个性和需求不符合,传播就会遭到回避和拒绝。

马克思主义大众化传播的受众分类能够为马克思主义传播者在大众化传播过程中根据受众群体的不同而采取有差别、有层次的传播方式提供理论智慧。在马克思主义大众化传播过程中,传播主体要善于了解、利用来自受众的需求、经验、情感、态度、立场等,并从尊重受众的角度来进行传播活动。马克思主义大众化的对象是所有人,而每个人的生活环境、工作环境、文化程度、思维方式等方面都存在不同程度的差异,这就要求马克思主义大众化传播者要区分层次,因地制宜,用差异化的方式来进行马

---

① [美]梅尔文·德弗勒、埃弗雷特·丹尼斯:《大众传播通论》,颜建军、王怡红等译,华夏出版社 1989 年版,第 303—304 页。

克思主义的传播和普及。基于受众差异的分析，在推动马克思主义大众化传播过程中首先要使理论解析满足不同人群的特殊期盼。结合受众的实际，真正掌握基层实际生活中正在发生什么，实际需要什么，考察受众最认同的理论传播手段，分层次做好理论解析工作，是理论传播成功的最关键因素。不同的分层受众，对媒介选择的偏好和形式选择会有所不同，但面对大众化传播这一问题时，农村群众、社区居民可能更倾向于通俗化，然而对于一些政府机关党员干部、高校学生和教师等，大众化传播实践中应加强他们对经典或政策的精读或通读。由于文化水平差异、工作岗位的分工，不同受众对理论工作的期待是不尽相同的。理论工作者只有在扎实深入开展中国特色社会主义理论体系研究的基础上，了解受众，并"投其所好"，按照不同类别的人群对理论的期盼和需求，结合实际开展理论解析工作，科学理论才能满足受众，为受众所认同和接受。

1. 以受众的地域进行分类研究，主要包括农村受众和城市受众

（1）农村受众

农村受众，是指在城乡二元结构中居住在农村并从大众传播媒介接收信息的人。从受传者角度分析，影响农民获取信息的效果主要有经济和文化因素。

首先，经济约束导致农民获取信息的成本较大。在媒介资源的享受和利用方面，农村受众不如城市受众。目前虽然大众媒介普及，但并非人人用得起。对于普通媒介报纸，其财务成本都可能导致那些低社会经济地位的群体不大可能订阅它们。经济因素作用表现最明显的媒体是电脑。除了购置电脑和配件是固定支出外，后续还有网络费、软件更新费、维修费等。媒介的不可得性或媒介的单一性是造成农民获取信息费力程度加大的最主要原因。

其次，文化约束导致农民接受信息能力较弱。在接受信息的能力方面，农村受众弱于城市受众。接受信息能力的强弱，取决于受众的文化水平和知识结构。不同文化水平的受众在接受同一条信息时，文化水平高的受众因善于分析、判断和理解，因此对信息的接受能力要强一些。农民文化程

度较低导致农民信息自我认知程度不高，信息敏感性不强。而且农民文化程度较低导致农民对信息的真伪难辨，信息的捕捉能力不强、理解能力不高。

最后，在经济因素和文化因素的双重作用下，导致农民传媒接触的单一化。从媒介拥有状况来看，目前农民大众媒介拥有单一，电视已取代广播、报纸，成为农村中的强势媒体，黑白电视日益退出舞台，彩电成为农村新的主角，收音机和报纸在农村市场的作用逐步下降，"第四媒体"电脑在农村覆盖率极小。

（2）城市受众

城市是人口集中、工商业发达、居民以非农业人口为主的地区，通常是周围地区的政治、经济、文化中心。城市是人类文明的主要组成部分，也是伴随人类文明与进步发展起来的。

第一，城市受众获取信息的渠道多元化，成本较低。城市有良好的传播技术手段。相对于农村，城市受众获取信息渠道要广阔一些，城市的信息技术优越，信息传播速度快。

第二，城市文明发展要高于农村文明的发展。城市有良好的教育资源和文化资源，城市受众要比农村受众的教育文化水平程度高。

第三，城市文化产业发达，市民思想活跃。城市是大学、科研院所、图书馆、文娱设施等文化产业发展的地区，也是文化市场比较繁荣的地区，这些使城市受众的视野更为开阔，思想更为活跃。

2. 以媒介进行分类研究，主要包括报业受众和新媒体受众

（1）报业受众

作为传统媒体，报纸的地位仍然不可撼动。从当前报业的受众需求进行分析，受众的需求主要包括：信息性需求、求知性需求、利益性需求、服务性需求、娱乐性需求、趣味性需求等。改革开放以来，随着社会经济的蓬勃发展，报纸种类及数量迅猛增长，读者的选择余地随之不断扩大，读者需求更趋多样化、个性化、层次化，于是，报纸市场呈现出扩散、分化的特征。在地理因素上，由于区域文化的差异，读者对报纸内容的需要

也会表现出差异性。在城市，由于人口密度较大，便于投递，发行成本较低；而在农村报纸的运输费用较高，读者分布密度较低，所耗费的成本自然高，再加上农村读者的购买力相对来说较低，报业受众相对较少。在人口因素上，由于年龄、性别、职业、受教育程度、收入情况、性别等因素的差别，对报纸的选择也不同，在人口规模越大的地方，报纸发行量就越大，年龄大的受众可能更倾向于报纸。随着市民文化素质的提高，越来越追求生活的高品质，注重生活质量，近年来财经报、生活报和文化报等报业受众逐渐增多，因此，报纸风格应把经济热点和文化时尚结合起来，对国际国内重大事件和经济运行波动的内在密切联系做周详、深入的报道。

（2）新媒体受众

新媒体主要指移动电视、网络媒体、手机等媒体形式。受众对他们的接受程度、使用规律乃至偏好都是马克思主义大众化传播所要把握的。一般情况下，受众对移动电视的收视动机以被动为主，影响观看的因素主要是听不清楚和距离屏幕太远，而主要偏好节目为音乐、综艺、新闻、天气、生活资讯类等。对于新媒体的受众来说，他们是新媒体产品的最终使用者。随着现代科技的不断发展，新的传播媒体也越来越多。今天，网络媒体和手机媒体已经成为主流媒体，网络作为一种独立的媒体形式正在受到越来越多人的重视，信息化、科技化和数字化使网络媒体受众呈现出结构大众化、内容选择个性化、信息交互多元化的特征。手机媒体以其人群覆盖面广、传播成本低廉、使用快捷、携带方便、内容灵活等优势逐渐成为新媒体的主流，成为人们吸取、传递信息的重要载体。

3. 不以受众的身份进行分类研究，把马克思主义大众化的传播对象分为领导干部、普通党员、青年学生和基层群众四个层面，根据不同身份的特点，采取侧重点不同的传播内容和传播方式

（1）领导干部

领导干部是党和政府的各级领导人员。领导干部手中掌握着一定的公共权力，其一言一行直接影响着人民群众和社会风气，因此，必须为社会群众作出表率。领导干部的思想政治觉悟、对理论的理解与信仰一般要高

很多，其学习态度和表现对一般党员及基层群众影响极大，马克思主义大众化对他们的要求也就更高。领导干部既是马克思主义大众化传播的领导者和推动者，又是马克思主义大众化传播的受传者。在领导干部中推动马克思主义大众化传播应着眼于用中国特色社会主义理论武装头脑，着力提高其领导科学发展、促进社会和谐的能力。在内容上，以系统、准确地把握中国特色社会主义理论体系为重点，培育他们形成科学的世界观和方法论，着眼于增强贯彻执行党的路线方针政策的自觉性和坚定性，促使其结合工作实际加强理论思考。

（2）普通党员

广大党员是中国特色社会主义事业的主力军，他们接受马克思主义的效果如何，决定着当代中国马克思主义大众化的最终效果。应对他们积极开展党的理论、路线、方针政策的宣传教育，使其在中国特色社会主义建设事业中发挥模范带头作用。对于广大党员，在传播内容上，以党的基本路线、方针、政策为重点，使其能够掌握党的路线方针政策，并具有践行的示范性和自觉性。由于党员人数众多，文化程度和认识水平不一，所以对不同的党员要开展分众传播，这样马克思主义传播就做到了有的放矢。在方式和方法上，可以通过图书、报纸、讲座、论坛、交流、会议等方式，及时学习党的理论创新成果和政策决策部署。在媒介选择上，可以通过远程传播教育等互联网信息化传播工具，加强对党员的再教育，提高党员的理论素养，并转化为实际工作能力。

（3）青年大学生

对待不同年龄的受众，马克思主义大众化传播的意义和要求有所不同。青年大学生是年轻的知识分子，是未来的社会精英，是社会主义建设的重要人力资源，他们能不能掌握马克思主义理论是评价大众化效果的重要标准。从某种意义上讲，掌握了青年大学生就掌握了未来，所以说，马克思主义大众化的重点在青年大学生，因此，要积极探索符合青年学生思想特点和成长规律的马克思主义大众化传播方式和传播方法。

青年大学生是一个特殊的社会群体，社会化过程尚未完成，世界观、人生观、价值观尚未定型，学习社会规范和行为模式是其主要任务。理想与现实、依赖与独立、封闭与开放之间的矛盾在青年大学生身上的表现非常突出，他们有自己特殊的利益与需求，可塑性强，容易受到外界环境的影响。在大众传播媒介技术日益发达的今天，就更是如此。

青年大学生是传媒竭力争取的受众群体之一。青年大学生对各类媒介的使用程度高，有一定的媒介认知能力、媒介使用能力、媒介互动能力和媒介内容制作能力。青年大学生好奇心强，乐于追逐新事物，对信息的需求呈现多元化和娱乐化倾向。网络是青年大学生获取信息和进行人际沟通的重要方式，网络的使用和普及，提高了青年大学生的信息解读能力、人际沟通和交往能力，青年大学生对网络的认识也日趋理性。

青年群体的马克思主义理想信念教育是关乎党和国家前途和命运的问题。在青年群体中传播马克思主义和实施马克思主义理论教育，涉及中国共产党培养未来青年的人格模式、人格素质及青年价值信仰的建构问题，因此，包括青年人才、青年干部和青年大学生等的青年群体是马克思主义大众化传播的重点群体。同时，青年农民工、留守青少年、青年工人、青年军人等是青年群体的重要组成部分，在马克思主义大众化传播中要给予充分关注。

（4）基层群众

在马克思主义日常传播中，必须充分考虑基层群众的接受能力和思维习惯，析事明理、释疑解惑。就群众而言，按照不同标准可作不同分类，如年龄阶段可分为少年、青年、中年、老年群体，按职业而言可分为农民、工人、教师、党政干部群体等，对不同的类别，采用不同传播方式、传播内容和话语方式，才能收到最佳的传播效果。第一，要注重群众的理论需求。基层群众最关心他们生活的现实问题和身边事情，因此，要把理论传播与不同社会群体的关注点、兴趣点结合起来，努力把解决思想问题与解决实际问题结合起来，要从群众最关心、最直接、最现实的利益问题出发，对群众关心的热点和难点做出解释、解决，揭开群众思想上的困惑。第二，要注重群众的理解需求。理论传播要根据群众的信息需求、知识背景、理解能力、教育程度、认知水平的不同，采取群众能够接受和乐于接受的方式。将科学理论融入丰富多彩的基层生活之中，用群众熟悉的语言和喜闻乐见的方式谈理论热点，话理论难点，析理论重点，缩短重要理论与受众认知能力、接受水平参差不齐间的差距，满足不同群众的需求。第三，要注重群众的审美需求。当前，随着生活和文化水平的提高，人们审美、娱乐、休闲的诉求和愿望更加强烈。因此，推进马克思主义大众化传播要不断着眼于满足人民群众日益提高的审美需求、文化需求、情感需求，用群众喜闻乐见的文化产品和艺术形式传播理论，寓理于事，寓教于乐，以文化人，以文惠民，在理论传播中使群众求真、求善、求美的愿望得以实现。第四，要注重群众的参与需求。群众有强烈的表达愿望和参与欲望，同时，随着生活条件的改善和媒介技术的发展，群众也拥有了丰富的表达方式和参与渠道。推进马克思主义大众化，理应保护和激发群众的参与热情，充分发挥群众在理论创造、理论传播、理论教育、理论武装中的主体作用，使其认识到科学理论是自己参与创造的理论，传播科学理论的过程是自我阐释理论内涵、解读理论内容、体验理论魅力的过程，学习科学理论的过程是接受教育与自我教育统一的过程。在丰富的理论传播形式和群众参与形式中，使理论融入文学、艺术、生产、生活中，让人民群众在学习工作、生活休闲中接受当代中国马克思主义。第五，要注重群众的媒介需求。在马克思主义大众化传播过程中要注重推进传播手段的现代化，充分利用互联网、手机等现代信息工具，有效发挥新媒体信息量大、受众面广、互动性强等优势，拓宽原有的传播渠道，建立全方位、立体式的理论传播体系。同时，对深受群众喜爱的传统民间载体，如民间文化传播手段，要加以继承和发扬；对深受群众追捧的新兴传播载体，如网络、手机等新媒体，要加大培育力度，形成自身特色。

三、马克思主义大众化传播的载体

1. 马克思主义大众化传播的民族文化载体

中国是一个多民族国家，民族地区的安全问题是国家安全的重要方面，直接影响着国家安全和发展战略纵深。民族地区马克思主义大众化传播是维护国家稳定、确保社会主义事业长治久安的迫切需要。因此，少数民族能否接受、认同马克思主义，对于维护稳定的政治局面、进行国家的现代化建设、构建社会主义和谐社会至关重要。改革开放以来，民族地区的文化不断走向繁荣，而民族文化的大繁荣反过来也促进了整个中华民族的文化繁荣，这为马克思主义在民族地区的大众化传播创造了一定的条件。通过不同的途径，马克思主义扩大了在少数民族地区的认同，同时也在传播过程中呈现出自身的特点，并对中国社会主义的建设事业和民族地区的稳定发展产生了深远的影响。文化生活是民族地区的生活方式，民族文化是马克思主义大众化传播的重要载体。民族地区的马克思主义大众化传播要积极探寻民族文化特点，充分利用民族文化传播载体，使少数民族自觉自愿地接受、认可马克思主义。

我国的民族文化传播具有自己的特点。第一，交融性和互动性。种族迁徙、部落征战联盟、朝代更迭以及民族间的文化交往、吸收与融合促进了少数民族的形成。这使得多民族地区形成了既有同一民族同一区域聚居，又有同一区域多种民族杂居、混居，还有同一民族不同区域散居等多样的居住形式，由此形成一个地区包含多种少数民族文化、使用多种民族语言相互交流的状况，这种交融性往往蕴涵着人类社会上的最新变动，同时也蕴涵着较为鲜明的特定时代的道德标准、社会价值观念等精神文化因素，对各民族文化产生巨大影响。第二，多样性。党和政府对多民族地区大众传播的一贯原则和根本要求是传播多元文化信息的同时，还要维护和保持各民族文化的独特性。这一政策使得民族地区的文化传播一直继承着本民族的文化传统和文化形式，民族地区的民间文化艺术，如音乐、歌舞、戏剧、建筑、雕塑、绘画等，是各民族继承下来的宝贵的艺术财富，是各民族传统文化的结晶，也是各民族文化传播的主要载体和传承途径。现代传媒的发展，又赋予民族文化多样化的传播内容和多元化的表现形式，而内容与形式的多样性与多元化又源于少数民族以其独特的文化形态为基础进行文化继承、文化整合、文化发展和文化创新。第三，普及性。随着科技进步，现代通信技术的大力普及，新媒体进入寻常百姓家，大大改善了我国多民族地区的文化交往和信息传播的环境与条件，在报纸、广播、电视、杂志及网络等传播手段基础上发展起来的大众传播平台，以其超越时空界限、信息高度密集、接受对象广泛、辐射力量强大等显著优势逐渐得到少数民族的认同接受和普及使用，成为多民族地区民族文化交流和信息沟通的主要方式。

基于以上分析，利用民族文化载体推进马克思主义大众化传播应注意以下原则。第一，突出和维护民族团结的最高利益。维护祖国统一和民族团结，是国家的最高利益。民族文化传播马克思主义要始终高举爱国主义的旗帜，大力弘扬爱国主义精神，使民族文化精神成为推动事业发展、加强民族团结的强大精神力量。民族文化载体推动马克思主义大众化传播，要深入挖掘少数民族发展的历史，讴歌民族地区在维护祖国统一和民族团结中的先进事迹，通过少数民族的红色经典传承民族团结精神。第二，重视和利用民族的语言文字。语言是思维的载体，使用本民族语言文字进行交流是公民的基本权利，也是民族文化重要的组成部分。民族文化载体推动马克思主义大众化传播，首先要对语言文字问题予以高度重视。在具体实践中，要为民族党员干部群众获取母语信息提供方便，同时，积极为党的方针政策在少数民族地区广泛传播创造条件，理论解析要满足不同人群的特殊期盼，推动中国特色社会主义理论体系的宣传和普及、创新载体。第三，尊重和发扬民族文化的民族性。民族性是指马克思主义结合民族地区的地情、民情进行创新使其具有民族特色。民族地区马克思主义理论创新与传播不能离开民族性，否则就会失去根本和生命。利用民族文化载体传播马克思主义时，要对不同地域的各民族文化及新型现代民族文化的形成，多以一种豁达开放的姿态去面对。在传播过程中不仅传递中央以及兄弟省区的文化、经济和政治信息，迅速反映和及时报道本地区社会生活的最新动态与信息，还要针对各少数民族具体情况和受众需求，以多种形式提供针对性较强的实用信息。在马克思主义传播过程中要处理好马克思主义主流文化与民族文化的关系，把马克思主义在民族地区的运用、实践、创新与民族地区的解放、民族地区的生产、民族地区的发展结合起来，将"传统民族文化艺术与现代民族文化艺术相结合、民族特色与地方风格相结合，文化内涵与艺术形式相结合"①。同时，民族文化传播马克思主义不能在展示现代文明符号的同时，消解民族传统文化特色，一定要保护好一些珍贵的民族文化资源。所以利用民族文化载体传播马克思主义时，要首先有意识地确立民族文化的传承与发展的传播理念与价值标准，传播内容与传播方式不但要以社会主义主流文化和现代汉族生活文化环境为背景，同时要提升多民族文化地位，展现以多民族文化为背景的民族地区特有风土人情、道德理念、价值标准，歌颂民族地区在社会主义革命和建设事业中涌现出的历史事件、英雄人物和时代先锋。马克思主义大众化要运用"民族形式"的逻辑，进而聚焦于宏大叙事和人物典范，在话语方式和传播技术方面形成民族地区的马克思主义大众化实现路径。在民族地区的马克思主义大众化传播过程中，马克思主义研究者、宣传者和实践者必须深入研究民族地区的具体实际，分清民族文化本质上的良莠，然后使马克思主义与民族优秀文化相拥抱，形成强大优势，共同应对不良文化的滋生与蔓延，使裹抱着民族优秀文化的马克思主义以生动活泼的民族特色的形式出现，使民族干部群众愿意学习、能理解并运用马克思主义，让马克思主义主动适应民族地区的实际，在马克思主义大众化传播中突出民族文化的优势和价值巨大。

2. 马克思主义大众化传播的网络载体

网络传媒对于马克思主义意识形态建设具有战略意义，网络不仅作为工具性承载意识形态传播的职能，而且网络的大众化应用及其开放性以空前直接的方式反映了网络民众的社会政治需求的基本情绪，使我们在马克思主义意识形态建设中有着更为便捷和直接的面对人民群众基本需求的途径与契机。2010 年 7 月 15 日，中国互联网络信息中心（CNNIC）在北京发

---

① 益西拉姆：《中国西北地区少数民族大众传播与民族文化》，兰州大学出版社 2002 年版，第 103 页。

布了《第 26 次中国互联网络发展状况统计报告》（以下简称《报告》）①，《报告》数据显示，截至 2010 年 6 月，中国网民规模达到 4.2 亿，突破了 4 亿关口，较 2009 年底增加 3600 万人；互联网普及率攀升至 31.8%，较 2009 年底提高 2.9 个百分点。农村网民规模达到 11508 万，占整体网民的 27.4%，半年增长 7.7%，低于城镇网民相应增幅。我国手机网民规模达 2.77 亿，半年新增手机网民 4334 万，增幅为 18.6%。其中只使用手机上网的网民占整体网民的比例提升至 11.7%。《报告》称，网民年龄结构继续向成熟化发展。30 岁以上各年龄段网民占比均有所上升，整体从 2009 年底的 38.6% 攀升至 2010 年中的 41%，这主要是由于互联网的门槛降低，网络渗透的重点从低龄群体逐步转向中高龄群体所致。与此同时，网民学历结构呈低端化变动趋势。初中和小学以下学历网民分别占到整体网民的 27.5% 和 9.2%，增速超过整体网民。人均周上网时长达到 19.8 个小时，77.3% 的手机网民只在业余时间用手机上网，电脑网民中有 68.9% 的人只在业余时间用电脑上网。手机上网方面，我国网民手机网络应用平稳发展，网民在信息获取和交流沟通类应用上使用率较高。从《报告》上可以看出，网络已经成为一种重要的信息工具，是人们生活、学习和工作中不可缺少的一个组成部分。网络迅速笼络了一批乐于接受新事物的青年团体和社会的中坚力量，传统媒介的传统传播在更多的选择之下，显得力不从心。与电视、广播、报纸这类比较容易控制的大众媒介相比，网络这座比特之城总与我们的主流文化保持着"若远若近"的距离，是大众文化最好的栖息地，更是我国青年人和中坚力量聚集的主要场所，毫不夸张的说，稳住网络这个阵地就是把握了中国文化的发展走势，因此，令主流文化与大众文化在网络世界中相互交织是文化繁荣的保障之一。在中国人集体陷入信仰危机的今天，中华民族的民族信仰和对共产主义的追求，已更多的变为了报刊、

---

① 1997 年，经原国务院信息化工作领导小组办公室和中国互联网络信息中心（CNNIC）工作委员会研究，决定由 CNNIC 联合四个互联网络单位来实施中国互联网络发展状况的统计工作。1998 年起，CNNIC 决定于每年 1 月和 7 月推出中国互联网络发展状况统计报告。本次是第 26 次互联网报告。

电视等主流媒体的宣讲专题,却离人民的生活越来越远。而如今,信息技术和网络的大力发展,不仅为广大网民开了一扇窗,接触到了一片更为广阔的天地,而且同时为宣传马克思主义提供了新的手段和途径。在网络这个传播文化的巨大阵地,"要求我们一刻也不能放弃马克思主义在网络上的指导地位,一刻也不能弱化国家意志,我们要更加坚定地维护国家利益,就必需在网络上形成主流舆论,正确引导舆论方向。"① 将中华民族的理想信仰和马克思主义的理想信念以及"仁者爱人"、"天下为公"、"自强不息"、"见利思义"、"反省内求"的传统文化精神在这个平台上发扬光大。

由于互联网的广泛运用和普及,进而带动了一系列新兴传播媒介和传播工具的迅速发展,使网络媒介逐渐成为当今理论信仰、思想观念、文化意识、价值理念、社会思潮传播的集散地和社会舆论的传播器。与传统媒体比较,新兴传播媒介和传播工具具有内容丰富、知识共享、传播快捷、受众广泛、时效不限、多点交流的特点,赢得了越来越多受众的喜爱与追捧。因此,在互联网广泛普及的时代,充分利用网络传媒这一优势,赋予马克思主义大众化传播以新形式和新特点,对于提高理论宣传、普及和教育成效具有重大意义。

马克思主义大众化传播要充分利用网络媒介的技术平台。第一,改善传统传播模式,强化网络传播优势。我们通常把网络称为多媒体,这是因为它可以通过文字、图片、声音相融合的形式同时作用于人的感知器官,可以达到比传统媒介更好的传播效果。遗憾的是,当前我国马克思主义的网络宣传并没有把网络的传播优势运用地很充分。事实上,我们保有大量的图片、声音,甚至影像资料,例如马克思、恩格斯的图片,列宁、斯大林、毛泽东时代的声像文本,而且改革开放后各代领导集体的多媒体文本更是数量可观。如果能大量运用这些资料,便可使我们的传播更加生动直接,大大丰富马克思主义专业网站的内容,提升浏览的趣味性和观看性,使内容灵活、易懂,从而大大提高宣传效果。第二,把握网民接受特点,

---

① 周勇、邓新民:《再论建设因特网上的马克思主义阵地》,《探索》2001年第4期。

探索网络传播规律。准确把握网民的接受特点，要致力于网络媒体理论宣传的通俗化、大众化，理论传播话语如果"深奥难懂"就做不到普及传播，因此，要减少群众接受马克思主义理论的知识障碍，要善于学会用"群众语言"、"生活话语"和老百姓喜闻乐见的"叙事方式"，使理论走近大众，贴近网民、贴近生活、贴近实际，让人民大众对其产生亲近感，从而增强理论的吸引力，进而达到自觉接受、自觉信仰、自我教育的效果。不断探索网络理论宣传规律，善于运用各种网络传播方式，推动科学理论更好地赢得网民、深入大众，推动理论的大众传播，扩大受众范围。"大众传播的发展大大扩大了意识形态在现代社会中的运作范围，因为它使象征形式能传输到时间与空间上分散的、广大的潜在受众。"① 因此，网络是扩大马克思主义传播范围、赢得民众的重要平台。第三，扩大网络政治参与，构建网络交互平台。运用网络平台发展电子民主参政，增强社会意识形态感召力和凝聚力。在加强网络管理的同时，扩大公民有序网络政治参与，如在网站上开设各种电子论坛，供社会群众对重大议题和一些热点问题发表意见、参与评论，以求在党的重大政策主张、行动、决策等方面听取人民大众的意见，并上升到决策层面，这可以大大提高国家政策的透明度，提高国家决策的民主化，有利于发挥民众的积极性，同时也有利于增强社会意识形态的感召力和凝聚力；运用网络交互性，构建真正的沟通平台。往常马克思主义的传播者最苦恼的问题就是，受众通常因为传播的说教性过强而将宣传和学习拒之门外，而在网上，这样的困境可以得到改善。互联网最大的特点是具有交互性，可以让人们沟通灵活快捷，使传者和受者构建出一个平等和谐的传播关系，一改从前传者高高在上的教育姿态，这样受众的接受度会大大提高，有利于我们的传播。把握住马克思主义网络的传播阵营，就应该将这种交互性发挥好，以聊天室、论坛等形式将马克思主义的理论当作一个个专题供人们讨论，不做"一言堂"，让正反观点都可以

---

① ［英］约翰·B.汤普森：《意识形态与现代文化》，高铦等译，译林出版社 2005 年版，第286 页。

在网络上得以传播，使马克思主义内容的真理性和实践性在讨论的过程中得以验证，这样才能使马克思主义在互联网上普及传播并拥有话语地位和话语权力。第四，发挥由专家学者组建的传播队伍在舆论方面的导向作用。理论工作者、政府工作者、各级领导者、专家学者、各级人大代表、政协委员、企事业社会精英要善于使用网络，如"博客"、"微博"，传播党的方针政策和社会主义核心价值体系，讴歌丰功伟绩，颂扬时代精神，善于运用网路与网民对话交流，解答群众关心的实际问题。

3. 大众传媒中的马克思主义大众化传播

在马克思主义传入我国一百多年后的今天，我们开始正视马克思主义理论在传播过程中遇到的种种问题与困境，但我们也有理由充满信心，因为当下也是马克思主义理论传播所经历的前所未有的高峰，并且这个势头将在一定时间内持续下去，其中最重要的原因就是大众媒介。文化是人的产物，同时又是使人之为人的标志，而大众文化则是大众媒介的产物，大众媒介凭借着自身的"大众性"这一显著的优势，发挥了它塑造大众文化所向披靡的本领。而马克思主义理论要进行大众化传播，就必须借助大众媒介这一平台得以实现。近几年，《亮剑》、《潜伏》、《人间正道是沧桑》、《建国大业》等红色影视作品不但屡获大奖，也收获了巨大的人气，可谓又叫好、又叫座；各地方电视台在庆典期间举办的"红歌会"又成功的将一批批经典老歌传唱；过去坊间流传的一些"灰短信"、"黄短信"渐渐被"红色短信"所取代，甚至在各地举行了不少红色短信的创作大赛，使越来越多的人关注这样一个新的红色文化的传播方式。红色文化——一个在这几年刚刚兴起的概念，已经借助于大众媒介成为我国文化领域中一道独特的风景。

文化传媒中的马克思主义大众化传播就是借助文化及承载文化传播的媒介来传播马克思主义思想和精髓，通过媒介赋予文化以主流意识形态的思想。其实质就是主流文化传播。所谓主流文化的传播，就是运用符号并且借助大众媒介来传递主流思想和国家意识形态的行为与过程，是传承、推广和发展主流文化体系的重要方式。主流文化的传播可以极大地推动人类社会在文化交往活动中的互动，而随着全球一体化的进程和现代传播技术的飞速发展，各国的主流文化能否被有效传播已经成为影响该国文化安全和文化软实力的重要指标。"西方国家正在打一场没有硝烟的第三次世界大战。所谓没有硝烟，就是要社会主义国家和平演变。"① 其实，"和平演变"这个概念早在冷战时期就被提出，然而到今时今日很多人恐怕才恍然大悟，发现这原本不是危言耸听。看着越来越多的青年人被外来文化吸引，成为西方文化和价值观的崇拜者，成为发达国家生活方式的追随者，而开始轻视甚至误解马克思主义信仰、共产主义理想和我国五千年来积淀下的民族传统，很多人才意识到树立我们自己的民族文化之根和理想信仰是何等重要。然而，在我国传统文化和核心价值观备受侵袭的现在，很多人的信仰被功利化、庸俗化，甚至漠视和消失，这时候就急需在大众中间形成一股有力的引导力量，以建立主流文化的传播机制，向大众传播主流的文化和思想，而作为文化传播的重要途径，大众媒介应当首当其冲。

大众媒介发展为文化传媒中的马克思主义大众化传播创造了现实条件。第一，政治条件表现为我国对提高文化软实力的强烈需求。20世纪90年代初，哈佛大学教授约瑟夫·奈首创了"软实力"的概念，从此启动了"软实力"研究与应用的潮流。按照他的观点，软实力是一种与硬实力相对的能力，它能通过吸引力而非威逼或利诱达到目的，是一国综合实力中除传统的、基于军事和经济实力的硬实力之外的另一组成部分，它分为国家的凝聚力、文化被普遍认同的程度和参与国际机构的程度等。当今，以美国为首的西方发达国家利用先进的文化传播手段，加紧对其他国家进行文化渗透和文化殖民，企图达到"不战而胜"的目的，这正是国与国之间软实力的对抗。在这场没有硝烟的战争中，软实力强的国家便有可能将另一方沦为文化的殖民地，甚至从国民思想上控制那些软实力较弱的国家。因此，从文化安全的角度而言，提高文化软实力已经不单单是国民精神层面的需求，而是上升到了国家安全的政治层面。对改革开放的中国来说，国家文

---

① 《邓小平文选》第三卷，人民出版社1993年版，第344页。

化软实力无疑也是重要国力，它必须上升到国家和民族层面上，才能真正的发挥其足够的影响作用。也因为软实力的开放性，使得它既容易在我国这样的转型国家产生放射性的影响，也成为防御他国干预和稳定本国意识形态的重要的国家战略。第二，社会条件表现为社会多数国民信仰缺失。20世纪90年代，冷战结束以来，全世界的马克思主义者都在重新思考自己的信仰。很多人在确定自己所信仰的马克思主义不会因苏联的解体而完结的同时，也看到了其本身存在的危机。这里并不存在任何廉价的乐观，相反，关于马克思主义的各种现实问题也迫切等待人们去解答，甚至解决。在中国，马克思主义这个人们由衷相信，并且自觉追求的精神指标面临了前所未有的冲击。苏联的解体、国门的打开、市场的开放以及西方文化和思想的入侵，无一例外的冲撞着人们的传统观念并且确信已久的生活方式。一时间，人们在他们自己的生活中发现了无数种新的可能，金钱至上、物质至上、享乐至上，而其中这一切都与信仰无关。马克思主义信仰被世俗的物质主义、拜金主义、享乐主义所侵袭，虽然这不能说是全局性的，但却是趋势性的。而在这样一个信仰普遍缺失的大环境下，大众媒介的传播成为了拯救民族信仰的必然途径与方式之一。第三，技术条件表现为各类大众媒介技术的飞速发展。十月革命的炮声为中国送来了马克思主义，然而其在中国的早期发展也由于当时的传播条件的限制而历经磨难。地下报刊、传单和少量书籍成为了马克思主义理论在中国的唯一途径，而这样的纸质媒介在当时的社会大环境下的传播无疑是有限的，传播的范围受到了地理条件，传播效果受到受众文化水平以及社会环境的种种影响。然而，一百多年后的今天，我们可以兴奋的发现，马克思主义理论的传播几乎占据了各种传播方式，突破了技术上的种种局限，也正是由于这种突破，使得其在我国的传播达到了前所未有的广泛，为马克思主义大众化的传播提供了可能和必要条件。

马克思主义在大众媒介支持下通过三种渠道进行战略传播。第一，传统纸质媒介的精英传播。马克思主义理论在中国传播的一百多年来，虽然随着媒介技术的进步其宣传有了更多的途径和方法，然而有一种传播方式的影响力和作用始终不容忽视，那就是传统纸质媒介的传播。与马克思主义传播初期相同的是，纸质媒介的传播很大程度上流通在精英阶层，这些人通过各类报纸、杂志、期刊等媒介的宣传，往往最接近马克思主义思想的精髓和核心，是其进一步进行大众化宣传的前提和基础。第二，新兴电子媒介的文艺传播。新兴电子媒介变革了承载和传递文艺信息的物理形式和通道，使文化艺术藉以存在的方式、意义发生深刻的变化。新兴电子媒介的文艺传播速度快捷、内容丰富与手段多样，已为旧时代结舌瞠目，正因为如此，通过影、像、声传递信息的电子媒介是马克思主义大众化传播最方便快捷和行之有效的途径。同时，电子媒介本身就是大众文化的平台，它的传播方式较纸质媒介而言更加灵活，也正式借助于电子媒介这样的平台，使得马克思主义的传播更加接近大众化，也极大的发挥了大众媒介的宣传作用，从而收到良好的效果。第三，网络技术媒介的广泛传播。在麦克卢汉"地球村"的预言下，现代社会的人们来到了这样一个以计算机和通信网络交织而成的信息高度发达的社会，在这里，地球上每一个角落的资讯以及人们的文化、观念，以最快的速度和最便捷的方式抵达千家万户。除了政府、学校、组织机构、媒体纷纷在网上安营扎寨向人们传递讯息，草根一族也迫不及待的将他们自己的文化广泛传播。因此，在网络这个高效互动并且无主权的隐匿空间下，各种思想和文化都可以找到它的受众。这些年来，由于网络的影响力越来越大，马克思主义理论的传播者也越来越看重这个平台，于是各种马克思主义网站、博客、论坛等应运而生，就连手机也时常可以看到各种各样的"红短信"，使越来越多的红色文化得到更加广泛和灵活的传播。

4. 马克思主义大众化传播的思想政治教育载体

（1）高校思想政治教育与推动马克思主义大众化的内在关联

第一，思想政治教育与马克思主义大众化承担着维护高校意识形态稳定的政治任务。多元文化的发展趋势和互联网的快速应用，使高校成为社会信息的集散地、信息化的前沿阵地和社会文化的战略高地，大学生受社会信息的影响更加直接和强烈，高校意识形态领域经受强势信息文化的大规模洗礼。一方面，在全方位的对外开放过程中，各种社会思潮和价值观念互相交融和碰撞，意识形态多样化倾向日渐加强，当代大学生认知理性程度获得了一定程度的提升。传统的马克思主义意识形态被重新审视，一旦大学生发现主导地位的马克思主义意识形态教育与自己的社会经验和理性认识不符，就会疏远甚至于排斥这种主导意识形态，马克思主义意识形态教育的主导性与多样化矛盾日益凸显。另一方面，在全球化背景下，个别奉行霸权主义和强权政治的西方国家不断推行"文化殖民"政策，形成了日益严重的"文化帝国主义"倾向。它们利用文化产品输出和传播本国的文化价值观念和生活方式，不断渗透到我国社会主义意识形态的领域，使高校马克思主义意识形态滑向"边缘化"与"弱势化"。在中外文化、意识形态的碰撞过程中，大学生获得了新的价值参照系，一些迥异于马克思主义意识形态的思想观念、价值体系难免会被一些大学生所接受和推崇。综上，使得高校的思想政治教育和马克思主义大众化面临着挑战。

第二，推动当代中国马克思主义大众化是新时期思想政治教育的出发点和落脚点。高校是我国发展科学技术、推动社会主义精神文明建设的重要基地，是中国共产党在思想文化领域的重要堡垒，是保存、传承、传播和创造先进文化的重要阵地，它对社会的文化建设具有强烈的辐射功能、提升功能和示范功能，对个人和社会的价值选择都具有特殊的影响甚至决定作用。高校不但是传播文化知识和培养人才的基地，担负着科学知识创新和传播的任务，而且承担着社会主义理论创新和传播的重要使命。用马克思主义理论武装青年的头脑，提高大学生的政治理论素养和思想道德素质，是我国高校教育的重要任务。思想政治教育本质是坚持马克思主义思想，使受教者认知、理解和接受马克思主义基本原理和精神内涵并内化为自己的内心信念，进而成为理论自觉和行动自觉的过程。新时期思想政治教育收到实效并实现其功能，离不开马克思主义大众化的整体推进和传播，因此，以思想政治教育为载体推动马克思主义大众化传播对于巩固社会主义意识形态阵地，发挥思想政治教育的功能具有实践操作意义。基于此，在大学推进当代马克思主义大众化传播，是新时期思想政治教育的出发点和落脚点。

第三，推动高校马克思主义大众化是破解新时期思想政治教育难题的重要之维。受教育者接受马克思主义理论过程是一个"双主体"彼此能动的传播过程，这就决定了马克思主义教育的有效性是由相关教育的有效性和相关接受的有效性共同构成的，由此思想政治教育中宣传、灌输或渗透的马克思主义思想才能在传播中畅通、被受教者接受。当前思想政治教育过程中受教者自我意识薄弱和马克思主义传播本身情怀匮乏所引发的马克思主义教育与传播困境已经严重阻碍了思想政治教育学科的健康发展，影响了思想政治教育的实效性。传统话语方式远不能适用于新时期思想政治教育的特点和需要。马克思主义教育中的理论话语和文本话语脱离了大学生的理解力与接受力，造成了大学生对马克思主义理论的接受障碍。在以往的思想政治教育实践中，马克思主义教育中缺乏世俗化的语言，使马克思主义远离了大学生的文化需要与生活境遇，偏执于用简单的灌输方式，偏重理论说教，用政治话语、文件话语和权力话语代替思想政治教育话语的现象屡见不鲜，常常是不分时间、不分场合、不分对象的套用"上头的话"，一知半解，高高在上，刻板而乏味，群众（受教育者）不仅没有理解、接受和内化教育者的教育思想，而且容易引起接受阻滞，造成师生对话的困难，形成思想政治教育工作的负向效应，使马克思主义失去了指导生活和实践的意义，影响大学生对马克思主义的认同。传统的高校思想政治教育在"形而上学"式的思想、观念、范畴及其思维方式指导下进行，使思想政治教育远离了大学生的现实生活，"思想政治教育不懂得生活"，实实在在的生活，"也不懂得人"，有血有肉的人。寻找马克思主义大众化传播与思想政治教育接受的契合点，可以为破解思想政治教育的难题提供启示乃至分析的工具。

（2）以思想政治教育为载体推动马克思主义大众化的前提审视

第一，契合思想政治教育中的接受机理是马克思主义大众化传播的先在条件。推进高校的马克思主义大众化传播必须审视思想政治教育的接受机理，尊重大学生个体思维的独立性、选择性、多变性、差异性等接受特征，这是马克思主义大众化传播的先在条件。首先，大学生倾向于选择接受同他们身心发展规律、心理需要、兴趣爱好和价值取向相一致的信息。当前青年大学生生存于网络文化时代，思想文化相互激荡，受各种思想观念影响的渠道明显增多、程度明显加深，大学生正处于理想人格形成的重要时期，在此时期，由于身心的发展与成熟，大学生已基本具备人格自我完善的能力与全面接受人格教育的能力，由于大学生是青年群体中文化知识水平较高的一部分，其自省能力、认知能力较强，接受新知、观念更新速度快，追逐新生事物与流行时尚是当代青年学生的一大心理特征，这种心理特征驱使他们通过对信息的把握获得某种满足，一些同他们的心理需要和价值取向相一致的信息被他们选择和接受。因此，大学生在接受思想政治教育时，除了合理的逻辑之外，还取决于接受信息时的心理前提，即接受的心理学依据，诸如接受时的心理需要、自我形象或心理平衡的状况等。马克思主义大众化传播的思想内容要为大学生提供一种象征性的心理满足，同时要关注这一群体的价值取向，使这种满足需要通过内化作用有效地转化为一种认同态度或价值追求。其次，大学生既有的知识储备和认知模式奠定了其思想政治教育接受的底色基调。这要求马克思主义传播必须建立在大学生接受图景的基础之上，进行有的放矢的教育。否则，欲速则不达。最后，熏陶性的时代背景和文化境遇引导接受主体去体悟、认同和接受马克思主义理想信念。"所需要的信仰不能硬灌进去；所需的态度不能黏贴上去。但是个人生存的特定的生活条件，引导他认知与感知到一件东西，而不是另一件东西……，生活条件在他身上逐渐产生某种行为系统，某种行为倾向。"① 高校思想政治教育中推进马克思主义大众化更依赖于环境的熏陶、人格的示范、社会的影响和文化的浸润。

　　第二，大学生话语与思想政治教育话语融通是马克思主义大众化传播的实现中介。语言是人类交往的工具和媒介，是人类生存、延续、进化、发展的基本要素。我们所生活着的世界，本质上是语言的，我们是靠语言

---

① ［美］杜威：《道德教育原理》，王承绪译，浙江教育出版社 2002 年版，第 32 页。

去理解和建构世界的意义。语言是理解的媒介，也是我们生活的经验世界。语言是文本和解释者、自我和世界的桥梁和中介，世界意义的理解和解释过程就是对某一本文的理解并用语言表达和创造的过程，"我们的整个世界的经验以及诠释学经验都是从语言这个中心出发展开的"①，语言包容了人类世界的一切经验。人只有通过语言才能理解存在并获得世界，同时，世界只有进入语言才能成为我们的世界，因为"语言是联系自我和世界的中介，或者更正确地说，语言使自我和世界在其原始的依属性中得以表现"②，语言之外，没有一个理解和意义的"自在世界"。教育的存在和实现是通过语言这种方式实现的，没有语言，教育就不可能发生，语言是教育存在的家。思想政治教育是一门应用话语体现理论说服力的学问，也是一门话语说事实践应用性很强的学科，具有使用语言进行交往，运用话语说事达到教育目的、提升效果的特性。在思想政治教育过程中，其话语的说事能力和水平决定了思想政治教育的水平和成效。"80后"与思想政治教育话语的差异源自于大学生所构建的网络语言。伴随着网络信息技术的飞速发展，网络虚拟世界已在某种程度上成为"80后"大学生生活的"第二社会"。大学生是互联网的主要使用人群，网络已经成为他们的生活方式和生存状态，而网络文化最集中的表现形式之一便是网络话语。网络话语往往追求文字的新颖、幽默，技术语言多姿多彩，语言表述讲求含蓄却不失尖锐的评论，过于平白、露骨的话语或者教条主义、本本主义的语言，会让这些特殊的受众疏远和逃避。对大学生来说，思想政治教育话语则过于理论化、刻板化，这种话语千篇一律的特征与具有多样性、创造性、多变性、生活化和不规范性特点的网络话语形成巨大差异，使得思想政治教育的信息不但很难进入大学生所熟悉的文化语境中，而且有悖于青年人的认知取向，大学生不仅没有理解、接受和内化教育者的教育思想，而且容易引起接受阻滞，造成师生对话的困难，形成思想政治教育的负向效应。

---

① ［德］伽达默尔：《真理与方法》，洪汉鼎译，上海译文出版社2004年版，第593页。
② ［德］伽达默尔：《真理与方法》，洪汉鼎译，上海译文出版社2004年版，第614页。

（3）以思想政治教育为载体推进马克思主义大众化传播的具体方式

第一，创新思想政治教育的话语方式使马克思主义传播具有亲和力。大学生的生活世界是我们考量思想政治教育话语方式的"不自觉和无条件"的前提。思想政治教育者如果不学习和掌握当代大学生话语特点和传播规律，囿于传统的话语方式，那么与大学生开展沟通交流时不但无法被认同，还可能引发逆反心理。创新思想政治教育的话语方式就是要以大学生的现实生活世界及其语言环境为视角，寻找思想政治教育中的马克思主义话语系统和当代大学生话语系统的契合点，实现马克思主义普适性与大学生群体的接受力和理解力、兴趣点和语言风格的和谐统一。高校思想政治教育话语创新的路径要着力解决三个方面：首先，构建思想政治教育的平等和谐的教育模式，推进话语和谐共生的机制，消解教师话语霸权，促进学生话语权的回归，重视主体间的话语差异，加强话语沟通机制，避免坠入"话语裂谷"；其次，在思想政治教育中要进行对象性和指向性的思考，切实考虑到思想政治教育与大学生的接受能力及其心理距离的问题；最后，充分利用大学生常用的传播媒介话语和大学生的时代话语。大学生生活在网络时代，网络时代造成了媒介话语构成的多元化，重建了话语秩序，因此要了解大学生的心理世界，就要从文本中提炼新话语，从大学生生活中提炼新话语，从网络话语中汲取新话语。只有通俗易懂、平和亲切，才易于被学生所理解和接受。要利用大学生成长的特点，将当代思想政治教育内容以通俗易懂的、大学生能接受的话语形式转化成为大学生自己的知识和理念锲入大学生的心灵中，大学生对感性的知识接受很快，而且一辈子难以忘怀，随着年龄的增长，会转化为他们的德性，转化为他们的理想，转化为他们的行动，这种效果远胜于走向社会以后再灌输。高校思想政治教育者要培养自己的话语表达能力和转化能力，学会用民族文化的话语方式、校园文化的话语方式、网络文化的话语方式、通俗文化的话语方式去开展我们日常的思想政治教育，实现马克思主义普适性与大学生群体的接受力和理解力、兴趣点和语言风格的和谐统一，提高当代大学生的马克思主义理论水平，巩固马克思主义的话语权力，增强社会主义核心价值体系在大学生群体中的凝聚力和感召力。

第二，创新思想政治教育的传播方式使马克思主义传播具有渗透力。创新不仅在于反映事物要真、挖掘问题要深，还在于表现事物的形式要新。思想政治教育要善于适应社会发展形势的需要，根据不同的时间、地点、条件选择最适当的表现形式，实现教育手段的创新。邓小平说："时间不同了，条件不同了，对象不同了，因此解决问题的方法也不同。"① 从文化传播的视角看，思想政治教育是马克思主义先进文化和价值观念传播与接受的过程。在这个过程中，传播者与接受者是双向互动的实践主体，双方在平等、民主、对话、选择的基础上实现传播与接受的目标。思想政治教育在本质上是实践的，它的作用机理本质上是情感认同，即把作为意识形态的体系化、制度化的思想内容和真理性认识锲入大学生的心灵之中，它是通过调动激情的方式奏效的。换言之，通过感性的方式表达理性的观念，是意识形态进入大众"头脑"的通道。在当前阶段，互联网等新媒体技术的发展及其影响在我国尚处在一个不断变化的过程之中，新媒体技术传播手段的发展及其对于大学生思想和行为的影响更是处在一个动态变化的阶段，这就需要高校思想政治教育者立足实践，针对实践发展的具体状况不断进行传播方式、方法和手段的创新，实现思想政治教育与新技术媒介传播的深度融合，从而实现更灵活的思想政治教育的整合与教化功能。在具体传播方式和手段上，应充分重视和运用现代传媒技术尤其是信息网络技术载体，如人人网、博客、微博、飞信、QQ 聊天工具等。在传播中，要坚持"先摆事实，再讲道理"的传播理念，这符合人们的思维从形象到抽象发展的规律，也符合理论的传播规律和受众的接受心理，把传播目的渗透于润物细无声的叙事之中，把传播内容蕴涵于自由探讨的空间之中，让大学生充分享有自主选择和判断的空间，使思想政治教育中传播的马克思主义潜移默化地被大学生所青睐、理解、支持和接受。

在今天，意识形态感性化、生活化的趋势十分明显，增强意识形态吸

---

① 《邓小平文选》第二卷，人民出版社 1994 年版，第 119 页。

引力、说服力的挑战十分突出，这就要求我们在更加注重理论彻底性的同时，尤其要注重实践方式的创建。马克思主义传播如何去适应于媒介融合化、数字化的趋势，如何构建多渠道的互斥传播链条，适应受众多元化、自主化的趋势，实现多种传播途径的叠加，尊重受众接受途径的个性化趋势，实现更加分众的传播，这些都是我们思想政治教育要思考的问题。文化多样化的发展趋势和大众个性化的文化需求使马克思主义大众化传播载体负有挖掘的潜力，形成了以各种大众文化为载体的多元传播媒介。高校思想政治教育应有效地利用各种文化载体、社团和文化资源推进马克思主义大众化传播，使主流价值观的话语流行于校园中，在各种思潮的话语环境中拥有话语权力。营造推进马克思主义大众化的文化氛围，注重情感陶冶，强化文化熏陶，使马克思主义传播根植于生动而丰富的社会生活，而人会在丰富的社会生活中耳濡目染，受到熏陶，逐步内化。

第三，优化思想政治教育的接受机制使马克思主义传播具有原动力。首先，发挥接受主体的能动性，以人为本关切接受主体的思想需要。要把握不同学生群体特点和接受主体的自我需要。要注重对大学生这一特殊群体的认知特殊性的研究，从而增强思想政治教育的针对性、实效性。充分尊重客体的主体地位，注重人文关怀和心理疏导，充分调动对象的积极性、主动性。其次，构建切实可行的目标导向系统，使大学生形成以人生观、价值观、世界观为核心的观念体系。再次，优化传播主体的加工系统，创新接受中介。一种理论的说服力取决于自身的思想光芒，也取决于传播者根据接受主体的实际情况对理论的科学阐释。理论研究不是知识层面的摆设，而是直面现实的文化自觉。高校思想政治教育理论课教学应突出对现实问题的回应，在生动教学与深度研究并举中增强问题意识，提高马克思主义理论工作者对理论的解读能力、阐释能力及话语转换能力和传播能力。最后，提高思想政治教育者的自身人格魅力，增强接受客体的说服力。在思想政治教育传播过程中，思想政治教育传播者所传播的内容信息能否被大学生所接受，往往与思想政治教育者的学识层次、理论素养、个人品质、人格魅力等自身形象和内在素质有关。在同样的条件下，大学生愿意接纳和认可那些具有良好个人形象和素质的思想政治教育传播者所传播的内容信息，这是因为大学生将其对思想政治教育传播者的形象和素质的体认投射到其所传播的内容信息上。

四、马克思主义大众化传播的环境

马克思主义大众化的传播行为与社会环境是不可分割的有机体。环境对传播的影响和制约不言自明，因为任何一种传播行为都是在一定的社会环境中生成和展开的，同时带有社会环境的烙印。在传播中，环境与人相互作用。马克思和恩格斯曾经指出："人创造环境，同样，环境也创造人。"① 人的活动，无论是心理活动还是行为活动，都是由一定的环境条件所激发，其活动过程受环境条件所制约，而活动又反作用于环境，改造着环境条件。在不同的社会环境中，作为传播媒介的语言和行为方式是会发生变化的。传播环境作为传播结构中的重要因素，深刻地影响人类传播行为，"对人们的行为、观点、信念给予重大影响的，是周围的环境。人世间不仅不存在绝对孤立和封闭的传播系统，而且人类的传播活动根本无法摆脱环境对它的影响和制约。"②

1. 机遇与挑战并存：马克思主义大众化传播的历史际遇

马克思主义大众化传播并非是在封闭的环境中进行的，在目前这样一个社会快速发展、文化软实力竞争日愈激烈的形势下，它传播的各种通道皆受到外界环境的影响，特别是包括共产党员在内的一些社会大众还存在着许多深层次的思想认识问题。第一，社会变迁和社会转型给人们带来了价值困惑。多样化的经济成分和经济利益、多样化的社会生产方式和生活方式，必然会产生多样化的价值观念，造成核心价值观念的淡化。第二，全球化对中国文化的冲击。这种冲击"首先表现在对传统价值观念的质疑和挑战。……在急剧的社会变迁中，当它受到强烈的冲击而发生剧烈变化

---

① 《马克思恩格斯选集》第一卷，人民出版社 1995 年版，第 92 页。
② 孙旭培主编：《华夏传播论》，人民出版社 1997 年版，第 206 页。

时，就会造成社会制度方面的失调，由此引起社会运行的失范，造成社会秩序的失控，进而必然会出现严重的社会危机。对于中国这样的一个具有13 亿人口、多民族的大国来说，这是一个非常严重而危险的局面"①。第三，社会主义市场经济中的消极因素造成社会大众对社会主义核心价值体系的认同度下降。21 世纪是信息快速发展的新时代，伴随着世界经济的迅猛发展，各国经济、政治、文化、教育的交流日益频繁，各种社会思潮、文化意识、价值观念和生活方式影响着人们的价值选择和行为观念，削弱了大众对社会主义核心价值体系的认同感。第四，西方一些敌对势力对中国的和平演变。在世界多极化发展以及市场经济体制改革带来的一系列深刻变革中，西方敌对势力凭借其强大的经济、科技和政治实力，在苏联解体、东欧巨变之后，将目标矛头直接指向中国，加紧对我们施行"西化"和"分化"策略，尤其是美国，"谋求文化霸权是其全面主宰世界战略的重要一环，……美国的意识形态和价值观念随着全球化的扩张向世界各国的渗透日趋明显"②，这必然使马克思主义意识形态遭受一定冲击。社会思潮具有明显的阶级性和政治性，同时又具有某种程度的广泛性和群众性。西方资本主义国家向全球推销其价值观和生活方式，不同的文化和价值观念交织碰撞，为大众选择建立自己的人生价值观提供了可能，这必然冲击甚至取代大众多年来单一的价值体系。由于互联网的广泛应用，网络信息的全球交流和共享，为西方国家推行文化全球化提供了可能，一是大力宣扬西方的价值观，灌输所谓全人类的共同价值观，以此来淡化和削弱人们对马克思主义的信仰；二是大力宣扬其政治制度、意识形态，散布社会主义失败论，鼓吹资产阶级民主模式，对社会大众具有极大的欺骗性和煽动性；三是宣扬某些腐朽的思想文化和生活方式，包括享乐主义、金钱至上、性开放、性自由等内容，使我们一贯所倡导的马克思主义价值观、人生观受

---

　　①　苏国勋、张旅平、夏光著：《全球化：文化冲突与共生》，社会科学文献出版社 2006 年版，第 19 页。

　　②　苏国勋、张旅平、夏光著：《全球化：文化冲突与共生》，社会科学文献出版社 2006 年版，第 94 页。

到极大的挑战。在这些影响中，有正面的信息，也有负面的信息。前者有利于强化马克思主义的传播和接受，但后者往往起到干扰作用，妨碍马克思主义大众化的顺利传播，这些干扰的信息被称之为信息噪音。在过去传播通道比较单一的情况下，信息噪音的影响一般也比较小，但随着信息传播通道的日益多元化和运载能力的日益增强，信息噪音借以产生负面影响的能力也越来越强。胡锦涛同志在党的十七大报告中提出："社会主义核心价值体系是社会主义意识形态的本质体现。"① 这一科学论断表明了社会主义核心价值体系在社会主义意识形态中的地位和作用，它是我们抵御错误思想的强大思想武器。新时期，马克思主义大众化要想实现有效传播，传播者不但要牢固掌握和坚持社会主义核心价值体系的基本内涵，同时必须善于发现信息噪音，排除它们的干扰，加强对文化宣传部门、网络、媒体的监管，并增强自己的信息传递能力。

2. 网络信息化：马克思主义大众化传播的现实基础

第一，网络信息化造成了主流意识形态话语的式微。在全球化浪潮中，多元文化的相互激荡，互联网的快速发展，信息技术化为基础的网络系统逐渐成为社会信息的集散地和信息化的前沿阵地，受众的信仰受到社会信息、社会环境的影响更加直接和强烈，主流意识形态经受着"强势信息文化"的大规模洗礼。一方面，适应时代主题转换而必然实行的全方位对外开放过程中，各种社会思潮和价值观念相互激荡，意识形态多样化倾向日渐加强，受众的认知理性程度获得了一定程度的提升。传统的马克思主义意识形态被重新审视，一旦受众发现主导地位的马克思主义意识形态与自己的社会经验和理性认识不符，就会疏远甚至于排斥这种主导意识形态，当代中国意识形态的主导性与多样化的矛盾日益凸显。另一方面，西方发达国家利用话语霸权和科技优势，利用渗透着西方价值观念、生活方式和文化意识形态的文化商品对我国渗透，使马克思主义意识形态滑向"边缘

---

① 胡锦涛：《高举中国特色社会主义伟大旗帜　为夺取全面建设小康社会新胜利而奋斗——在中国共产党第十七次全国代表大会上的报告》，人民出版社 2007 年版，第 34 页。

化"与"弱势化",在中外文化和意识形态的碰撞过程中,社会各阶层获得了新的价值参照系,一些迥异于马克思主义意识形态的思想观念、价值体系难免会被一些民众所接受和推崇。在这样一个跨时空的信息革命中,将比历史上任何一次技术革命对社会的经济、政治、文化等带来的冲击更为巨大,塑造着一种全新的生存形态和生活形态,由网络信息传播所造成的人类价值观和思维方式的变更,以及对民众思想素质产生的影响,对当代马克思主义大众化传播以及社会主流价值形态目标的实现将是一次严峻的挑战,这意味着我们不仅要培养更多的优秀人才来发展科学技术,以应对西方发展的强势,从更深意义上说,它同时表明传统的意识形态建设模式正面临着严峻的挑战。

第二,网络信息化为个人自由选择提供了广阔的空间。在网络生活世界中,一方面,用户在网络上获取信息时可以有更多的自主权和选择权,可以自己控制"何时"、"何地"、"用何种方式"获取"何种"信息;另一方面,先进的网络技术使受众可以把自己的意见和建议及时反馈给信息发布者,还可以和其他用户进行交流和沟通。互联网是一个庞大的、实用的、公共信息源,各大综合网站都在以最快的速度发布来自世界各地的社会新闻,以互联网为载体的电子图书、期刊、电子图书馆、电子论坛异军突起,使各种各样的政治主张、思想观点、社会思潮得以更为迅速、广泛的传播,任何人在网上都可以根据自己的需要、兴趣和价值取向浏览和共享任何网上的信息和资源。同时,互联网集报纸、广播、电视于一身,融文字、声音、图像于一体,使人与人之间广泛、迅速、便捷地交换信息成为可能,这种独特的优势促进了多种信息传播形式、信息传播渠道的竞争和融合,使个人的信息选择空间越来越大,任何人要想控制信息资源、信息传输的途径和时机都是不大可能的。"技术媒介的部署把社会互动与具体场所分开了","就使人们能够对远距离的他人起作用。"① 网络不仅作为工具承载意

---

① [英]约翰·B. 汤普森:《意识形态与现代文化》,高铦等译,译林出版社 2005 年版,第 17 页。

识形态传播的职能，而且网络的大众化应用及其传播的开放性能够使网络民众以空前直接的方式反映他们的社会政治需求、经济文化诉求及其基本情绪，使我们在马克思主义大众化过程中有着更为便捷和直接的面对人民群众基本需求的途径与契机。因此，准确把握网民的接受特点，善于运用各种网络传播方式，扩大受众范围，这些已然成为马克思主义传播赢得网民、深入大众的必要方式和必需素质。

第三，网络信息化传播改变了传播者与受众之间的关系。在网络信息化传播中，受众与传播者站在了"平等"的位置上，网络世界中沟通的主动性、对话的平等性、传播的广泛性以及交流的匿名性使得信息传播过程中去中心化、去权威化、去地区化、去现实化的趋势日益明显。网络传播打破了传统大众媒介的单向传播模式，从而使信息传播有了双向交互和"一对一"的特点。这种传播特点决定了受众获取信息的方式：一是主动的，二是个人的。也就是说，在网络传播中，受众不是被动地接收信息，而是主动地发现信息、选择信息、处理信息，这就彻底改变了受众被动接收的习惯，同时使传者和受者之间的关系发生了根本的变化。"受者中心"代替"传者中心"，受众地位受到充分的尊重，受众的主体性增强。网络信息化传播平台使受众作为一个"个体"存在有了意义。正如尼葛洛庞帝在《数字化生存》一书中所说的，在数字化生存的情况下，我就是"我"，而不是人口统计学中的一个"子集"。① "后信息时代的根本特征是'真正的个人化'。"② 数字化不仅改变了信息的物理记录方式，对人类活动来说，更意味着压缩了信息交流的物理距离。"在数字化世界里，距离的意义越来越小。事实上，互联网络的使用者完全忘记了距离这回事。"③

3. 平等的沟通理念：马克思主义大众化传播的受众诉求

第一，全球化时代的主旋律是对话与交流。对话与交流是全球化时代

---

① ［美］尼葛洛庞帝：《数字化生存》，胡泳、范海燕译，海南出版社1997年版，第192页。
② ［美］尼葛洛庞帝：《数字化生存》，胡泳、范海燕译，海南出版社1997年版，第258—259页。
③ ［美］尼葛洛庞帝：《数字化生存》，胡泳、范海燕译，海南出版社1997年版，第208页。

的主旋律和不可抗拒的历史潮流，时代的变革要求人从单子式的封闭存在转向开放式的共生存在、从个体主体性的独立存在走向主体间性的交往存在。当今的实践活动决不是单凭个人的感觉和思维所能把握得了的，只有通过主体的共同认识活动才能得以比较充分地把握。在过去，科学研究的理想条件是孤独与自由，而在当今时代，孤独已为协作所代替，崇尚合作精神已经取代了对天才的崇拜。每个人的发展都不能在一个孤立的体系中进行，而必须善于向他人、向社会、向整个人类开放，通过多极、多重主体之间的互动，而实现自己的全面发展。每个主体只有向其他主体开放，与其他主体展开交往，才能超越个体的自然性和有限性，成为世界的、属人的存在。全球化视域下时代主旋律要求构建共生型的独立人格，"这种共生型独立人格的特征可以归纳为以下各点：其一，它是一个独立性的存在，而不是一种依附性的存在。它能以自己的独立思考、批判精神去选择自己的生活方式、价值取向，而不是顺服、委归于各种依附关系。其二，这种独立性是以承认他人的独立性，以人与人之间的平等、公正为其规定性的，正是在这种普遍独立性的基础上才能发展出人与人之间的'共生'关系。其三，共生性是一种新的人的结合关系，这种新的结合关系不是依附性关系的回归，而是它的否定之否定。它既内涵着独特性、多样性的个体价值，同样也显示当代人在价值上的普遍相关性。其四，这种共生性也不是追求完全的同质性，它更多的是一种异质文化之间的'和而不同'。对于异质文化的理解、宽容、对话与沟通当成为一代新人的至关重要的品质。"①

　　第二，市场经济条件下人的主体地位得到了提升和尊重。在市场经济条件下，人们思想活动的独立性、选择性、多变性和差异性明显增强。人们的主体意识、民主意识、权利意识增强了，这要求马克思主义大众化传播要尊重受众的主体地位。马克思主义大众化的传播主体、接受主体都是人，都具有主体意识和主观能动性，而且常常角色互换，只有达到二者的协调一致，实现二者的共通，才能实现传播的有效和接受的实现。因此，

---

① 鲁洁：《转型期中国道德教育面临的选择》，《高等教育研究》2005 年第 5 期。

只有建立在主客体平等交流的基础上，通过双向沟通和协调的方式才会收到好的效果。改革开放和市场经济已经到了向纵深方向发展的阶段，人们的主体意识和平等意识得到了前所未有的提高，那种传统的传者本位的"硬传播"模式显然已经不能得到受众的接受，倡导平等双向沟通式的和谐传播模式显得尤为必要。因此，在传播过程中，要贯彻民主和疏导的原则，避免我讲你听、我打你通的简单说教，要善于疏导芥蒂，注意发扬民主，尊重人、理解人、关心人，采取吸引群众广泛参与的方法，在广开言路，集思广益，让大家敞开思想，把各自的观点和意见都充分表达出来的基础上，循循善诱，把各种不同的思想和言论都引向正确、健康的轨道。这一方面可以通过沟通人际联系，增进相互了解，化解矛盾，理顺各种关系而实现人与人之间关系的协调；另一方面可以通过给不同群体或个体利益表达的机会，帮助各种利益群体克服认识偏差和心理偏差而实现人们之间利益矛盾的协调。

第三，构建和谐社会理应需要一种平等的沟通理念。中共十七大再次明确了建设社会主义和谐社会的目标。胡锦涛同志深刻地揭示了社会主义和谐社会的丰富内涵，即民主政治、公平正义、诚信友爱、充满活力、安定有序、人与自然和谐相处。但社会的和谐归根到底是由人的和谐决定的，和谐社会体现了以人为本的社会主义和谐社会，既是一种社会理想，又是一种社会实践。而无论是从理想目标来说还是从实践过程来说，都离不开人这个主体因素，都必须坚持以人为本。社会主义和谐社会从其本质上说，就是一种人的主体价值得到充分尊重，人的主体作用得到充分发挥，人人各尽其能、各得其所而又和谐相处的社会。因此，必须把坚持以人为本贯穿到构建社会主义和谐社会的各个层面中去。人是具有思想意识的社会行为主体，人的一切行为都是在思想的支配下进行的。只有在全社会坚持公平正义理念，通过互相沟通方式，才能调动和利用一切积极因素建设和谐社会。同时，只有充分发挥社会主义和谐理念内在的平衡调控、疏导教育和导向协调等功能，才能对人们的思想、心理进行适当的调控，对人际关系作适当调整，从而使人们的思想觉悟和心理素质得到提高，新型人际关系得以形成，保持社会的稳定、协调、健康发展。

第二节　马克思主义大众化传播结构的要素运行

传播结构是一个具有相互关系的各个要素的组织形式，或者说是传播要素之间相互联系、相互作用的方式和秩序。因为传播要素本身是一个变量，这就使得传播结构的运行异常纷繁复杂。在这种情况下，要有效的把握马克思主义大众化的传播过程，最为有效的途径是分析传播要素运行的过程、特征和矛盾。

一、马克思主义大众化传播结构要素运行的过程

传播是人类在一定环境中通过一定媒介进行信息传受的行为和过程。而传播学中的信息则指一切消息、知识与经验的总和。因而马克思主义在中国被大众和精英认同、接受、创新、发展都可视为马克思主义基于中国实际不断调整优化的一个传播过程。"任何过程都是由一系列的阶段或步骤组成的，一套各不相同的程序就是根据这些阶段或步骤来输送的。"①

马克思主义大众化传播过程就是传播结构中各要素运行的过程，"在这个过程中，职业传播者利用机械媒介广泛、迅速、连续不断地发出讯息，目的是使人数众多，成分复杂的受众分享传播者要表达的含义，并试图以各种方式影响他们。"② 在传播学理论研究中，首先从系统的结构角度考察传播要素运行过程的是美国政治学家拉斯威尔，他在《传播在社会中的结构与功能》一文中把传播行为看成是与整个社会进程相关联的完整过程，通常被称为"5W"模式。这个传播过程具体表述为：谁（who）——说什么（says what——通过什么渠道（in which channel）——对谁（to

---

① ［美］梅尔文·德弗勒、埃弗雷特·丹尼斯：《大众传播通论》，颜建军、王怡红等译，华夏出版社1989年版，第6页。

② ［美］梅尔文·德弗勒、埃弗雷特·丹尼斯：《大众传播通论》，颜建军、王怡红等译，华夏出版社1989年版，第10页。

whom)——取得什么效果（with what effects）。效果虽然重要，但在传播过程中不一定出现，也不是一个必不可少的要素。梅尔文·德弗勒和埃弗雷特·丹尼斯在《大众传播通论》一书中把大众传播分为五个明显的阶段。这些阶段简述如下："职业传播者为了各种目的编制各种不同内容的东西，最终都是为了把它们呈现给公众中的各部分人；这些讯息通过机械媒介（例如印刷、电影和广播）比较迅速、源源不断地传播出去；信息的接受者是人数众多、成分复杂的受众，他们有选择地接受媒介讯信；每个接受者都根据各自体会的含义来解释所选择讯息，而这种含义基本上与传播者所要表达的含义是一致的；这种体会的结果是接受以某种形式受到影响，也就是说传播产生某种作用。"① 基于此，我们可以把马克思主义大众化的传播过程看成是马克思主义传播者在一定的历史和现实环境中把马克思主义通过媒介或渠道不断向知识分子和民众传播并被广大民众接受和实践的过程。这个过程就是传播结构的运行过程。马克思主义大众化传播结构要素运行过程始于传播者，这个过程的第一阶段发生在马克思主义被书写或被符号化为受众可以理解的文本或话语，并使这种符号化的马克思主义符合受众媒介选择的偏好。第二阶段是马克思主义超越于时间和空间的传送，即马克思主义被适用于传播的大众媒体方式传送出去。第三阶段是媒介使用。传播者用不同的媒介把马克思主义传播出去和大众用不同的媒介接受马克思主义。媒介作为用来传播讯息的单个或一系列物体，因其不同的媒介性质与功能不一样，因此也形成了具体的不同的传播能力，不同媒介都有自己的长处和短处，这种优缺点影响到传播者与受众利用媒介传播信息与受众接受信息的方式。第四阶段是受众的界定与划分。"'大众'一词的旧含义也许不能用来描述受众的概念，但很清楚，受众包括各行各业大批的人。"② 所以马克思主义大众化传播的受众是有差异的，在这个意义上，

---

① ［美］梅尔文·德弗勒、埃弗雷特·丹尼斯：《大众传播通论》，颜建军、王怡红等译，华夏出版社1989年版，第5页。
② ［美］梅尔文·德弗勒、埃弗雷特·丹尼斯：《大众传播通论》，颜建军、王怡红等译，华夏出版社1989年版，第10页。

马克思主义大众化传播是一种分众化的传播。第五阶段是传播者与接受者之间实现对马克思主义的含义共享与含义的共通理解。最后阶段是马克思主义内化为受众的理念并影响受众个人的思维方式和行为方式。这是马克思主义传播的最终目的，也是前几阶段的最终成果。由此可见，在整个马克思主义大众化传播过程中，作为信息马克思主义的流动贯穿于其中，传播结构要素运行主要是让每个接受者接受马克思主义，这是马克思主义大众化传播的目标。马克思主义大众化传播结构要素运行于传播过程，传播结构要素的运行可以是政治精英相互之间、精英与大众或者大众与大众之间运用各种传播形式进行交流和沟通的复杂过程，也是马克思主义信息接受者对所接收的信息加以选择、储存、分析和处理，形成自己理念的过程；马克思主义大众化传播结构要素的运行止于传播过程的结束，马克思主义接受者对马克思主义信息的反馈和践行是新的传播过程的开始，马克思主义大众化传播结构各要素通过反馈过程获得新的运行，从而形成新的要素运行的过程。

　　一定程度看，马克思主义大众化传播结构要素的运行过程几乎就是接受者的接受过程，但是这也要区分，因为在信息领域中，"传播"的真正内涵是表征信息"双向流动"的"交流"、"沟通"和"互动"，而不是以"单向流动"为特征的"传输"、"传递"、"扩散"、"散布"或"广播"，是以"交流"、"沟通"和"互动"为内涵的"传播"。第一，传播过程与接受过程是一致的。当传播者与接受者同时在场、传播媒介与接受媒介同一，传播者与接受者共处于同一结构中，传播过程与接受过程是一致的，在这里，传播结构中各要素运行是同步的。第二，有的传播过程与接受过程具有不同步性。由于不同的传播渠道和传播环境，可以使得传播过程与接受过程具有不同步性：一是接受过程慢于传播过程，受众总是需要一个"消化"过程；二是接受过程背离传播过程，要么受众拒绝接受传播内容与方式，要么受众所接受的与所传播的异质，即出现了受众理解偏差。在马克思主义大众化传播结构要素运行的过程中，传播过程更强调传播者对马克思主义的施传，注重传播者这一要素，而接受过程更强调接受者对马克思主义的接受，注重接受者这个维度。

文学的"接受理论"可以为这一问题的理解提供多层面的启示乃至分析的工具。文学的"接受理论"，它是研究读者即接受者在文学创作过程中的地位和作用的理论。该理论产生于20世纪60年代，是由原联邦德国尧斯等文学理论家创立，其核心是：把"作家—作品—读者"放在文学创作的全过程进行研究，强调读者在文学创作全过程中的作用。文学接受的发展是指文学作品的具体阅读阶段。在这个过程中，读者以自己的期待视野为基础，对作品中的本文符号进行着富于个性色彩的解读与填空、交流与对话。这是文学作品由"第一文本"转化为"第二文本"并由现实的读者实现文学接受的过程。文学接受是以文学文本为对象、以读者为主体、力求把握本文深层意蕴的积极能动的阅读和再创造活动，是读者在特定审美经验基础上对文学作品的价值、属性和信息的主动的选择、接纳或抛弃。接受理论首先承认读者对作品的阅读理解和反应是多种多样的。读者对作品的不同理解是一种客观存在。接受理论认为，任何阅读和理解都是一定时空中的活动，都具有历史性和时代性。由于时代不同，地域不同，就必然会形成不同的认识水平和理解水平，从而产生不同的理解和阐释。正是历史距离使过去时代的作品对今天的读者呈现出不同的面貌，产生各种理解的可能性。任何阅读与理解都是以读者个人头脑中已经存在的某种意识结构为前提的。正是这种先入为主的见解构成了阅读和理解的个人色彩，产生了因人而异的理解和解释。正所谓"有一千个读者就有一千个哈姆莱特"。正是由于时代和读者（或读者层）的不同而产生不同的解释，才维持着作品的生命，使作品对读者不断呈现出新的意义，所以读者可以不去体会揣摩作者的本意，作出自己独到的解释。根据接受理论，作品本身为阅读和理解的多样性提供了基础。当然，实际的阅读过程是相当复杂的。它不可能是一种直线运动，可能有许多层次的错综交送。阅读过程作为作品和读者之间的一个中介，它永远处在二者之间，它既不可能等同于作品的本文，也不可能等同于作者。

从接受的视角上来看，当代中国大众置身的社会环境其实就是一个

"大文本"、"活文本"，马克思主义大众化传播的马克思主义内容其实可以看作"小文本"。马克思主义大众化传播的受众，时时都在以自己的"视界"——社会环境的"大文本"去阅读和理解马克思主义传播的内容信息——"小文本"。又如，接受美学是解释学在文艺领域的直接延伸，该理论强调接受者的能动作用，并对期待视界作了深入阐发，所以在马克思主义大众化传播过程中接受主体的需求和能动作用以及接受过程中的种种变异可能使马克思主义传播者所传播的"第一文本"不同于受众接受的"第二文本"。

二、马克思主义大众化传播结构要素运行的特征

马克思主义大众化传播结构中的要素在运行过程中是相互联系与相互制约的，呈现出整体性、动态性、交互性的特征。

第一，具有整体性。整体是指由事物各个内在要素相互联系构成的有机统一体及其发展的全过程。整体具有不同于各个组成要素的新功能。没有统一功能的要素集合体就不是一个完整结构。整体性还表现在系统内部各要素之间相互联系、相互制约，共同构成一个有机体，某种要素的变化会引起其他要素变化乃至整个结构变化的性质。因为完整的结构包括有形态各异、功能也不相同的构成要素，但它们彼此并不是孤立地存在着，而是按照一定的关系，适应整体活动的需要，相互协调一致地活动着。结构中的每一个要素都担负着特殊的作用，都是系统不可缺少的组成部分，也就是说，离开某一种要素，整体的功能就要受到影响。马克思主义大众化传播结构的诸要素在运行过程中出场的形式可能是不断变化的，这样使得诸要素在运行过程中各具特殊性，内容在不断地变化，传者和受传者不时地更换，传播渠道互动交叉，加之传播环境中时而出现的噪音干扰等又增加了传播过程的复杂性。但是，从总的方面来说，马克思主义大众化传播作为过程，都可以归结为马克思主义传播者把马克思主义信息内容符号化并将符号化的信息通过大众传播载体传受给受众的这样一种相对稳定的构架。也就是说，马克思主义大众化传播首先应当被视为是具有一定稳定性

的过程，也就是马克思主义的传播结构具有稳定性，是由固定的要素构成的整体运行，缺一不可。而要了解马克思主义大众化传播的性质和效果，这又是最基本的前提之一。整体由要素组成，整体只有对于组成它的要素而言，才是一个确定的整体，没有要素就无所谓整体。要素是整体中的部分，只有相对于它所构成的整体而言，才是一个确定的要素，没有整体也无所谓要素，任何要素离开了整体，它就失去了原来的意义；反之，要素也制约整体，甚至在一定条件下，关键要素的性能会对整体的性能状态起决定作用。因此，马克思主义大众化传播结构的整体性告诉我们，马克思主义大众化传播要从整体着眼，寻求最优目标，一定要注重构成结构要素的合理配置，让每个要素最大化的发挥作用，使整体功能得到最大发挥，才能保证马克思主义大众化传播的整体性推进，达到预期的传播效果。

第二，具有动态性。传播是信息要素在交流双方或多方即传播者和接受者通过信息传递与反馈不断调节的动态的过程。传播过程实际也是一个传播者和接受者控制信息要素、媒介要素和主体自身的过程，在这个过程中，传播双方根据一定的途径通过反馈，随时调整自己的传播行为。在人际传播中，语言和非语言（如体姿、表情、眼神、身体接触等）都起着重要的符号暗示的意义。双方可根据语言的交谈，非语言的手势、眼神、面部的表情等动态的交流形式，领会对方的意图彼此相应地自行调整自己的传播行为。在大众传播中通过载体的选择和利用向接受者施传，使信息顺利地被受众接受，这一系列的过程都是各要素动态的流动和变换。马克思主义大众化传播结构的要素运行在形式上体现为传播的马克思主义在特定渠道中的流动，这种动态性的运行过程实质上是指传播者与受传者的双向互动，即作用与反作用。在马克思主义大众化传播中，马克思主义的传播者运用各种媒介，通过受众分析、媒介选择、环境影响和内容建构进行传播并根据这些要素的变化随时调整传播行为，使马克思主义大众化传播获得更大的实效，而马克思主义的受传者则通过接纳、反馈、内化与践行直接或间接地也对传播行为施展影响，形成某种控制。这就表明，马克思主义大众化的传播本身就是一个不断流动变化的过程，而不是那种机械的从传播主体到接受主体的单向性静态模式。即在传播的横向过程之中，构成马克思主义大众化传播结构的要素是处在不断的调整和变换之中的；从纵向上看，构成马克思主义大众化传播结构的要素——传播主体、接受主体、传播内容、传播环境、传播媒介都是不断的处于动态的发展之中。因此，马克思主义大众化传播过程必须着力寻找传播主体与受众者之间的志趣共同点、利益相关点、话语契合点、认同中介点，这样才能互动、互通、共享、共鸣，建立良好的传受关系，形成稳定有序的结构并向着良性生态的方向动态发展。

第三，具有交互性。传播是各环节、各相关因素互相依存的过程。在传播结构中，各要素运行的交互性特征首先表现为传播者和接受者可以适时参与传播过程，这种参与可以是有意识的询问，在一定程度上对原有顺序和内容的改变，也可以是随机的、无意识的点击等行为。其次表现为传播结构中各要素的相互依赖和依存。从传播者到受传者的各个环节是有机联系在一起的，没有传者，也就无所谓受传者，没有受传者，也就无所谓传者，交流的双方互为依存。而传播过程中某一环节的改变，也必然会引起其他环节的相应变化，各环节互为变化、发展的条件。事实上，传者与受传者彼此既是信息的传播者，又互为对方的受传者。在大众传播中，传者、媒介和受传者也是互相关联互相制约的，传者的威望信誉会影响受众接受信息的态度，而受众的心理、需求也会影响传者的传播行为。此外，传播媒介的选择也同传者和受传者的心理需求和接受习惯等直接相关。

交互性强被誉为互联网络的最大的优势。简单来说，在网络传播中，受传者能够通过多种输入输出方式与传播者或者其他受传者在一定程度上进行直接双向交流的特性被称为网络交互性。从传播的基本模式来看，它是这样的一个过程，传者发出讯息，并通过受传者的反馈来确认传播的效果；而受传者不但接收讯息，而且也会根据自己的理解做出相应的反馈。从时间的角度看，网络媒体的交互类型可分为同步交互和异步交互两种。同步交互是一种实时性的交互，即受众在接收讯息的同时进行反馈，传播者可以即时获得这种反馈。传播者可以根据人们对信息关注差异，从而更好地调整信息排列，从而使这种传播变得更为有效。同步交互是网络媒体不同于其他媒体的独特之处。异步交互是指受众在接收讯息后的一段时间内再进行反馈。诸如 BBS、电子邮件、网上民意调查等大都属于异步交互。

马克思主义大众化传播结构要素运行的交互性特征加强了马克思主义传播过程中的自主性和互动性。"一是保障了信息传播主体的自主性。人民群众有权自主发布和获取信息，并能根据自身的需求集中搜集特定的信息。这种信息传播机制有利于推动马克思主义在人民群众中的自发传播，能够提高马克思主义大众化的效率。二是增强了传播过程的互动性。传统媒体通过电视、报纸、书刊等方式进行的是一种单向的信息传播，难以激发人民群众的参与热情。网络等现代传媒方式则给人民群众提供了互动交流的手段，在马克思主义大众化的过程中，人民群众可以即时达成互动交流，有利于提高马克思主义传播的质量。"[①] 随着现代传播技术的发展，这种交互性趋势的重要性日益明显，不但扩大了马克思主义传播的覆盖人群，拓展了马克思主义传播的空间范围，还丰富了马克思主义传播的方式方法。马克思主义大众化传播，应当积极利用大众传播的交互性特征，加强传播者和接受者的互动。

三、马克思主义大众化传播结构要素运行的矛盾

矛盾是指不同事物之间或事物内部的诸要素之间的（对立面之间）既相互对立又统一、既相互排斥又相互吸引的关系，简言之，既对立又统一的关系。"事物（经济、政治、思想、文化、军事、党务等等）总是作为过程而向前发展的。而任何一个过程，都是由矛盾着的两个侧面相互联系又相互斗争而得到发展的。"[②] 从静态上看，对立与统一是事物之间相互关系最基本的两种存在状态。统一反映了事情之间的相互依存、相互转化、相辅相成的关系，而对立则代表着事物之间的相互斗争、相互排斥、相互对

---

① 潘坤：《现代传媒与马克思主义大众化》，《光明日报》2011 年 2 月 9 日。
② 《毛泽东著作选读》下册，人民出版社 1986 年版，第 843 页。

抗的关系；从动态过程来看，对立和统一并不是绝对对立的，两者在一定条件下可以相互转化。马克思主义大众化传播也不例外，充满着各种各样的矛盾，这些矛盾存在于马克思主义大众化传播结构要素运行过程之中。马克思主义大众化传播，就是大众化传播主体通过特定形式或载体向大众传播当代中国马克思主义理论，使大众了解、认同、信仰马克思主义的过程。这个过程，既是理论掌握大众的过程，也是大众接受理论的过程，同时也是马克思主义大众化传播结构各要素相互联系相互作用的矛盾过程。在一定的传播结构运行之前，在一定的时期内，传播主体、接受主体的角色是相对比较稳定的，因为他们的角色地位具有一定的身份特征。但从长远看，传播结构各要素之间在运行中具有相互矛盾、相互制约的关系。不同的传播要素，都是传播结构中的组成分子，因而，他们具有不同的存在方式，正是事实上不同要素之间的离散与分立，从客观上决定了他们之间必然存在着矛盾。矛盾是事物运动和发展过程中客观存在的关系，因此，在推进当代中国马克思主义大众化传播进程中，必然要面对传播主体、接受主体、传播环境和传播媒介各个要素之间的矛盾。同时，只有弄清楚马克思主义大众化传播过程中不同要素之间的复杂关系，才能重构马克思主义大众化的生态传播结构，为马克思主义大众化传播的可持续发展提供新思路。

1. 传播主体和接受主体之间的矛盾

在马克思主义大众化传播结构中，传播主体与接受主体是惟一的两个"人"的因素，他们是一个相互对应的"对子"，在传播结构要素运行过程中居于核心地位。"传播的核心问题是传播者与接受传播者之间互相领会对方的含义。"[①] 无论是传播内容、传播媒介或渠道都是传播主体与接受主体相互作用的中介，而传播环境则是传播主体与接受主体相互作用的场域，因此，传播主体与接受主体的矛盾是马克思主义大众化传播结构要素运行

---

① ［美］梅尔文·德弗勒、埃弗雷特·丹尼斯：《大众传播通论》，颜建军、王怡红等译，华夏出版社1989年版，第3页。

过程中的基本矛盾。

马克思主义大众化传播主体和接受主体之间的矛盾表现在二者既是互相依存的，同时又存在对立。互相依存体现在马克思主义大众化的传播主体与接受主体共处在传播结构的运行中，传播主体与接受主体通过持续不断的双向信息交流相互作用、协同进化，是传播主体和接受主体共同参与、互动的过程，既包括传播主体的传播过程，又包括接受主体的接受过程。二者的关系首先是影响与被影响的关系。"无论是 20 世纪初至 30 年代末的'魔弹论'、40 年代至 60 年代的'有限效果论'，还是 70 年代至今的'强效果论'，都有一个潜在的假定，即传播者与受传者之间是影响与被影响的关系。……'有限效果论'发现了一些传播者与受传者之间的'缓冲'因素，认为这些'缓冲'因素极大地削弱了传播者的说服、影响、告知能力。'强效果论'则认为从长期、宏观上看，受传者难以逃离传播者的说服、告知、影响甚至控制。……传播者和受传者是影响与被影响的关系：传播者力图将自己的信息、观点、意图'传'且'通'至受传者。"① 理论传播是一个实践的过程，是一个面对理论接受主体、改造接受主体的实践过程。在马克思主义大众化传播过程中，传播者和受传者是影响与被影响的关系表现为传播主体对接受主体的改造，但传播主体对接受主体的这种改造在一定情况下是有限制的，有时可能会造成传播主体与接受主体的冲突。因为在传播过程中，两个核心要素都具有主动性和主体性的，接受主体不是被动接受信息，而是主动寻找、选择、发布和交流信息，同时他们既可以成为信息的接受者，又可能成为信息的发布者；既可以成为信息的选择者，又可能成为信息的传递者；传播者可能在传播过程中重新获得对理论的提升，而接受主体不但可以接受所传播的理论，同时可以把接受理论过程中对理论的认识反馈给传播者，从而使传播者加深对理论的认识，接受者在接受理论之后，他们可以又转化为传播者，成为新的传播主体，把理论传

---

① 丁汉青：《重构大众传播中传播者与受传者之间的关系——"传"、"受"关系的生态学观点》，《现代传播》2003 年第 5 期。

播给新的接受者，从这个意义上讲，传播者可以转化为接受者，而接受者可以转化为传播者，即马克思主义大众化的一些思想和信息被接受主体接受并进一步传递和发布，那他就成为了新的马克思主义大众化传播主体，这正是我们期望达到的目标。可以说，正是在马克思主义大众化互动交流过程中，马克思主义大众化传播主体与接受主体这两个要素的角色发生快速转换和更迭，呈现出明显的双主体或多主体趋势。也正是在马克思主义大众化的传播主客体之间通过对话、转化的互动过程中，不平等的关系或者不熟悉的人与人之间的关系转化为一种平等的符号关系。从这个理路上看，马克思主义才能在真正意义上实现大众化传播。

在马克思主义大众化传播结构中各要素都居于不同的地位，扮演着不同的角色，而作为人的要素的传播主体与接受主体最根本的特点是具有主体性。传播主体在传播过程中居于主导性，从传播角度来看，接受者的根本特点是具有客体性，但他的主体性在马克思主义大众化接受过程中发挥着重要的作用。如果马克思主义大众化的传播者单纯的把接受主体当作客体，势必造成传播主体与接受主体之间的冲突或对立，造成马克思主义大众化传播受阻，即马克思主义大众化的传播主体与接受主体矛盾的另一方面。不同的传播中，受众在社会地位、社会意识、知识储备和获取能力等方面是在不断变化的，这种变化是由所在的社会变革的大背景引起的，尤其是在传媒多样化、市场化不断发展的信息环境下，受众的地位日益上升，受众需求增多，受众的分层化趋向增强，马克思主义大众化接受主体对政治意义上马克思主义大众化传播主体的主导表现出强烈的反主导，这种反主导主要来源于信息选择的主体差异，因此在一定程度也造成了传播主体对受众定位的困难。大众是马克思主义大众化传播信息的读者、听众和观众，是马克思主义大众化传播所影响或者改造的目标，但这并不意味着在信息接受过程中人们被洗脑，成为不会思考的"机器人"。马克思主义大众化的接受主体受其主体性因素的制约，如心理构成、价值观念、政治信仰、利益关系、政治需求等，对于马克思主义大众化传播信息的接受是有选择性的，而且由于受众的个体性差异，马克思主义大众化传播主体对于接受主体的理论认知态度与接受行为的介入程度也往往存在差异，这种差异存在造成了马克思主义大众化结构传播主体与接受主体的两个"人"的要素的冲突。尤其是在当下利益多元化、传播数字化、需求个性化的传播环境中，传播主体和接受主体之间关系的冲突逐渐成为马克思主义大众化传播面临的重要问题。

2. 传播主体和接受主体与传播媒介的矛盾

马克思主义大众化就过程而言是理论传播的过程，因此，应该满足良性传播的现实条件，而这个现实条件就是通畅的传播媒介和生态的传播环境。但现实的传播条件经常不是理想的条件，因为条件是客观的，同时又是复杂多变的。"传播本来是为了建立主体和主体之间的关系，但传播活动经常需要采取一定的技术形式和表现手段，要受制于决定传播价值导向的传播制度，由此决定了传播现象的丰富性和复杂性。"[1] 在马克思主义大众化传播过程中，如果传播主体对载体的选择不符合接受主体媒介选择偏好，可能会造成传而不受，或者，接受主体对载体的选择没有被传播主体作为马克思主义大众化传播的媒介，也可能造成受而不传。尤其"在信息技术高度发达和普遍运用的今天，马克思主义理论传播的目标群体已经从书本前、收音机前、电视机前慢慢转移到电脑前，尤其是那些精力旺盛、热衷政治、具有参与热情和需求的青年一代。这些过程都是当代中国马克思主义大众化进程必须经历的"[2]。在今天这样的现实条件下，马克思主义传播者如果还是沿用传统那种单一的马克思主义媒介传播方式，会形成接受主体与传播媒介的矛盾，从而造成传播主体和接受主体的联系中断或不畅通。在信息技术高度发达和普遍应用的视野下，大众媒介对人们的生活方式、思维方式和行为方式的影响逐渐加深。任何事情都存在辩证的两方面，大众媒介也是一把双刃剑，它在给人类传播带来快捷和便利的同时，也造成

---

① 李庆林：《传播方式及其话语表达——一种通过传播研究社会的视角》，《广西大学学报（哲学社会科学版）》2008 年第 3 期。

② 王宇：《马克思主义理论大众传播实现过程的矛盾及原因分析》，《吉林师范大学学报（人文社会科学版）》2010 年第 2 期。

我们思维和习惯的定式，在很多情况下要受制于大众媒介。"大众媒介的出现，为我们增添了认知'远方世界'的'千里眼、顺风耳'，但是同时也使我们逐步地依赖媒介，甚至被媒介所控制；我们有权选择媒介，但我们选择的媒介同样制约着我们日后的'选择'媒介的路径。"①

在媒介选择上，受众可选择的媒介有时要受到传播技术的限制，同时又要受到信息传播的时空性的局限。在马克思主义大众化传播过程中，传统媒介，如报纸、电视都存在这样的局限。报纸媒介要受发行量与发行成本的限制，而在报纸媒介传播马克思主义时又体现一定的知识层次，这样报纸传播马克思主义还受阅读者的知识水平的限制，这点对农村的受众来说表现比较明显。而电视媒介由于受收视终端的限制，受众一般只能在固定场所主要是家里进行收看。受众的信息接收受到生活、工作的作息时间规律的影响，这样就形成传播主体和接受主体与传播媒介的矛盾。这就要求马克思主义大众化传播媒介特别是电子媒介必须对传播时间段进行划分，根据不同时间段能接触到媒介的受众进行传播内容定位。可以说，在信息化时代，大众传播媒介以无与伦比的社会穿透力改变了马克思主义大众化传播主体对传播媒介的垄断地位。"文字是人视觉能力的延伸，广播是人听觉能力的延伸，电视、多媒体则是视觉、听觉和触觉能力的综合延伸。"②大众传播媒介大大扩大了信息接受渠道，扩展了大众接纳信息的领域，增强了马克思主义大众化传播的接受主体对接受信息的能力和信息选择的自主性，这就要求传播主体在媒介选择上要迎合接受主体的媒介选择偏好，在这一意义上，马克思主义大众化还是一个创新的过程，是一个面对不同理论接受主体，不断创新传播方式和途径的过程。

3. 传播主体、接受主体与传播环境的矛盾

环境是指人生活在其中并给人以影响的境况和条件。传播环境是指存在于传播活动周围所特有的情况和条件的总和。传播环境是传播这一过程

---

① 周葆华：《效果研究：人类传受观念与行为的变迁》，复旦大学出版社 2008 年版，第254 页。

② 王敏：《思想政治教育接受论》，湖北人民出版社 2000 年版，第 83 页。

实现的必要场域，对传播的进行会起到促进或阻碍的作用，即传播主体、接受主体与传播环境相互依存，又相互对立。理想的传播环境有助于提高传播主体和接受主体的积极性和主动性，提高传播和接受效果，反之，将阻碍传播活动的进行。因为，无论是传播主体还是接受主体，他们都不是简单消极地、被动地接受外在环境的影响，而是积极地、主动地对环境的影响加以鉴别、选择甚至抵制。

社会环境对人的影响最为直接，在传播结构中传播主体、接受主体与传播的社会环境的矛盾也最为突出。社会环境构成的因素是复杂的，但就传播活动来说，主要是政治因素、经济因素与文化因素。传播结构中两个人的要素——传播主体、接受主体是以个人身份同社会环境发生影响，人既是自己赖以生存的社会环境的形成者，又是这一环境的受影响者。人和社会环境是交互作用的，只有生存于社会环境中的人才能创造环境本身。传播是在特定社会环境下进行的，因此，社会环境中的各种因素直接或间接的对传播活动起着制约和控制作用。社会环境中的政治、文化、经济等因素规定或制约着马克思主义大众化传播者的传播行为，并影响着马克思主义大众化传播者的思想观念。同时，大众是在一定的社会环境中接受马克思主义传播的，社会环境影响大众对马克思主义的认识与接受，尤其是在当下"经济体制深刻变革，社会结构深刻变动，利益格局深刻调整，思想观念深刻变化"，马克思主义大众化传播的接受者受社会环境影响的范围、方式、途径发生了巨大变化，社会环境对大众思想的影响更加直接、广泛、深入，大众更愿意关心自己在社会生活中的现实利益，理论的诉求在物质的追求中弱化和边缘化。

社会环境是我们置身其中的客观环境，它是我们能感受到的真实存在的客观世界，但是在传播过程中我们面对的不只是这样一个客观世界，看到的还有被大众传媒选择和解释过的世界，即传播所面对的信息环境，这种环境不是现实世界或者真实观点本身，而是关于它们的复制符号或摹写，它是与现实环境并存的拷贝世界或象征世界。加拿大学者、著名传播学大师马歇尔·麦克卢汉指出，"'媒介即是讯息'大概可以靠指出以下事实来阐明：任何技术都在逐渐创造出一种全新的人的环境，环境并非积极的包装用品，而是积极的作用进程。"① " '媒介即是讯息'的意思是，一种全新的环境创造出来了。……这一新环境是对旧环境进行彻底的加工。"② 随着媒介技术的发展，我们越来越感觉到被信息环境淹没的越来越深，这个被技术所创造的环境变化越来越快。在信息化技术传播环境中，信息传播方式和人们的信息接触行为都发生了一定程度的变化，信息技术媒介使社会互动不受具体场的限制，使远距离的人与人之间可以互相作用。信息技术媒介把世界塑造成为"地球村"，大大扩展了人们的认知视野和交往领域，成为人们远程交往的重要途径。然而，在信息化传播环境中，大众媒介为人们提供的并不是社会现实本身，它在一定意义所呈现给人们的不过是现实社会的影像罢了，日益强劲的媒介话语的泛影响力及其不可忽视的媒介技术的隐性权力，使它也成为世界的主宰力量，使大众的主体性与能动性逐渐走向贫瘠、衰落，日渐为那些自己所创造出来的大众传媒所奴役且无所适从。同时，不健康的民众心理与社会舆论环境可能会导致人类理性思维判断力下降，如果无法处理好这种传播环境和受众的关系，将使传播功能无法正常发挥。当前的大众传播中存在着信息倾斜的现象，媒介话语权在社会各阶层间的分配模式发生了显著变化，为了追求经济利益的最大化，媒体不约而同地将目标受众定位为"强势人群"，对弱势群体反而疏离甚至排斥，这种疏离和排斥造成了弱势群体的信息贫困乃至经济贫困，形成表达障碍、沟通阻隔，弱势群体不但被边缘化，而且由于信息贫困、信息鸿沟造成了人与人距离疏远，使社会受众出现了疏离和陌生的分众。

4. 传播主体和接受主体与传播内容之间的矛盾

接受美学的重要概念，即期待视野，是用来说明大众的主动性的。它指的是阅读一部作品时，大众的文学阅读经验构成的思维定向或先在结构，

---

① ［加拿大］马歇尔·麦克卢汉：《理解媒介——论人的延伸》，何道宽译，商务印书馆2000年版，第25页。

② ［加拿大］马歇尔·麦克卢汉：《理解媒介——论人的延伸》，何道宽译，商务印书馆2000年版，第27页。

在大众的阅读活动中，"期待视野"起定向期待与创新期待双重作用。正是这一作用使作者能感受到现实大众的需要，不知不觉地随着"潜在大众"去写作，这就是接受美学的最高境界：大众与文本，大众与作者达到"视野融合"。姚斯指出："在这个作者、作品和大众的三角形之中，大众并不是被动的部分，并不仅仅作为一种反应，相反，它自身就是历史的一个能动的构成。一部文学作品的历史生命，如果没有接受者的积极参与是不可思议的。因为只有通过读者的传递过程，作品才进入一种连续性变化的经验视野。"① 这种观念对于马克思主义大众化传播有一定启示意义，它说明接受主体认知图景在接受马克思主义理论之前不是一块白板，而是已经有一种"期待视野"。马克思主义大众化传播要充分考虑这种"期待视野"，力图使传播主体与接受主体达到"视野融合"。但就构成完整的传播行为来看，这种接受主体的"期待视野"与传播内容存在着矛盾，影响达到"视野融合"的程度。传播主体和接受主体与传播内容之间的矛盾主要表现在以下两个方面：第一，传播者传播的信息内容以及以信息所能获得的利益与受众对信息的需求与满足之间的矛盾；第二，传播者传播的信息内容与受众对信息的认知、理解能力和水平的矛盾，这点在理论传播表现上尤为突出，因为在理论传播过程中，信息的解读、编码和阐释需要传受双方具备一定的认知能力和理解能力。传播的实现最终是通过信息的传递解决双方矛盾，使双方的传播关系得以传递下去。

如果传播者没有考虑到受众的兴趣、爱好和需要等，就会影响受众的接受效果。目前马克思主义传播就存在这样的情况，由于理论内容上枯涩难懂，缺少鲜活的形式，相当部分社会大众对中国特色社会主义理论表现出疏离与冷漠的态度。马克思主义大众化传播内容形式的创新与发展滞后性使得理论传播本身缺乏针对性和时代感，无法深入人心，无法为群众解决实际问题，无法适应时代发展的需要。传播内容不能突出社会的热点和

---

① ［联邦德国］H. R. 姚斯、［美］R. C. 霍拉勃：《接受美学与接受理论》，周宁、金元浦译，辽宁人民出版社1987年版，第24页。

人们关注的焦点，理论内容不能运用大众化的语言来剖析和解释老百姓现实生活问题，就会使理论传播内容与实践相脱离，与社会生活相脱离，不能引起受众的注意和兴趣，这就减少了受众接受的可能性，进而大大地影响到传播的实效性。因为人民大众往往从他们关切的利益问题出发，以一种理论的实践效果和经验感知为根据，来决定是否接受一种主义或理论。"意识形态（即价值观）的传播则不一定在于它的正确和对它的理解，而是在于通过满足利益诉求、提供精神寄托、产生价值共鸣、形成情感认同等满足人的（精神）需要而得到传播。"① "马克思主义不是死的教条，不是什么一成不变的学说，而是活的行动指南，所以它就不能不反映出社会生活条件的异常剧烈的变化。"② 马克思主义这种强烈的时代性特点决定了我们在进行大众化传播过程中绝不能脱离具体的时代性和现实性，而要想方设法去体现它对这个时代性关照和解决现实性问题的效用，让受众在生动活泼的时代性中深刻地感受到其理论的历史必然性，体会到其对现实的指导意义。"大量事实证明，思想文化阵地，马克思主义、无产阶级的思想不去占领，各种非马克思主义、非无产阶级的思想甚至反马克思主义的思想就会去占领。"③ 马克思主义大众化传播就是要占领大众的思想领域，而要占领人们的思想领域就要迎合大众的兴趣、实现大众的利益和满足大众的需要。

　　传播主体所传播的信息内容脱离了受众对信息的认知、理解能力的层次，就会产生传而不受的现象。马克思主义大众化关键是理论的通俗化，使抽象深奥、逻辑严密的理论转化为通俗易懂、喜闻乐见的形式，被大众所理解和接受。当然就马克思主义大众化的内容来看，也有不同存在形态，如理论形态、制度形态、政策形态和观念形态。马克思主义大众化传播设计就是基于不同的接受主体传播不同的形态内容。文化水平较高的知识分子受众是当代中国马克思主义阐释、完善发展和大众化传播的核心人群。

---

　　① 朱兆忠：《意识形态的传播和接受问题研究——兼论中国马克思主义的传播与接受》，《上海行政学院学报》2007 年第 4 期。
　　② 《列宁选集》第二卷，人民出版社 1995 年版，第 281 页。
　　③ 江泽民：《论党的建设》，中央文献出版社 2001 年版，第 438 页。

理论要掌握大众首先要掌握这个人群。对于这个人群来说，其主要是以理性形式进行认知，通过严密的逻辑论证，以专业的学术形式来把握理论。只有这样才能使他们接受和信服马克思主义理论，进而发挥大众化传播的核心和骨干作用。对于一般受众来说使内容通俗化是其必然选择。由于文化程度、收入水平等方面的限制，这部分人占有的大众传播载体种类和数量有限，难以接受专业的理论形式，需要有适合于他们日常生活习惯的表达形式，把马克思主义观点予以通俗易懂的语言风格、简明扼要形式，来解释社会现实，向他们传播马克思主义的精髓。

第三节 马克思主义大众化传播结构的优化策略

一种理论能否被大众认同和接受，不仅取决于这种理论的说服力和自身的思想光芒，也取决于传播者能否根据接受主体的实际情况对理论做出科学阐释并顺利的传播出去，这就需要建立和谐的传受关系、通畅的传播链条、生态的传播环境和共识的传播内容。

一、马克思主义大众化传播结构的理想预设

马克思主义大众化传播结构的理想预设不是简单将传播要素机械的相加，而是由传播诸要素相互渗透、相互纽结而成、各个要素效用得到最大发挥的理想系统。

1. 和谐的传受关系

和谐的传受关系是马克思主义大众化传播的基础，但这种关系的形成并不是自动的，需要传播者与受众双方共同的努力去创造。

第一，和谐的传受关系是一种需要与满足的关系。传播的内容能满足受众的需要特别是急切需要的时候，传播内容对受众就有了吸引力，有了价值，有了意义。因此，关注受众需要，了解和解决大众难点，实现大众的利益，是建立和谐的传受关系的首要任务。马克思主义大众化传播不仅

仅是一种思想或主义的传递，还是一种解释理论、理论解释现实的过程，更是一种理论解决现实的实践。对于受众我们更多的应采取引导的态度。"传播还有很大的一类用途，我们称之为指导。"① 在马克思主义大众化传播过程中不仅满足受众的现有的合理需要，并且要用理论去引导受众的审美需求。当然我们对受众不能采取一味的迎合，即对于受众的需要，不加分析的予以满足，使传播者自己在传播的过程中丧失主动权，仅仅成为迎合受众的一种工具。漠视与迎合是两种很极端的态度。抑制不符合社会规范的需求，培养合理需求，并使其向更高的层次发展，使受众得到的不仅是自己需要的，同时也是自己渴望得到的，这样才能真正实现马克思主义大众化传播的价值。

第二，和谐的传受关系是一种平等的关系。地位平等性就是指传播者和受传者人格上的平等与对话权利的平等。一般说来，传播者与受众在传播过程中是传与受的关系，在信息量上，传播者占有优势，因此，传播者往往具有优越感，把自己的地位据于受众之上，弱化了受众的地位。这种不平等态度破坏了传受关系的和谐，使传播丧失了互动，成了说服性教育，错误的认为受众仅仅是信息的被动接受者。在传播过程中，传播者并非只是简单的传播，受众也不只是被动的接受，马克思主义大众化传播不是传播者单向灌输的单边过程，传播主体不能单纯视大众为接受客体和被教化的工具，马克思主义大众化传播应是通过传播主体和接受主体进行交流、沟通与对话达成共识的过程，进而才能实现传播者对受传者的改造、塑造和征服。在这个过程中，只有以人为本，充分肯定与尊重受众的主体地位，建立平等关系，受众才会心甘情愿的接受传播者的传播行为和传播内容。当然这种平等关系的获得需要传播者与受传者的共同努力。

第三，和谐的传受关系是一种互动的关系。互动就是互相作用，互相影响。由于大众传媒的发展，现代社会的互动已经超出时空的界限，形成

---

① ［美］威尔伯·施拉姆、威廉·波特：《传播学概论》，陈亮、周立方、李启译，新华出版社1984年版，第36页。

双向与间接的互动。双向互动性，就是指传播者和受传者的角色在传播和对话中频繁的转换，在角色的转换过程中实现了信息的交流与互动。在马克思主义大众化传播中，只有宣教者与受教者、传播者与受众互通信息、良性互动，达到思想的交流与心灵的碰撞，才能避免传播受阻，求得马克思主义大众化传播的实效。传播者与接受者之间的互动，不仅是交流沟通，也是信息反馈。在马克思主义传播过程中，包括理论宣传或学校教育，传播者或者施教者往往具有至高无上的权威和地位，在相当长的历史时期里受众或者受教者完全丧失了主体性，仅是理论的被动接受者。受众将自己的地位与传播者的地位拉开了一个档次，便很难产生与之互动、和谐的关系。现在，随着我们受众的受教育水平的不断提高，自主意识越来越强，这种互动的意愿也越来越强。受众可以直接或间接参与到传播的过程中，成为传播的一部分。这样可以形成传播者与受众之间互动的和谐关系，消融彼此的陌生与隔膜，使传播者和受众不再独立于传播的两极，而是共处于传播的过程之中。在这个过程之中，也加强了受众对传播者的监督，同时使双方的责任感增强。

2. 通畅的传播链条

通畅的传播链条是指在马克思主义大众化传播过程中，传播主体所传递的信息，能够通过各种传播媒介和传播渠道顺利达到接受者的接受视野。马克思主义大众化传播过程是传播者通过传播媒介和渠道向受众传输马克思主义理论，使大众接受马克思主义的过程。在这个过程中，传播者与受众之间是通过一定的传播链条联系起来的，传播链条是连接传播者和接受者的中介。通畅的传播链条是马克思主义大众化传播顺利进行并实现大众化传播效果的关键。

第一，通畅的传播链条应是现代化的，具有形象性的。在今天这样一个传播手段现代化条件下，受众接受信息的媒介选择范围不断扩大，马克思主义要在手段现代化的渠道传播中实现其传播方式形象化，这样才能保障传播过程通畅化。"要在继续运用各种现代大众传媒的同时，充分利用先进的数字网络载体，构建传输快捷、覆盖面广泛、立体互动的马克思主义理论传播体系，推进马克思主义特别是当代中国马克思主义理论传播的现代化，增强中国特色社会主义理论的吸引力和凝聚力。"① 电子媒介极大地改变了文化传播方式，遂改变了文化自身的形态，当代文化正在变成一种视觉文化、创意文化、动漫文化。现代通信技术和多媒体技术的广泛应用，出现了电子报刊、数字音频广播、数字电视、多媒体网络等新兴载体，融文字、图像、音响于一炉，呈现出一种繁荣的视觉文化。这种视觉文化以想象化和形象化的方式传播马克思主义，空前增强了马克思主义大众化传播的生动性与感染力，提高了传播效果，扩大了马克思主义影响的深度与广度。

第二，通畅的传播链条应是多元化的，具有辐射性的。互联网、手机等通信手段，电视、报纸等传媒介质，以及理论宣讲形式，构成了马克思主义传播的多元互斥的传播链条。互联网、手机等大众传媒既有渠道多，覆盖面广，具有强大的辐射性，能深入社会的每个角度，影响老百姓生活的方方面面。同时，传统传播媒介如电视和报纸一直是部分老百姓主要的信息获取媒介。面对面、心贴心、实打实的"大宣讲"魅力依然很强，仍具有十分广泛的群众基础和广阔的发展空间。所谓"大宣讲"，首先意味着要真正贴近实际、贴近生活、贴近群众，不断扩大理论宣讲的覆盖面。大宣讲能够使理论覆盖到基层，在大众化传播中理论宣讲应更倾向于基层、倾向于民间、倾向于农村。

第三，通畅的传播链条应是平民化的，具有实效性的。"我们的阐述自然要取决于阐述的对象。"② 因此，马克思主义大众化传播要根据接受群体的自身情况来决定叙述方式。马克思主义大众化传播的大众，主要是普通的平民化的大众，所以马克思主义大众化传播要根据受众群体的思想状况、传播内容的具体特点、传播效果的实际需要，对传播的方式方法进行灵活多样的策略设计，紧密结合人民群众的现实生活，用老百姓所喜闻乐见的传播载体，联系人民群众的思想实际，解决人民群众遇到的各种实际问题，

---

① 骆郁廷：《马克思主义大众化与思想政治工作》，《思想政治工作研究》2008 年第 1 期。
② 《马克思恩格斯文集》第 1 卷，人民出版社 2009 年版，第 251 页。

将思想理论的传播与解决思想问题、实践问题结合起来。只有利用群众易于接受的手段和方式传播马克思主义，才能取得更好的传播效果，才能更好地让人民群众信服、理解、接受马克思主义。在传播策略上要注重传播实效，务实平等地与人民群众交流对话，针对人民群众的思想实际和人民群众关心的现实问题，利用生动活泼的传播方式和方法，通俗易懂地传播马克思主义的基本理论及其中国化的最新成果。传播媒介的选择要体现平民化的姿态与风格，与大众的社会生活联系起来，并反映大众生活。在新时期，互联网、手机通信技术的发展，使得信息传播具有时效性，大众能够以快捷的速度得到所需要的信息，同时，还可以及时的反馈信息甚至发布信息。以平民化的姿态选择大众传媒，选择让平民能接触到的大众传媒，让大众传播媒介具有平民化的特征，这样才能保证马克思主义在平民中传播通畅，能够使最新最前沿的马克思主义理论在第一时间通过大众传媒传给人民群众，人民群众可以第一时间对其进行接受和反馈，使马克思主义大众化传播具有实效性。

　　3. 生态的传播环境

　　环境是指环绕在人们生活的周围并对人们产生某种影响的客观现实，是人们赖以生存和发展的自然条件和社会条件的总和。人们的思想和言行无时无刻不受到环境的影响。当然，传播过程和传播活动必然要以某种形式处于一定的传播环境之中，而一定的传播环境因素也必然要以某种形式影响、规定、制约着人类的传播过程和传播活动。健康的、良好的、生态的传播环境有助于传播过程有序运行，提升传播活动的效果。因此，建立生态的传播环境，培育健康的媒介文化，是优化马克思主义大众化传播结构的重要一环。阿什德在他的《传播生态学：控制的文化范式》一书中指出，"在最宽泛的意义上，传播生态指的是信息技术、各种论坛、媒体以及信息渠道的结构、组织和可得性。"① 该书译者邵志择先生关于这一定义作

---

　　① ［美］大卫·阿什德：《传播生态学：控制的文化范式》，邵志择译，华夏出版社 2003 年版，第 2 页。

了如下解读："所谓传播生态其实就是传播行为发生的具体环境，这种环境除了人自身的因素外，最重要的是信息技术媒介的特性，信息技术的开放性和易接近性使得人们能够非常容易地获取信息、交流信息，在人与信息技术的互动过程中，传播生态环境逐渐形成，而一旦这种环境成为另一种'实在'，它就对现实环境产生影响。"① 现代大众传媒以其无与伦比的强大社会功能，快速、大量地生产和广泛、快捷地传播着各种精神文化产品、思想信息，使其成为继经济、政治、文化环境之后又一个影响人们精神健康发展的十分重要的社会环境——媒介环境，并且同经济、政治、文化环境一起构成了传播环境，这些环境深刻地影响传播结构中的各个要素，制约着传播的效果。"媒介生态环境则是传媒开展传播活动以及自身生存发展所涉及的外部环境条件。"② 在这个环境中，媒介以其强有力的"符号暴力"摧毁一切理性的边界，为各种异质因素的成长提供了可能。同时，"大众传媒作为社会大系统中的一个子系统，它的运作或传播规律一般既受传媒外部（社会）生态因子的影响，又受传媒内部生态因子的制约。每当政治昌明，媒体运作就显得轻松自如；每当经济繁荣，广告经营就是一派莺歌燕舞的气象；一旦政治不稳、社会动荡，媒体立即就会躁动不安。因此，如果撇开传媒的外部环境因素，单纯地孤立地观察各个具体媒介，那么观察再细致，也无法理解当今社会大众传播系统的整体及其运作规律。"③ 生态的传播环境"具有如自然系统、生命系统一样的自我调节功能和自我复制能力，能够以极高的效率存储信息和传递信息，使其自身具有了一定的能够排斥外来'污染物'或'异常物体'的'免疫能力'"④。

---

① 邵志择：《传播范式与传播生态——评大卫·阿什德的〈传播生态学〉》，《新闻记者》2003年第12期。
② 蒋晓丽、任雅仙：《论构建媒介生态文明的三重境界》，《广州大学学报（社会科学版）》2008年第10期。
③ 邵培仁、刘强：《媒介经营管理学》，浙江大学出版社1998年版，第164—165页。
④ 蒋晓丽、任雅仙：《论构建媒介生态文明的三重境界》，《广州大学学报（社会科学版）》2008年第10期。

4. 共识的传播内容

在哈贝马斯看来，传播是一种交往理性思维下的交往性行为，这种"交往性行为是以达成理解和一致为目的的行为。这种行为以主体之间通过符号协调的相互沟通和社会一致性为基础，致力于达成理解，形成非强迫性的共识"①。可见交往性的传播行为发生的前提就是建立交往行为主体之间相互"理解"的共识传播内容。建立共识的传播内容就是指传播内容建立在共同的符号文本，彼此有相近、相似的经验和认知的基础之上，能使传者和受众之间保持共振，从而实现传播的价值。传播的效果主要体现为受众的接受程度，受众的接受度体现对传播内容的认知和认知程度，这就要求传播过程中要找到传者与受者之间的共同话语文本和共振点，建立广泛的认知基础。传播过程是观念、意义和意识形态的输出、渗透与被理解、解读的过程，受众对传播内容的不同解读会产生不同的结果。受众对传播信息的接受与其说是解码不如说是解读。在菲斯克看来，"解码是学习以他人的术语来阅读他人的语言；解读则是把自己的口语和方言文化使用于书写成文字的书面化过程。解码需要训练和教育。"② 受众对传播信息的接受不是消极的、被规训的接受，而是创造出意义的"生产式"的解读，是一种生产性的实践，是一种依据特定文化、特定时间或不同语境、不同时间、不同社会体验的文本意义的再生产。受众对一种理论文本的解读和接受必然能够将该文本应用于他们的社会经验之中，因此，文本意义必须是开放的、简洁的。如果传播的信息内容过于深奥，就会导致枯燥费解，造成受众对理论的排斥。因为知识储备、理解能力和生活阅历，影响他们的接受效果。完全陌生的东西，与受众缺乏共同的可以解读的符号文本和生活体验，受众对传播信息也无法给予解码或者解读，更谈不上接受了。所以共识的传播内容就是要在认知层面打好了基础，它在文本中给大众预留了一

---

① 李庆林：《传播研究的多维视角——马克思、哈贝马斯、麦克卢汉的传播观比较》，《新闻与传播研究》2005 年第 4 期。

② ［美］约翰·费斯克：《理解大众文化》，王晓珏、宋伟杰译，中央编译出版社 2001 年版，第 132 页。

定的空间，使大众得以填入他或她的社会体验，从而建立了文本与个人体验之间的关联，并提供了传者与受者之间共同的文本符号。马克思主义大众化传播中共识的传播内容，应具有通俗易懂的特点，坚持通俗化的原则，使老百姓能够基于自己的知识储备和社会体验去解读和接受马克思主义。"所谓通俗化，首先自然要求语文表现的明白易懂。艰深、晦涩、怪癖，是通俗化的最大敌人。但是，真正的通俗化，或者说，理想的通俗化，却还有更高的要求。这就是，语文不但要明白，而且要准确，不但要易懂，而且要生动。因为这样，才能够充分表白内容，才能够使读者、听者喜闻乐见，因而亲切地领会了作者的感情。"① 1942 年 5 月，毛泽东同志在《在延安文艺座谈会上的讲话》一文中就谈到了通俗化的问题，他说："许多同志爱说'大众化'，但是什么叫做大众化呢？就是我们的文艺工作者的思想感情和工农兵大众的思想感情打成一片。而要打成一片，就应当认真学习群众语言。如果连群众的语言都有许多不懂，还讲什么文艺创造呢？英雄无用武之地，就是说，你的一套大道理，群众不赏识。"② 所以，为使大众欣然接受，热烈拥护，无论电视传播、书刊传播还是网络传播，无论政治传播、文化传播还是教育传播，都应紧扣时代主题，创新传播风格，抛弃生硬、刻板、装腔作势、高高在上的姿态，使用大众喜闻乐见的语言，这样才能使马克思主义理论进入大众常识，才能成为大众思想和行动的指南。因此，马克思主义大众化传播一方面要否定社会差异，与受众达成共识；另一方面又要尽量保留社会差异，以便拥有不同社会体验的受众能从中获取属于自己的身份认识。达成共识，是要在内容上走向大众化，尊重差异就是要尊重大众的知识能力，承认差异是达成共识的前提。共识的传播内容就要针对不同的受众有明确受众定位，对受众需求有准确的把握，符合不同受众的知识储备和理解力，对普通的大众要把体系化和高深的马克思主义理论内容稀释到大众可以接受的程度。

---

① 钟敬民：《民俗文化学：梗概与兴起》，中华书局 1996 年版，第 186 页。
② 《毛泽东选集》第三卷，人民出版社 1991 年版，第 851 页。

二、马克思主义大众化传播结构优化的原则

1. 个体性的尊重与社会性的规制

马克思主义大众化传播构成要素的和谐是传播结构存在的理想状态与合理状态，也是传播结构优化的原则和目标。和谐之构建，面对的是具体的要素关系和传播关系，也就是肯定各异质个体的存在，而且这些异质个体是以人的方式存在，肯定异质也就是保存异质，肯定个体也就是尊重个体，肯定与尊重个体才能让个体实现自己，完成自己。个体皆各得其所，是和谐传播结构的基本存在形态，也是根基所在。只有在对存在的个体的肯定与尊重的基础上，和谐传播构建才能实现，"必须是令天下无一物不得其所，方得圆成"①。个体由和谐而获共存，社会由和谐而成全体。个体存在是绝对真实的，社会自身亦必须确立其真实。马克思主义大众化传播活动是在一定的社会历史条件下和社会环境中进行，无论是理论的传播者还是接受者及其使用的媒介载体都受到一定的社会历史条件和社会环境的制约。一方面，在一定的社会共同体中的社会个体，面对着共同的社会环境，受到相同的政治制度尤其是传播制度的约束和规制，同时也要受到法律体系与道德规范的监督和约束，形成大致相似的认知基础和行为方式等，因而不同个体的接受活动在某种程度上具有一致性，这表明马克思主义大众化传播具有社会性；另一方面，作为个体的人由于社会环境、生理特征、心理个性等方面的差异，再加上传播时空场域是个张扬个性的空间，势必使得马克思主义大众化传播主体的传播和大众对马克思主义的接受又具有个体性的特征，因此要尊重个体性所蕴涵的个性需要、个性习惯和个性心理。罗宾森在《创造中的大脑》中谈到了人们的一种普遍心理，即他们是否愿意改变自己的信念，往往取决于他们的自尊心是否得到尊重。书中说："我们有时候会发现自己心甘情愿又轻松愉快地改变了自己的思想：但是，

---

① 马一浮：《泰和宜山会语》，《马一浮集》，浙江古籍出版社、浙江教育出版社 1996 年版，第 6 页。

假如有人说我们错了，我们就会厌恶这种非难而横下一条心固执己见。……我们所珍视的显然不是那些思想本身，而是我们受到了威胁的自尊心。"① 但是这种个性如果过分张扬势必造成传播过程的无政府、无秩序，因此也必须用社会性的传播制度、法律体系与道德规范去约束和规制。这种个体性和社会性是紧密相联、互为条件的，个体性是社会性的基础，社会性是个体性的前提，社会性在个体性的基础上得以存在和不断发展，个体性在社会性的土壤中得以实现和彰显。

2. 能动性的驱动与受动性的引领

能动性的驱动与受动性的引领是针对不同受众和传播方式所坚持的不同原则。能动性驱动，是指把受众接受的意识和传播的动力置于自身生存与发展所需要的现实条件和实践基础之上促使其自身能动性的发挥，从而在接受与传播马克思主义的过程中实现自己的需要目的和利益诉求，并使自身在接受马克思主义的同时成为马克思主义传播的推动力量。大众接受和传播马克思主义的动力需要催化和强化，坚持能动性的驱动原则就是要重视马克思主义大众化传播中受众的思想、感情、愿望、需求，在传播过程中重视和满足受众的需求并合理的引导。所谓受动性的引领，是指并非所有的大众均出于自觉和自愿接受大众传播中的马克思主义理论，许多接受是在"他律"和"植入性"的情况下进行的，诸如在马克思主义传播过程中，接受者受到的强制、舆论强势所造成的"沉默的螺旋"和不自愿的学习等。因此，要在马克思主义大众化传播过程中，使接受者在这种受动性的传播方式中，逐步引导受众自愿和自主接受马克思主义。在一定的可操作条件下，可以对一定的受众给予一定的受动性原则的灌输，进而再逐步实现其对理论的接受，并升华为自己的思想，内化为自己的理念，外化为个体的实践。能动性和受动性并非绝对对立和一成不变，两者不但相互交错、相互渗透、相互补充，而且还存在着内在的关联，在马克思主义大众化传播的不同阶

---

① ［英］罗宾森：《创造中的大脑》，［美］达尔·卡尼基：《有效讲演术》，肖聿、王珏、一谌译，中国人民大学出版社 1988 年版，第 1356 页。

段，针对不同的受众，两者地位有主有次，并且可能发生变化。

3. 同时性的交融与多端性的生成

对事物的清晰认知是对其评价的前提，而认知和评价又是决定主体对事物态度的前提。对马克思主义理论的情感认同和意义共识，这是人们对其认知、评价进而是其对主体产生吸引力的前提和要件。情感认同与需求契合是马克思主义大众化传播效果的生成根源，同时性的交融与多端性的生成是马克思主义大众化传播效果的生成途径。在马克思主义大众化传播过程中，受众接受马克思主义传播的过程是人的知、情、意、信、行等因素上诸要素相互联系、相互渗透、相互制约、同时起作用的过程，而这些因素又是同时性的交融，对接受主体接受马克思主义传播产生影响。因此，在马克思主义大众化传播过程中应坚持同时性的交融原则，根据接受主体的个性心理的差异性及其复杂性，对接受主体施加知、情、信、意、行的认知影响和心理调节。对接受主体施加知、情、信、意、行的认知影响和心理调节，即是从人的知、情、信、意、行等方面对接受主体施加影响，使其在知、情、信、意、行方面对马克思主义生成情感上的认同和内容上的共识，即多端性的生成原则。同时性的交融是多端性的生成的前提，多端性的生成是同时性共融的归宿。两个原则是矛盾的，彼此具有独立性，而又相互渗透，具有共融性。马克思主义大众化传播的接受主体在接受上不可能每次都拘泥于知、情、信、意、行的固定顺序，接受主体的接受活动有时可能以知为开端，有时可能以情为开端，有时又可能以意为开端。因此，接受主体的接受活动具有多端性特征，并且因时、因人而异，在动态发展中调节转换。同时，马克思主义大众化的传播过程是主客体交融的过程。因此，在传播过程中应该及时调整预设，在传播过程中进行情感心理疏导和价值引导，调整接受主体的心理体验，在对话、交流、碰撞中提高认识，有效生成为一种以传播主体和接受主体生命体验和心理体验为宗旨的动态性过程。在这个过程中，让接受主体拥抱文本，超越文本，返归自我，超越自我，同时也在感性和理性的交融中，有效催发情感，生成理性认知，不断唤起形象，撞击思维。

4. 理想性的旨归与现实性的关切

马克思说："每一历史时代主要的经济生产方式和交换方式以及必然由此产生的社会结构，是该时代政治的和精神的历史所赖以确立的基础。"[①]"统治阶级的思想在每一时代都是占统治地位的思想。这就是说，一个阶级是社会上占统治地位的物质力量，同时也是社会上占统治地位的精神力量。"[②] 在我国马克思主义是我们党和国家的思想和精神上的旗帜，是全国人民团结奋斗的共同思想基础，是社会主义意识形态。"社会主义意识形态还维系着社会的精神秩序，描绘了未来的理想蓝图，为人们提供精神家园，具有超越现实的信仰形态。"[③] 然而，"理论在一个国家实现的程度，总是决定于理论满足这个国家的需要的程度。……理论需要是否会直接成为实践需要呢？光是思想力求成为现实是不够的，现实本身应当力求趋向思想。"[④]因为"'思想'一旦离开'利益'，就一定会使自己出丑"[⑤]。

马克思主义大众化传播本质上是社会主义意识形态的政治传播。社会主义意识形态与其他意识形态最本质的区别在于，它始终代表和维护最广大人民的根本利益，所以推进马克思主义大众化传播、增强社会主义意识形态的吸引力和凝聚力最重要的方式是最大程度地反映、表达人民群众的利益。"一切群众的实际生活问题，都是我们应当注意的问题。假如我们对这些问题注意了，解决了，满足了群众的需要，我们就真正成了群众生活的组织者，群众就会真正围绕在我们的周围，热烈地拥护我们。"[⑥] 必须看到，在新的历史条件下，社会利益状况发生了前所未有的变化，这一变化势必在意识形态领域中得到反映。结合当前人民群众的利益需要，推进马克思主义大众化传播、增强社会主义意识形态的吸引力和凝聚力首先要关

---

① 《马克思恩格斯选集》第一卷，人民出版社 1995 年版，第 257 页。
② 《马克思恩格斯选集》第一卷，人民出版社 1995 年版，第 98 页。
③ 夏建国：《论社会主义意识形态建设的根本问题》，《武汉大学学报（人文科学版）》2010 年第 2 期。
④ 《马克思恩格斯选集》第一卷，人民出版社 1995 年版，第 11 页。
⑤ 《马克思恩格斯文集》第四卷，人民出版社 2009 年版，第 286 页。
⑥ 《毛泽东选集》第一卷，人民出版社 1991 年版，第 137 页。

注民生。中共十七大报告明确提出"着力保障和改善民生"，这充分体现了以民为本的执政理念，也表明社会主义意识形态的创新和发展；同时还要促进社会实现公平公正，体现社会主义制度的优越性。实践也反复证明，只有始终坚持以经济建设为中心，大力发展社会生产力，形成强大的物质基础，促进社会和谐发展，才能展示社会主义制度的优越性和党的意识形态的感召力，才能增强广大人民群众对党的思想领导和政治领导的认同感，党的意识形态才能真正达到引导社会、整合社会和服务国家建设的目的。

三、马克思主义大众化传播结构优化的方法

1. 以人为本加强受众的认知调节

大众认知和接受马克思主义是他们通过外部环境及自己已有知识和心理记忆获取相关信息来构建接受的意义、动机和策略。受众心理和认知背景是影响和制约传播活动的重要因素，受众需求的产生、变化对信息的接受、反馈等都有很大影响，因此，对受众的认知调节在很大程度上决定了沟通的效果，决定着传播有效的程度。以人为本加强受众的认知调节首先要尊重受众的接受规律和思维方式，并对受众接受心理要素进行自然整合和情境建构。每一事物包含着的特征、特点、性质、用处、意义可能由于个人认识、见解、偏向而产生差异，这说明，马克思主义传播面对的大众，更多是普通的群众，他们自己的认知能力、思维能力还很低，甚至参差不齐，对马克思主义认知层次和理解水平往往是粗浅的表面的。这样，在马克思主义大众化传播过程中自然要融合符合大众的思维方式和大众生活实际的传播内容，从大众的生活中去汲取营养，拉进理论与大众的距离。在大众的生活中，解读、应用和传播马克思主义所涵盖的素材随手可得，内容包罗万象，马克思主义传播要挖掘和利用这些素材，在艺术创作中将典型人物的典型事件客观朴素地表述出来，用直观的符合大众思维的方式呈现马克思主义的深刻精髓，契合大众心理，影响受众的思想和感情，让大众在生活世界中懂得马克思主义所蕴涵的道理，让他们在现实生活中对马

克思主义有真实的体验。在传播过程中要选择适当的传播方法和策略，采取有效的激励措施，制定切实可行的计划，充分选择可以控制和利用的外部环境，通过情感交流促进受众的认知调节。在传播过程中，传者与受众在平等交往的基础上要有充分的情感交流，引导产生共振效应，精心设计提高接受者的接受动机。在传播的初始阶段，让接受者明确了解和学习马克思主义的目标和价值，对生活的意义，当受众认为接受马克思主义理论有价值的时候，就会提高马克思主义大众化传播的参与程度，并在接受与学习马克思主义过程中进行自我观察与判断，想方设法克服困难，通过反馈来调整策略。因而马克思主义大众化传播在一开始就要呈现学习的目标与意义，内容上，突出及时性、重要性、趣味性和知识性。受众的心理需要是推动传播活动产生和发展的动因，在马克思主义传播过程中应关注刺激和情感因素，通过多种方式来吸引受众的注意，要契合大众"求新求异"和"求真求实"的接受心理，使传播富有趣味以维持受众的接受行为。这样能增强接受者的自我效能感，促进受众的认知调节。自我效能感是个体对自己是否有能力完成某一行为所进行的推测与判断，也就是一个人对完成某项任务并达到预期结果是否有自省，从而把人的动机同人的需要、认知、情感结合起来。这种理论认为，即便人的行为没有对自己产生强化，但由于人对行为结果所能带来的功效产生期望，可能会主动进行那一活动。自我效能感影响或决定人们对行为的选择，以及对该行为的坚持性和努力程度；影响人们的思维模式和情感反应模式，进而影响新行为的习得和习得行为的表现。成败经验和经历是自我效能感获得改变的重要因素，一般而言，成功的经验能提高个人的自我效能感，多次的失败会降低自我效能感，但这还要受个体归因方式的影响。这就要求在马克思主义大众化传播过程中，要注意内容的通俗易懂性，先把浅显的知识传播给大众，在大众理解的基础上，然后再由简到繁，由浅入深。

2. 迎合受众实施媒介的深度整合

一种学说的魅力，不但在于学说本身的解释力和实践力，还在于这种学说的表现力。"假如一种学说未能充分考虑到人性中不同的，甚至相互矛盾的特征，那么这种学说将不会有吸引力。要想获得持久的感召力，就应在这方面予以改进。"① 在现实条件下，受众个性化程度不断增强，把握大众的接受心理特征是传播收到实效的关键。所以，马克思主义大众化传播要迎合受众媒介选择偏好，改进传播方式，实施媒介的深度整合，使传播富有感召力和持久力。

受众会主动选择自己所偏爱的和所需要的媒介内容和信息，不同的受众可以用不同的媒介来满足自己不同的信息需要。这样在马克思主义传播过程中，可以通过媒介产品链，实现信息资源的最优化利用，以完备的媒介去获得新的受众。复旦大学李良荣教授在《新闻学导论》一书中指出："对于任何性质的新闻媒介，受众的接触与选择，都是其一切功能目标实现的首要前提。无论从哪方面讲，受众对于媒介的成败与生存都是至关重要的制约因素之一。要占有市场，要赢得受众，这是媒介的必然选择。而占有市场、赢得受众的第一步就是栏目的受众定位，即确定媒介整体和所设栏目的明确传播对象，解决向谁传播的问题。"② 这是因为，"在媒介融合的背景下，受众地位已经从被动向主动转变，已经不满足于传统媒介单一向度的受传关系，更追求双向互动的平等传播关系，已经不满足于信息同质的大众化传播，更喜欢提供适合小众和个性化的信息服务。"③ 在媒介融合的背景下，马克思主义大众化传播要整合和利用各种传播媒介，因为大众化传播中，在受众趋向分化和细化的同时，客观上必然要求现有的各类相互独立的媒介优势互补，走向融合，从而将更全面和丰富的马克思主义内容通过各种媒介包括传统媒介和现代媒介传播到不同地区不同阶层的分众化和细化的受众。这样，通过多种媒介平台和互斥传播渠道，整合传播内容，对马克思主义传播的信息进行分类加工，然后再传播到具有不同接受习惯的特定人群之中。这就要求马克思主义大众传播能够站在高势位，整

---

① ［意］加埃塔塔·莫斯卡：《政治科学要义》，任军锋、宋国友、包军译，上海人民出版社2005年版，第232页。

② 李良荣：《新闻学导论》，高等教育出版社1999年版，第121页。

③ 许颖：《从5W模式看媒介融合的"融合"与"细分"》，《国际新闻界》2008年第6期。

合媒介资源，使各个媒介平台融合成交错复杂的马克思主义传播网，扩大这张网的联动效应，以合力出击，将不同的读者、观众、听众、网民以及手机用户等全部覆盖和吸纳到这个传播网之中，这样对媒介的深度整合，可以将马克思主义传播媒介对受众的效用和影响发挥到极致，更好地满足受众随时随地获取信息的需求。

3. 和谐共生降低环境的噪音影响

今天，马克思主义的传播环境较以往发生了质的改变。在信息社会中，我们不仅充分享受着信息的便捷性，也因信息的过度充斥而不得不接受冗余信息对正常传播过程的干扰。亨廷顿曾经指出："现代性孕育着稳定，而现代化过程却滋生着动乱。"① 一方面，过度冗杂信息的不断涌现，不停地以新鲜信息的吸引力攫取人们的注意，从而分散了大众对马克思主义的注意。同时，信息泛滥也使大量无关的没用的冗余信息污染了人的头脑，造成人们对有用的相关信息的判断和接受出现障碍。另一方面，无所不在的获取信息的通道使各种干扰马克思主义的信息传播和渗透到社会思想领域，不断改变人们的认知。"分析的马克思主义"、"后马克思主义"、"生态学马克思主义"、"市场社会主义"、"民主社会主义"、"新自由主义"各种激进左翼思想和各种各样的思潮相互激荡，模糊着是非界限，动摇着我们的信仰。特别是西方国家的信息侵略，更是对社会主义核心价值体系造成直接威胁。近十多年来东欧及俄罗斯在思想观念上遭遇的前所未有的混乱、动荡和解体，实际上正是某种"急退"的症状。正是在这个意义上，中国要坚定不移地高举马克思主义旗帜，坚持社会主义意识形态的主导地位，把马克思主义与中国实际相结合，构建社会主义核心价值体系。

第一，治理腐败现象，净化社会风气。马克思主义大众化传播顺利进行依赖于广大群众对马克思主义价值观和社会发展道路的认同。当前，我国的社会风气、社会环境尚有不尽如人意之处。部分党政干部以权谋私、

---

① ［美］塞缪尔·P. 亨廷顿：《变化社会中的政治秩序》，王冠华、刘为译，上海人民出版社2008年版，第31页。

违法乱纪的腐败行为已经严重损害了党的声誉，败坏了社会风气。一棵参天大树，若任蛀虫繁衍啃咬，最终必定逐渐枯萎；一个国家或政党，若任腐败毒瘤蔓延，最终也难免趋于衰亡。只有坚决反对腐败，才能巩固党的执政地位，保持党的生命活力，保持党和国家肌体的健康，促进国家的稳定与社会发展。所以，必须加强执政党的思想建设，防止权力腐蚀，防止执政以后尤其是长期执政带来生命力和创造力衰退；必须进一步加大反腐败斗争的力度，搞好综合治理，加强党风廉政建设以及党内监督和社会舆论监督，彻底治理腐败现象，逐步改善党风，以形成良好的社会主义核心价值体系被认同和接受的社会环境和社会风气。

第二，强调核心价值，包容多元价值。历代王朝，凡是政通人和、经济发展，都始终坚持儒家意识形态的主导地位。金景芳先生说："中国自孔子生时起，一般说，凡是治世都尊孔，凡是乱世都反孔。其道理在于孔子的学说对维护社会安定秩序有利，对破坏社会安定秩序不利。"① 可见，历史上，坚持核心价值对维护统治地位的重要作用。然而，与古代社会不同的是当今社会存着多元的价值观念，而人们的思想和言行无时无刻不受到环境的影响。人们的价值观形成于多样化的社会环境，带有社会的影响与时代的烙印，多元的社会存在，造成了现实社会中价值主体的多元。多元发展是当前社会价值观念变化的基本特征，各种不同的价值观念都充斥在现今的社会当中。纵观其变化过程，我们可以看到，在改革开放之前价值观念的单一性和绝对性是高度集中化的要求；到了改革开放初期，这种高度集中化的价值观开始出现分化；随着改革开放的深入和市场经济的发展，人们思想活动的独立性、选择性、多变性、差异性明显增强，人的价值观念趋向多元发展。强调核心价值观主导是要确立一种占主导地位的价值观念，并在多元化价值取向之间保持合理的张力，借以统一人的思想和行为。"特别是在社会价值多元纷呈的社会，更需要有一种占主导地位的意识形态，才能做到这些多元价值的'和而不同'，在它们之间保持合理的张力，

---

① 金景芳：《〈孔子新传〉序》，《学术月刊》1991 年第 6 期。

使其不发生彼此对立和冲突。"① 这不是要消灭价值观的差异性和价值追求的多样性，而是在多元中立主导，在多样中谋共识，以主流的价值取向引导多样化价值追求，努力造就一种富有时代特征的核心价值认同感。价值追求越是多样化，越要强调核心价值观主导；越是强调核心价值观主导，越要包容多样化价值追求，坚持总体价值与个体价值的统一。

第三，加强媒介监督，注重媒介自律。媒体是生产文化产品与传播文化精神的重要部门，"从正面讲，它既可以成为国家权力的延伸，实现对主流意识的传播，成为社会共识的凝合剂，也可以成为公共权力的监督制衡力量；它既是一种传播文化知识的权力，也是对反文化或消极文化实现控制的权力。从负面讲，由于大众媒介权力主体的非理性化倾向，导致大众媒介权力的滥用，表现为放弃文化启蒙和道德教化的社会责任；放弃环境监督和理性批判的社会责任，无原则地操纵或利用媒介；放弃文化理想和艺术创造的社会责任，制造和传播毫无审美价值的庸俗文化。……我们必须确定大众媒介权力的合理限度，依靠社会力量对大众媒介权力的主体行为进行控制，实现大众传媒的良性秩序。"② 近年来，随着互联网的飞速发展和媒介融合趋势的日益加深，大众传媒在产品生产、传播与经营活动中也有意或无意地放弃自身的社会责任、片面地迎合部分受众的低级趣味和庸俗需求，已造成媒介功能异化和媒介生态恶化等负面影响。"传播实践是个人创造力与社会限制力之间相互作用的结果。"③ 因此，马克思主义大众化传播在强调创新与开放的同时，还要加强媒介监督，注重媒介自律，既可以通过公众参与的监督与制衡形成对媒体外部规制模式，扩展监管主体，提高监管的法制化水平，也可以通过媒介自律加强内部治理，实现监管内化，培养大众传媒合格的"守门人"。

---

① 余源培、陈宝、郭友聪：《开放条件下巩固和加强社会主义意识形态研究》，《毛泽东邓小平理论研究》2006 年第 2 期。

② 赵继伦：《论大众媒介权力的滥用及其社会控制》，《东北师大学报（哲学社会科学版）》2003 年第 4 期。

③ ［美］斯蒂芬·李特约翰、凯伦·福斯：《人类传播理论》，史安斌译，清华大学出版社2009 年版，第 39 页。

第五章　马克思主义大众化传播的方式选择

　　传播方式问题是目前马克思主义大众化传播方面存在的最主要问题。马克思主义是一种好理论，但是，在实践中存在着思维方式和传播方法不合理，往往导致人们接受上出现问题。大众化传播方式应当是符合大多数人的欣赏、接受口味的传播方式，它与大多数人的接受能力、认识水平、兴趣和需要应当是相适应的。由此看来，马克思主义大众化传播的"系统结构"，实际上就是一定"传播主体"在特定"传播环境"中，通过一些主要"传播渠道（或载体）"以某些合理"传播方式"，向"传播对象（受众）"有效地传播马克思主义并能使之切实成为他们的信仰信念的系统结构。

第一节　马克思主义大众化传播的思维方式

　　思维方式是人们大脑活动的内在程式，它对人们的言行起决定性作用。一个人的思维方式和思想方法科学与否，决定着其行动最终结果的好坏与成败。推进马克思主义大众化传播要解决当代中国马克思主义传播方式和大众理解能力、接受能力之间的契合问题，要求马克思主义的表现方式符合大众思维，如果传播的思维方式不合理就会导致人们接受上出现问题。因此，要实现马克思主义传播的大众化，我们就必须转换马克思主义传播的思维方式和方法。马克思主义大众化的传播方法只有建立在科学合理的思维方式的基础上，才能发挥效用。

一、工具理性的思维方式

价值理性和工具理性的概念是由马克斯·韦伯提出来的，二者是人的理性的不可分割的重要方面。"工具理性"是法兰克福学派批判理论中的一个重要概念，其最直接、最重要的渊源是德国社会学家马克斯·韦伯所提出的"合理性"（rationality）概念。韦伯将合理性分为两种，即价值（合）理性和工具（合）理性。工具理性着重手段对达成目的的可能性。所谓工具理性，就是通过实践的途径确认工具（手段）的有用性，从而追求事物的最大功效，为人的某种功利的实现服务，工具理性是一种以工具崇拜和技术主义为生存目标的价值观。工具理性的思维方式只考虑行动由追求功利的动机所驱使，行动借助理性达到自己需要的预期目的，是行动者纯粹从效果最大化的角度考虑其行动计划的思维活动程式。工具理性的特点是注重过程、注重手段、注重方法、注重技术、注重实证、注重量化，反映在社会生活中，制度和体制成为其关注的对象。正如伯特兰·罗素表述的那样："'理性'有一种极为清楚和准确的含义。它代表着选择正确的手段以实现你意欲达到的目的，它与目的选择无关，不管这种目的是什么。"① 工具理性具有优先地位，价值理性的实现，必须以工具理性为前提。"工具理性实现了人类深层价值秩序的位移和重构。……使现代化进程中那些有利于人类文明进步的要素与特性得以整合、概括和提升，并以制度和规范的形式得以巩固。……它拥有制度化的秩序和规范以及制度性规范本身的形式化。没有这种程序化和形式化的法律，现代社会结构形态的存在是不可能的。而在现代社会秩序的制度化、形式化和程序化过程中，起决定性作用的就是人们对现代性制度诠释的认同。"② 可见，只要有一种价值理性的存在，就必须有相应的工具理性来实现这种价值的预设。

---

① ［英］伯特兰·罗素：《伦理学与政治学中的人类社会》，肖巍译，中国社会科学出版社1992年版，第25页。
② 王晓林：《当代中国发展观念重构的双重逻辑向度——基于20世纪西方社会发展思潮嬗变的哲学审视》，《中共中央党校学报》2007年第4期。

假如说以往的工具理性主要表现为哲学的、认识论层面倾向的话，那么，马克思主义传播和思想政治教育的工具理性主要来自国家意识形态和思想政治教育实践层面的需要。

第一，这种工具理性思维表现作为思想政治教育领域所采取的目标导向，具体体现为思想政治教育有目的地影响社会过程的方式。工具理性是主体在实践中为作用于客体，以达到某种实践目的所运用的具有工具效应的中介手段。在思想政治教育中，这种工具理性思维表现为思想政治教育有目的地影响社会过程的方式：一是从思想观念上灌输；二是通过制度机制上的实施；三是外化为实践上的行动自觉，这是最根本的。前二者具有道德的约束性、制度的规制性、外部的强制性、社会普遍性和行为刚性，是工具理性思维的反映，这种理性思维投向于目标的实现，具有更持久的效能。后者是靠个人的修养、主观意愿和思想体悟，具有自由性和行为弹性。马克思主义大众化传播和思想政治教育都是国家意识形态建设层面的实践需要，国家意识形态建设的目的性使他们从根本上具有一种直接指向的目标导向的工具理性，这种工具理性的目标导向在实践层面决定了理论的灌输和制度机制的实施是马克思主义传播和思想政治教育最重要最根本的实现方式。黑格尔说过："理性是有机巧的，同时也是有威力的。理性的机巧，一般来讲，表现在一种利用工具的活动里。这种理性的活动一方面让事物按照它们自己的本性，彼此互相影响，互相削弱，而它自己并不直接干预其过程，但同时却正好实现了它自己的目的。"① 所以，仅仅有价值理性是不够的，马克思主义大众化传播还需要工具理性，即从思想观念上灌输并通过制度机制上的实施。马克思主义是博大精深的理论体系，马克思主义是工人阶级的世界观，是工人阶级认识世界和改造世界的思想武器，是工人阶级争取阶级解放和人类解放的科学理论。作为无产阶级思想体系的马克思主义，主要包括马克思主义哲学、马克思主义政治经济学和科学社会主义三个组成部分。这三个组成部分不是彼此割裂的，它们构成一个

---

① ［德］黑格尔：《小逻辑》，贺麟译，商务印书馆1980年版，第394页。

相互联系的有机整体。马克思主义是无产阶级认识世界和改造世界的思想武器。它的主要特征是科学性和革命性的结合，理论和实践的统一。所以马克思主义，包括中国化的马克思主义本质上都具有普遍有效性，即普适性。"工具理性的主旨在于'把原则的普遍有效性还原为规律的客观性'，它要求人们的思想和行动高度地符合对象的内容和规律，即按照客体的尺度来规定主体的活动；……按照工具理性提供的尺度，人们必须无条件地承认和尽可能全面地把握对象的客观真实性，只能寻求世界本身所具有和能够具有的东西，而不能仅仅凭借主体的需要和意愿去构造世界。"[1] 因此，对正确的思想观念的灌输，不应当放弃，而应当以适当的机制为基础，用必要的方式方法且不排除用必要的行政手段去实施。列宁在《怎么办》一文中，引用卡·考茨基谈到奥地利社会民主党的新纲领草案时所说的一段"十分正确而重要的话"："现代社会主义意识，只有在深刻的科学知识的基础上才能产生出来。……可见，社会主义意识是一种从外面灌输到无产阶级的阶级斗争中去的东西，并不是一种从这个斗争中自发地产生出来的东西。"[2] 科学社会主义只能"从有产阶级的有教养的人即知识分子创造的哲学理论、历史理论和经济的理论发展起来"[3]。既然工人运动自身不可能产生社会主义意识，这种意识就"只能从外面灌输进去"[4]，灌输的目的是启发工人阶级的社会主义觉悟。列宁指出：向工人阶级和广大人民群众灌输社会主义思想理论，其目的正是为了"启发无产阶级去认识他们所担负的先进的革命任务"[5]，从而自觉地为实现自身的历史使命而奋斗。通过制度机制上的实施，以工具理性思维的他律作用使其接受马克思主义。大众的马克思主义认知渠道和理论素养的养成还要依靠外在规章制度、政治命令和文化环境的他律作用。所谓他律就是依赖于外存规范和外部强制，并不

---

[1] 王晓林：《当代中国发展观念重构的双重逻辑向度——基于20世纪西方社会发展思潮嬗变的哲学审视》，《中共中央党校学报》2007年第4期。

[2] 《列宁选集》第一卷，人民出版社1995年版，第326页。

[3] 《列宁选集》第一卷，人民出版社1995年版，第317—318页。

[4] 《列宁选集》第一卷，人民出版社1995年版，第317页。

[5] 《列宁选集》第一卷，人民出版社1995年版，第703页。

是出于主体自身的意愿。它强调制度对接受主体的"刚性"约束和"硬性"传播。

第二，这种工具理性思维表现为思想政治教育的政治功能和社会功能。"思想政治教育，就是一定阶级或政治集团，为了实现其政治目标和任务而进行的，以政治思想教育为核心与重点的，思想、道德和心理的综合教育实践。"① 思想政治教育必须服从于和服务于党的总任务、总目标，这是上层建筑为经济基础所决定又为经济基础服务这一客观规律的具体体现。"思想政治教育乃是对人们行为的'应然性'设定，而这种属于价值范畴的应然又必须以合理性为基础。"② "在思想政治教育的过程中，合理性不仅是思想政治教育的依据所在，而且关乎思想政治教育目的的实现。"③ 思想政治教育无论在什么时期，均表现为以政治思想、政治价值观念为主要内容的灌输与教育。由于思想政治教育具有浓厚的政治性，使思想政治教育有可能或必然成为工具。因为，思想政治教育的合理性首先表现为它的政治需要和社会需要。恩格斯曾指出："政治统治到处都是以执行某种社会职能为基础，而且政治统治只有在它执行了它的这种社会职能时才能持续下去。"④ 思想政治教育应该服从和服务于社会发展规律，服从和服务于经济建设和社会发展大局。思想政治教育承担并履行着党和政府在意识形态领域的社会职能，开展中国特色社会主义理论体系宣传普及活动，推进马克思主义大众化，确定了思想政治教育主渠道的时代主导性地位，同时也"从整个社会层面上设定了思想政治教育具有向社会传播思想理论、传承文化文明的运作执行载体和理论武装工具的社会角色属性功能。而思想政治教育所特有的这一运作执行载体和作为思想理论武装工具的社会属性功能，就是思想政治教育的工具属性社会功能，即思想政治教育的社会功能就是思想政治教育的工具属性社会功能，是思想政治教育的基本社会属性功

---

① 陈秉公：《思想政治教育学原理》，辽宁人民出版社 2001 年版，第 131 页。
② 刘云林：《思想政治教育内容的合理性探析》，《学校党建与思想教育》2009 年第 23 期。
③ 刘云林：《思想政治教育内容的合理性探析》，《学校党建与思想教育》2009 年第 23 期。
④ 《马克思恩格斯选集》第三卷，人民出版社 1995 年版，第 523 页。

能"①。"事实上，任何社会的思想政治教育，都是该社会对其成员价值期待的客观表达。正缘于此，思想政治教育所表达的价值体系和行为规范，必须正确反映社会的价值期待，而不应将此仅仅当成人们主观意志的表达。"②思想政治教育的过程，就是教育者把握和表达社会对思想政治教育的价值期待的过程，这种价值期待实质就是思想政治教育的目的，即通过道德规范等手段使受教者符合社会对其的价值期待，是为了满足阶级统治的需要而进行的意识形态的宣扬和维护，本真的表现为工具理性。这种期待在马克思主义大众化传播中就是大众认知、接受和践行马克思主义理论，也就是马克思主义大众化传播的价值归宿和政治任务，这是意识形态控制力的深层表现。

二、价值理性的思维方式

价值理性相信的是一定行为的无条件的价值，强调的是动机的纯正和选择正确的手段去实现自己意欲达到的目的，而不管其结果如何。工具理性强调的是行动仅仅由追求功利的动机所驱使，行动借助理性达到自己需要的预期目的，行动者纯粹从效果最大化的角度考虑，而漠视人的情感和精神价值，而人的情感是激发理性实践行动的媒介。"价值理性则是人类对价值和价值追求的一种自觉意识，是在理性认知的基础上对价值追求的自觉理解和把握。价值理性在人的活动中表现为价值主体合规律性与合目的性相统一的行为取向。"③

对价值理性还可以做如下界定，"价值理性指的是用来寻找价值的根据或给价值提供基础的理性。"④ 价值理性体现一个人对价值问题的理性思考，是个体思想和行为的量尺，价值理性注重目的，注重结果。在价值理性看

---

① 李宪伦、李智栽：《现代思想政治教育的工具理性与社会功能考量——思想政治教育"30年"管窥》，《学校党建与思想教育》2008年第9期。

② 刘云林：《思想政治教育内容的合理性探析》，《学校党建与思想教育》2009年第23期。

③ 张兴国：《"价值理性"哲学应用的方法论选择》，《辽宁大学学报（哲学社会科学版）》2002年第4期。

④ 翟振明：《价值理性的恢复》，《哲学研究》2002年第5期。

来，方法和技术只是达成目的的手段。在特定的条件下，价值作为物与人的需要的一种关系，既体现为物的价值，也由此引申为"意义"。价值理性"要求人类按照自身的尺度和要求去认识世界、改造世界，使世界适合人的生存和发展。……按照价值理性提供的尺度，仅仅无条件地承认和全面地了解对象是不够的，人们的思想和行动还应最大限度地保证人的社会需要和利益。因此，在理想的理性结构中，工具理性和价值理性都应有各自特有的地位并保持必要的张力：一方面，人们依靠工具理性，实现着人的本质力量的对象化；另一方面，又在自我意识的更深层面体味着人生价值，为价值理性的升华提供契机"①。价值理性关怀人性的世界，价值理性视野中的世界是一个人文的世界，一个有意义的世界。它不是在人之外的冰冷的客观实体，而是和人水乳交融的主客体混一的世界。价值世界是以"合目的性"的形式存在的意义世界，在这个世界，人对价值和意义的追问，人的最终归宿和终极关怀成为重心所在。

思想政治教育中的价值理性思维首先要承认人的物质需要，同时要引导人们在物质追求中提升精神诉求。人作为一种生物性的存在，必然具有物质性、生物性的一面，因此，人必然要追求物质的需要和生理的满足。但人作为宇宙中的高等动物，又不能仅仅满足于生理的享受和物质的追求。人之为人，人之不同于动物就在于人有精神、有理想、有信仰。在市场经济的条件下和全面建设小康社会的新时期，在思想政治教育视域中，马克思主义传播价值理性具有双重意义：一方面，承认和肯定人的物质追求的合理性，因为这是人生存与发展的基础。"肯定追求个体利益和需求的合理性及积极意义，从市场运作的角度看，就是建立一种以个体利益为中心的经济动力结构。这就是说，对个体利益的肯定并非唯一的方面，但唯有肯定了个体利益，才能在市场体制下获得一种持久的、强大的发展驱动力，并以此推动市场经济和社会各方面的发展。"② 另一方面，要培养人们的价

---

① 王晓林：《当代中国发展观念重构的双重逻辑向度——基于 20 世纪西方社会发展思潮嬗变的哲学审视》，《中共中央党校学报》2007 年第 4 期。

② 王宏维：《经济转型与社会价值规范调适》，《中国社会科学》1994 年第 3 期。

值理性，培育人文精神，使人具有高尚的道德品质和远大的理想抱负，"无论对个体还是对人类而言，单单享受或迷恋于感官世界的需要，并不能使生活值得一过。人类的幸福，倘若幸福是指满足的话，并未因我们的全部工作而离我们更近一点。事实上，似乎比以前更远了。"①"正是当他把精神生活看作他自己所有的时候，他开始意识到一个内在的王国，它是无限的，但又是自己真正的自我。"② 因此，为了保证人的不断发展和完善，就必须倡导人文精神和价值理性。如汤因比所强调指出的：我们"必须着眼于把尊重人的生命放在首位的价值观，……把人的生命尊严作为价值基准的基础，才可能获得根本解决经济体制的线索，开拓新的视野。凡属人的事物，必须以维护人类尊严为我们的目的，也必须以此作为基准来判断实现该目的的手段是否正确"③。因为任何的发展与进步，如果失去了人文意蕴和价值支持，如果不同时促进社会的道德、政治、信仰和人的思想境界、精神信仰、行为方式、审美倾向的提高与进步，那么这种发展与进步就偏离了其正确的轨道，也就失去了其自身的价值和意义。所以，应当而且必须重塑人们的人文精神和价值理想，并"鼓励新的价值体系的兴起，以补偿我们内在的不平衡，创造新的精神的、伦理的、哲学的、社会的、政治的、美学的和艺术的推动力，来填补我们生活中的空虚。……必须能够在我们之中恢复爱、友谊、了解、团结、牺牲精神和欢乐，这是我们最珍贵的需要"④。由此可见，思想政治教育中的价值理性思维还要承认人的物质需要，同时要引导人们在物质追求中提升精神诉求。

思想政治教育中的价值理性思维其次要肯定人的主体地位，正确认识和处理目的与手段的关系、物的尺度与人的尺度的关系。其一，正确认识

① ［德］鲁道夫·奥伊肯：《生活的意义与价值》，万以译，上海译文出版社 2005 年版，第 96 页。

② ［德］鲁道夫·奥伊肯：《生活的意义与价值》，万以译，上海译文出版社 2005 年版，第 95 页。

③ ［日］池田大作、［英］汤因比：《展望 21 世纪——汤因比与池田大作对话录》，荀春生、朱继征、陈国梁译，国际文化出版公司 1999 年版，第 107 页。

④ ［法］奥雷利奥·佩西：《未来一百页——罗马俱乐部总裁的报告》，汪帼君译，中国展望出版社 1984 年版，第 155—156 页。

和处理目的与手段的关系。这里的目的和手段的含义是思想政治教育的目的和对达到此目的具有价值意义的手段。思想政治教育的政治诉求、社会诉求和道德诉求既是思想政治教育的价值期待，也是思想政治教育的目标归宿，马克思主义理论传播和思想政治教育的方式与途径则是基本手段和实现条件。要使目的和手段在一定条件下具有存在的根据，并在一定具体时空的范围和限度内和谐的相互作用，就需要价值理性思维。人成为发展的目的，而不是手段，人价值应该得到尊重，人的主体地位应该得到彰显。正因为人是全部的目的和意义所在，因此必须根据人的需要来决定我们的思想方式和行为手段，即"以人为本"，"以人为本"正确地回答了的价值诉求和实现途径的关系问题，充分体现了目标与手段的辩证统一。其二，正确认识和处理物的尺度与人的尺度的关系。马克思在说明人的活动与动物活动的区别时指出，动物只能按一种尺度即物的尺度进行生产，而人的生产活动则可以运用两种尺度。"动物只是按照它所属的那个种的尺度和需要来建造，而人却懂得按照任何一个种的尺度来进行生产，并且懂得怎样处处都把内在的尺度运用到对象上去；因此，人也按照美的规律来构造。"①对人的活动而言，所谓物的尺度就是指自然物的客观存在及其固有的属性、本质、规律对人的活动的"制约性"；人的尺度主要指人的利益需要对人的活动的"决定性"。在人的活动中这两种尺度都起作用，但作用的性质不同。也就是说，在人的活动中物的尺度对人的活动的展开、活动的方式、内容和结果起制约作用，而人的尺度对人的活动的展开、活动的方式、内容和结果起着决定作用，因此，在思想政治教育和马克思主义大众化传播中必须把人的本性、需要和愿望作为内在尺度，并在思想政治教育和马克思主义大众化传播中使客观现实成为符合人们内在尺度的对象，尊重和符合马克思主义大众化和思想政治教育的传播规律、接受规律和教育规律，在马克思主义大众化传播和思想政治教育中实现人们的利益诉求和精神需要。

---

① ［德］马克思：《1844 年经济学哲学手稿》，人民出版社 2000 年版，第 58 页。

　　马克思主义大众化的有效传播和思想政治教育的良性运行必须建立在工具理性与价值理性的相互统一与补充之上，或者说，工具只有在相应的价值理性和目标下发挥的作用才是积极的，而价值也只有通过工具的现实运行才有可能实现。我们必须看到，以价值为中心的价值理性和以工具为中心的工具理性均无法单独担当马克思主义有效传播和思想政治教育的历史任务。所以，仅仅有价值理性是不够的，建设社会主义核心价值体系、增强社会主义意识形态的吸引力和凝聚力、推动当代中国马克思主义大众化、进行思想政治教育，这些都需要工具理性。但是在我们的实践中，二者关系往往走向分野，工具理性已渗透到社会的各个方面，往往导致人的思维程序化和目的功利性，容易把现实同一切内在的目的分割开来，致使人们只对手段负责不对目的负责，只对过程负责不对结果负责。在马克思主义大众化和思想政治教育中也不可避免地受到工具理性的洗涤，思想观念上灌输和制度机制上的实施忽略了人的丰富的生活经历、情感体验，这种对象性的思维模式，把人当作被动的接受意识形态的客体，使社会主义意识形态失去了普适价值，工具理性对价值理性的侵犯导致客观目的的无限夸大，忽视了人本关怀，造成了价值失落。"社会主义意识形态及其实践，只有以人为本，尊重人、关心人、了解人、依靠人、凝聚人、发展人，才能真正深入人心，才能在构建和谐社会的实践中得到巩固和加强。"[1] 从理论上说，作为人类理性不可或缺的两个有机组成部分，价值理性和工具理性不仅有着各自的作用、特点和范围，而且在发挥各自独特作用的同时，又相互作用、紧密联结成一个整体。而我们往往注重工具理性，即达到理想目标的手段和路径，然而在理想与现实间有着巨大的差距，原因就在于价值理性的缺乏和落后。所以，在思想政治教育和马克思主义大众化传播过程中要保持价值理性和工具理性的合理张力。

---

　　① 余源培、陈宝、郭友聪：《开放条件下巩固和加强社会主义意识形态研究》，《毛泽东邓小平理论研究》2006 年第 2 期。

三、交往理性的思维方式

交往理性（communicative rationality）是由哈贝马斯提出的，是指隐含在人类言语结构中并由所有言说者共享的理性。在传统的标准理性观看来，理性只有一个维度，它是通过对象的知识范式表现出来，并成为思想和单个主体行为的中心。与此不同，交往理性是双重维度的，它在主体间相互理解的范式中被表达。交往理性涉及不同主体之间的对话关系，这些主体能够说话和行动，处于对一个非自我中心化的世界的理解之中。

交往理性是生活世界的理性，它的有效性领域相应于人类言语的领域。在哈贝马斯看来，交往理性观是交往行为的基础，相互理解是交往行动的核心，而语言占据特别重要的地位。在现代条件下，工具理性成为世界的主宰力量，价值理性则逐渐淡出人类的视野，人类凭借自身所拥有的工具理性及其泛化直接带来了生存危机：人口爆炸、粮食安全、环境污染、资源短缺、核威胁等，以及间接的乃至更深层的现代性后果：信仰缺失、精神贫血、价值真空、人生虚无、抑郁烦躁和道德滑坡等，人类失去了安全感与心灵的宁静。可见，工具理性的消极性已经凸显，现代人依靠对工具理性的信仰虽然获得了自身的现世幸福，然而也付出了高昂的、沉重的，甚至是不可逆的代价。因此，人类召唤一种实现和维护自身幸福的生活理性。而交往理性被赋予更为重要的价值承诺和地位尊重。就人自身的发展来说，平等互信的交往和相互理解的沟通是具有更为深远的价值期待视野和高尚的人本主义诉求，因此，在生活世界里，要建立主体间的理解与沟通，实现交往行为的合理化。

哈贝马斯交往行为理论阐释了作为传播主体的人以及人与人之间交流的可能性。可能性是交往中的语言理解。在哈贝马斯看来，真理由共识所构成，而共识是人们在没有内外压力和制约下的理想情境中进行交往沟通达成的。因此，交往行为的"理想的语言情景"对于达成共识形成理解尤为关键。理想的言语情景最基本的有两个要素："一是交往参与者必须遵守的言语的普遍有效性规范；二是交往参与者必须具备的交往能力或交往资质。"① 确立有效规范就是设定交往主体在交往过程中必须遵守的普遍规范，这是达成一致意见和共识理解的前提。人们在交往的过程中会追求一种平等而真诚的人际关系，对这些道德理念的追求先验地存在于语言使用的过程中。"与有目的—理性的行为不同，交往性行为是定向于主观际地遵循与相互期望相联系的有效性规范。在交往行为中，言语的有效性基础是预先设定的，参与者之间所提出的（至少是暗含的）并且相互认可的普遍有效性要求（真实性、正确性、真诚性）使一般负载着行为的交感成为可能。"② 他还指出："我把以符号为媒介的相互作用理解为交往活动。相互作用是按照必须遵守的规范进行的，而必须遵守的规范规定着相互的行为期待，并且必须得到至少两个行动主体人的理解和承认。"③ 他又进一步提出人们在生活世界的交往理性行为是"使参与者能毫无保留地在交往后意见一致的基础上，使个人行动计划合作化的一切内在活动"④。可见，交往行为是一种"主体—主体"遵循有效性规范，以语言符号为媒介而发生的交互性行为，其目的是达到主体间的理解和一致，并由此保持的社会一体化、有序化和合作化。交往偏重的是人与人的理解和取信的关系。交往性资格主要包括三个方面："其一，选择陈述性语句（to choose the propositional sentence）的能力；其二，表达言说者本人的意向（to express his intentions）的能力；其三，实施言语行为（to perform the speechact）的能力。"⑤ 哈贝马斯认为语言的交往职能是探讨说话者与行动者之间的关系以及他们如何通过语言达成相互理解和一致，它不是去表现说话者完成语法句子的能力，而是表现说话者所具有的交往能力。

---

① 衣俊卿：《西方马克思主义概论》，北京大学出版社 2008 年版，第 233 页。
② ［德］哈贝马斯：《交往与社会进化》，张博树译，重庆出版社 1989 年版，第 121 页。
③ ［德］哈贝马斯：《作为"意识形态"的技术与科学》，李黎、郭官仪译，学林出版社 1999 年版，第 49 页。
④ ［德］哈贝马斯：《交往行动理论（第一卷）——行动的合理化和社会的合理化》，洪佩郁、蔺菁译，重庆出版社 1994 年版，第 386 页。
⑤ 衣俊卿：《西方马克思主义概论》，北京大学出版社 2008 年版，第 234 页。

在建构交往行为理论时，哈贝马斯说："交往行动概念，首先把语言作为参与者与世界发生关系，相互提出可以接受和驳斥的运用要求的理解过程中的一种媒体。"① "我把文化称之为知识储存，当交往参与者相互关于一个世界上某种事物获得理解时，他们就按照知识储存来加以解释。"② 因此，"生活世界构成了一种现实的活动的背景"③，"交往行动者总是在他们的生活世界的视野内运动；他们不能脱离这种视野。"④ 当以相互理解为目的的交往开始时，这种知识储备就作为背景自动地进入了主体间的解释过程。交往理性的思维方式是主体间性的"主体—主体"认识图式，它与传统的"主体—客体"认识图式之不同，这种认识图式促使我们重新审视既有的传播模式，重新阐释传者与受者的关系。交往理性逐步消除了主体与主体、现实与表象之间的差异，使得人们在"沟通过程"中易于形成"共识"，达到"理解"、"互通"的目的。在被重构的传播关系中，传、受双方都应当进入对方的情感深处，在沟通与交往的基础上，产生共鸣与共通，从而实现完全理解。哈贝马斯的交往理性是在语言基础之上确立起来的，这就使它摆脱了由于仅限于概念、推论而造成的抽象、僵硬、独白，超越了思想者与作为思想对象的主观世界和作为思想对象的客观世界以及思想者之间的对立，从而走出了工具理性的对象性思维的阴影。交往理性"建立在对意义的追问上，而不是对原由或技术决定主义的探寻"⑤。

马克思主义大众化传播所强调的交往理性思维方式的核心是相互理解与对话沟通。交往的过程是一个不断去除自我中心达到彼此理解与交融的

---

① ［德］哈贝马斯：《交往行动理论（第一卷）——行动的合理化和社会的合理化》，洪佩郁、蔺菁译，重庆出版社1994年版，第140页。

② ［德］哈贝马斯：《交往行动理论（第二卷）——论功能主义理性批判》，洪佩郁、蔺菁译，重庆出版社1994年版，第189页。

③ ［德］哈贝马斯：《交往行动理论（第二卷）——论功能主义理性批判》，洪佩郁、蔺菁译，重庆出版社1994年版，第171页。

④ ［德］哈贝马斯：《交往行动理论（第二卷）——论功能主义理性批判》，洪佩郁、蔺菁译，重庆出版社1994年版，第174页。

⑤ ［美］大卫·阿什德：《传播生态学：控制的文化范式》，邵志择译，华夏出版社2003年版，第12页。

过程，传播主体自己也要反思自身，在传播过程中，一方面要引导大众与传播主体相互之间进行深层的理解与沟通，另一方面还要积极创设传播主体与接受主体之间进行交往的情境。交往主要通过对话而达成，这就要求参与对话者一方面要善于表达自己，另一方面又要能够真正理解对方。对于受众而言，这两方面都要给以有意识地训练与培养。对于传者而言，最重要的是积极创设情境，能够与受众进行充分地理解、沟通与共识，而不是把受众看成是任意改造的对象和灌输知识的容器。要创建生态条件，使传播更富有亲和力。"传播生态条件下所呈现的亲和力，是指在传播系统中多样化的信息传输与接受者之间和谐的亲情性的交往互动，而不是以占有性、侵犯性为目的的欲望性交往。对于这种'亲和'，说得再具体一些，实际就是以亲近生命的方式亲近受众，尊重和热爱受众，要倾情地表达对受众的爱恋，像爱自己的肌体那样爱受众。这种亲和的生态视域，必然将传播过程引入一种相亲相爱的价值体验的领域，传播者与受众的外部存在形式，不是作为技术与实践的对象，不再是将利益获取作为主位，而是转换为生命体验与价值关怀的对象。在关怀性的关系中，受众不再是'对象性'存在，而成为一种'亲和性'的价值存在。"①

第二节　马克思主义大众化传播的方法应用

方法一般是指为获得某种东西或达到某种目的而采取的手段与行为方式，是"在给定的前提下，为达到一个目的而采取的行动、手段或方式"②。马克思主义大众化的传播方法是实现马克思主义大众化不可缺少的中介要素。正如毛泽东所说："我们不但要提出任务，而且要解决完成任务的方法问题。我们的任务是过河，但是没有桥或没有船就不能过。不解决桥或船的问题，过河就是一句空话。不解决方法问题，任务也只是瞎说一顿。"③

---

① 徐萍：《传播生态的诗意化与亲和力》，《福建论坛（人文社会科学版）》2009 年第 2 期。
② ［德］阿·迈纳：《方法论引论》，王路译，生活·读书·新知三联书店 1991 年版，第 6 页。
③ 《毛泽东选集》第一卷，人民出版社 1991 年版，第 139 页。

作为活动主体的人与作为活动客体的具体对象，正是通过方法才得以在活动中相互联系、相互作用的。马克思主义大众化传播方法是马克思主义传播主体为了传播马克思主义理论和实现大众化的传播目的所采取的一种手段、技术、工具和途径，是传播主体和受众相互作用的有效中介和桥梁。

一、马克思主义大众化传播的显性方法

显性方法"是指充分利用各种公开的手段、公共场所，有领导、有组织、有系统的思想政治教育方法"①。思想政治教育显性方法在实践活动中虽存在已久，但作为一种方法概念，则是在 20 世纪 90 年代初期"隐性方法"提出之后，才概括出来的与隐性方法对应的方法类型。显性方法在传播马克思主义中国化思想理论和价值观念中有重要价值。意识形态传播的主要任务就是让党和国家的意识形态被社会所接受和认同，转化成社会公众的社会心理。马克思主义作为一种意识形态，要实现其控制力，需要一种靠强制力的显性传播手段来完成。"一套成功的意识形态，首先必须经过心理说服的过程，使群众认同其理念，这是意识形态确立的首要步骤——符号化的步骤；尔后，必须透过政治强制的过程，使个人或集团与意识形态不相容的欲望或需求，以及与意识形态相左的理论或信仰，完全从公共沟通系统中排除掉，这是意识形态非符号化的过程；最后意识形态会被塑造成独立于个人之外，不以个人意志为转移的客观存在，它成为一种典范，并且为个人或集团的思想行为构成了一个背景世界，成为个人或集团从事价值判断或对周遭环境认知、评估时，不自觉地以它作为依据，亦即此时意识形态犹如自然般对人产生命运的因果作用。这是意识形态典型化的步骤。"② 这一系列步骤表明，一定阶级或集团会通过一定教育模式和传播载体等具有政治强制性的显性方式向社会成员灌输或传播本阶级的意识形态，以期在达到共同认识基础上实现和维护自身的阶级统治，这样，显性方法

---

① 王瑞荪：《比较思想政治教育学》，高等教育出版社 2001 年版，第 278 页。
② 李英明：《哈伯马斯》，东大图书股份有限公司 1986 年版，第 79 页。

就成为意识形态传播的主要方式。

第一，主导性的理论灌输。思想政治教育是"把社会的要求规范灌输到人们头脑中去，使它转化为人们的认识、情感、意志、信念，并体现在人们的行动中。思想政治教育不是干别的，正是专门做这个'灌输'的"①。马克思主义大众化传播的内容是马克思主义主流价值观，而人作为社会化的动物，其社会化是一个过程，思想意识形态不可能与生俱来的进入人的大脑，因此，必要的灌输能促进人的思想意识的社会化。"从社会主义主导思想理论和价值体系本身的属性和品质来看，这一思想理论体系既是马克思主义理论在当代中国的发展，又是在继承我国优秀传统文化基础上创造出来的反映我国国家性质和社会主义现代化发展方向与要求的科学理论体系，具有思想的先进性和知识的丰富性、系统性相统一的特质，不可能在人们头脑中自发产生，'只能从外面灌输进去'。从人们的接受心理特点和倾向看，在当前市场经济环境下，人们一般更倾向于选择与切身利益和实际需要相关的经济信息，对于与现实的经济生活联系不太直接的政治思想理论，无论是无意识注意还是有意识关注程度都比较低，主动选择和接受教育社会主义主导思想理论信息的自觉性比较差。在解决这一思想政治教育要求同人们接受之间的矛盾问题上，显性方法的工作特性显然比隐性方法具有更大的作用和价值。"② 虽然，大众化是马克思主义自身的内在要求，但这一过程并不是自发的。列宁曾经针对当时俄国实际状况指出："工人阶级本来也不可能有社会主义民主主义意识。这种意识只能从外面灌输进去。"③ 在全球化的时代条件下，推动当代中国马克思主义大众化传播，理论灌输的方式也是十分必要的，也必须组织力量"到居民的一切阶级中去，应当派出自己的队伍分赴各方面"④。当然，灌输不能脱离实际，如果"错误地把口号理解为固定不变的东西而不愿理会当前群众运动中事实上已经

① 刘书林：《青年思想政治教育学原理》，中国青年出版社1999年版，第20页。
② 董娅：《思想政治教育显性方法的当代价值与发展取向》，《西南师范大学学报（人文社会科学版）》2004年第6期。
③ 《列宁选集》第一卷，人民出版社1995年版，第317页。
④ 《列宁选集》第一卷，人民出版社1995年版，第363页。

形成的情况和条件"，就"不可避免地会堕落为革命的空谈"①。灌输方法是一个应当坚持并应当逐步改进的方法，在普遍应用的同时，必须讲求科学性、针对性，并把握其运用的具体条件和有效范围。在今天这个背景下，特别是我们当下面临的信息社会，整个受众的主体，都在发生着明显的变化，包括他们的性格心理、兴趣指向、群体层次和生存其中的传播环境。尤其是"80后"、"90后"一代，他们的接受习惯和交往媒介和"70"、"80"之前的一代人有很大差别，他们的主观性、选择性明显增强，"主流"的传播力在今天已经大打折扣。传播模式中的受众意识明显增强，并由"传播者本位"向"受众本位"转变。因此，在灌输的方法中，要注重与现实生活的联系，把握理论精髓的同时注重言语的通俗化，增强灌输方式的科学性、趣味性、渗透性和生活性。同时，在灌输中渗透对人的价值的关注。如蔡元培所言，"教育者，养成人格之事业也。使仅仅为灌注知识、联系技能之作用，而不贯之以理想，则是机械之教育，非所以施于人类也。"②

第二，规范性的学校教育。正式规范的教育组织形式是典型的显性教育方法，这一形式有助于利用组织权威，制定学习制度和创设稳定的学习场所，组织教育对象系统的学习思想理论和科学知识。规范性的学校教育是马克思主义显性传播的重要途径。"一种思想、一种信仰、一种理论，一旦被人们所接受，它们就在精神上对人们实现了控制。历史上，柏拉图的理想国、中国的三纲五常、资本主义三权分立的政治理念之所以对社会稳定与发展产生巨大作用，就在于它们渗透到了社会的每个角落，为人们所接受，成为人们行动的指南与精神引导，从而形成了支配一切、影响一切的政治文化特色。在思想政治教育的灌输过程中，这些政治理念不仅仅是统治阶级的思想，而且已经成为社会主流价值观，已经成为一种流行政治文化。"③ 这种灌输过程不是一蹴而就所能完成的过程，而是一个重复和不

① 《列宁全集》第17卷，人民出版社1988年版，第194页。
② 高平叔编：《蔡元培教育论选读》，人民教育出版社1991年版，第43页。
③ 李合亮：《解析与建构：当代中国思想政治教育的哲学反思》，人民出版社2010年版，第141页。

断宣传和教育的过程。"每个政治体系都有某些执行政治社会化功能的机构，他们影响政治态度，灌输政治价值观念体，把政治技能传授给公民和精英人物。"① 学校是最重要的马克思主义理论传播、教育和研究机构，学校教育是马克思主义大众化传播的最系统化、强有力的影响因素之一。这是因为，"学校向青少年传授关于政治世界以及他们在这个世界中的作用的知识。……学校还灌输社会的各种价值和态度。学校可以在形成对政治竞赛的各种不成为规则的态度方面发挥重要作用。"② 因此，国家和政府必须运用各种手段，充分发挥统一规划和协调的作用，实现对各种社会教育力量的整合，建立健全社会化的马克思主义传播的教育体系。在规范化的学校教育中，可以通过课程及学科渗透、教师影响和政治实践来实施马克思主义思想的内化。在完成学校教育后，再通过政治再教育和政治社会化的政治宣传工具，如电视、报纸、电影等媒介宣传来自官方的政治活动信息和政治思想理念，从而影响大众的政治倾向和政治认同、价值取向和生活观念。这些大众传播，不但塑造了政治形象，还培养了人们对政治过程的理解，在马克思主义传播方面发挥重要作用。

第三，公开性的政治传播。公开性的政治传播是通过制作政治信息，建立政治信息传递和传播的渠道，有计划地开展政治信息的社会化传播，以影响或改变人们的政治态度政治倾向，借以控制社会政治局面的主流做法。传播学中有一种舆论的"强声效应"规律，指的是在社会舆论存在多种不同的声音时，其中彰显的占主导地位的强有力的声音，会对其他不太强的或弱势的声音产生干扰、诱导乃至同化的作用。在当代多元文化并存、各种思潮相互交错激荡的社会环境下，公开性的显性传播在大张旗鼓的制造声势和营造氛围方面具有明显的优势。公开性的政治传播用正规化、专门化、公开化、直接化和富有冲击力影响的工作形式和行动方式，有效利

---

① 〔美〕加布里埃尔·A. 阿尔蒙德、小 G. 宾厄姆·鲍威尔：《比较政治学——体系、过程和政策》，曹沛霖、郑世平、公婷等译，上海译文出版社 1987 年版，第 91 页。

② 〔美〕加布里埃尔·A. 阿尔蒙德、小 G. 宾厄姆·鲍威尔：《比较政治学——体系、过程和政策》，曹沛霖、郑世平、公婷等译，上海译文出版社 1987 年版，第 46 页。

用一切有利的公开场合和掌握的大众传播媒介，大张旗鼓彰显主流意识形态的思想观念和价值诉求，在社会传播媒介和社会组织生活中有组织有意识地占据思想意识表达的主导位置，极大地突出马克思主义在社会意识形态领域中的统领性地位，彰显和强化社会主义主导思想理论和价值取向在社会多元文化中的声音，使社会主导思想文化的声音成为社会的强势话语和舆论公器，对其他非主流的声音产生诱导与同化的影响力。公开性的政治传播具有旗帜鲜明的社会批评功能，能够及时地对各种错误思想理论和观念形成的原因和危害给予系统深入的揭露和理性的批评，引导人们分清多元现实中不同"元"的是与非，对与错，自觉抵御不良思想理论和文化的影响与侵害。在当代错综复杂的意识形态领域中，显性方法旗帜鲜明的思想导向功能，对坚持改革开放的正确方向、引领社会思潮、保持社会稳定具有重要的价值。

二、马克思主义大众化传播的隐性方法

从文化传播的视角看，马克思主义大众化传播是马克思主义先进文化和价值观念传播与接受的过程。在这个过程中，传播者与接受者是双向互动的实践主体，双方在平等、民主、对话、选择的基础上实现意识形态的理解与共识。它的作用机理本质上是情感认同，即把作为意识形态的制度化和体系化的思想和真理性认识通过情感认同嵌入大众的心灵中，这就需要发挥关注心理层面的隐性教育作用。隐性教育是指在宏观主导下通过无意识的、间接的、内隐的社会活动使受教育者不知不觉地受到影响的教育过程。它实现教育目的于日常生活中，渗透教育过程于休闲逸致间，以"潜移默化"、"润物无声"的方式对受教育者的思想、观念、价值、道德、态度、情感等产生影响。隐性教育中蕴涵着的思维模式、价值理念、个性视角等深层内容的隐性知识对人的认知活动具有重要的认知意义。隐性知识使个体能够以个人的方式来理解、洞察、体会、感悟、认识自然界和人类社会的方方面面。传统的意识形态整合主要是依靠思想政治教育中的显性知识，如原理、概念、理论体系等，通过理论知识的灌输方式以及系统

学科知识的传授方式来实现的。这是以当时的意识形态语境和隐性政治压力的存在为凭借的。灌输方式固然是意识形态获得社会认同的重要方式之一，但其作用是有限的，因为接受对象不是被动的客体。随着时代的发展和条件的变化，面临许许多多的问题：一是理论化和文本化倾向忽视了群众的理解力与接受力造成了意识形态理论话语的失语或失效；二是思想观念上僵化、内容上虚化、方式上权利化与人们的文化背景、生活境遇、实际需要相分离使社会主义意识形态建设收不到实效；三是缺乏其世俗化的语言，使马克思主义意识形态话语普适性价值失去了指导生活和实践的意义，进而也失去了其创造力和生命力。在改革开放、经济市场化、文化多元化、社会功利化、个体自主化和世界全球化的今日中国，灌输式的意识形态传播与社会整合方式的作用已经被大大削弱，必须要实现向多形式广泛渗透型的整合方式的转变。对于广大民众而言，对马克思主义理论和意识形态的接受与认同多是通过日常生活中的一点一滴的积累来完成，有效的社会整合不再可能通过任何强制性的方式来实现，而只能通过多种形式的隐性方式的渗透来完成。

隐性教育将教育内容润物无声地渗透到环境、文化、娱乐、服务、制度、管理等日常生活之中。马克思主义大众化传播过程中的隐性教育能使受教育者在各项活动和良好的氛围中去自我感受、自我把握、自我领悟、自我提升，不知不觉地接受马克思主义意识形态的内容，潜移默化地升华了自己的思想。它具有以下几个特征：从教育者的意图和目的来看具有隐蔽性与暗示性；从教育的方式和路径来看具有间接性和渗透性；从教育的过程和结果来看具有体验性和认同性。隐性教育能够有效避免教育对象产生逆反情绪，激发其参与意识，使马克思主义大众化传播和思想政治教育更具针对性、感染性和吸引力。发挥马克思主义大众化传播和思想政治教育中的隐性教育，一是转换工作方式，消解话语霸权。由"二元对立方式"向"交往间性方式"转换，建立和谐教育氛围，促进群众生活话语的回归，加强话语沟通机制，避免坠入"话语裂谷"。二是注重情感陶冶，强化社会熏陶。意识形态建设要根植于生动而丰富的社会生活，而人会在丰富的社会生活中耳濡目染，受到熏陶，逐步内化。要把马克思主义传播内容渗透到现实生活中，使大众能够从现实经验中切实感受到马克思主义理论与现实的契合，克服以往的将意识形态局限于革命理想、政治运动而远离大众生活的空洞化现象。人们的生活条件和生存环境能够引导他们认知一种思想，感知一种信仰的力量，从而在他们身上逐渐形成一种认知态度和行为倾向。因此，马克思主义信仰需要在社会化活动中建立。社会化活动是许多沿着共同的方向、具有共同的精神、为了共同的目标而并肩工作的人们的集体实践，而这种集体实践会形成集体观念和意识，"人们的观念、观点和概念，一句话，人们的意识，随着人们的生活条件、人们的社会关系、人们的社会存在的改变而改变。"① 马克思主义意识形态内化为人们的集体意识不能离开社会环境孤立的展开，而必须走向社会开放的社会生活，创设集体实践活动的良好社会环境，把社会主义核心价值体系的传播渗透到国家的制度、方针和政策等具体层面，这是人们认知、感知马克思主义意识形态的关键环节，与人们的利益直接关联。三是利用文化载体，实现以文化人。文化产品不但具有商品属性，更具有社会主义意识形态属性，不但能满足人们精神消费需求，还是意识形态隐性渗透的重要载体。不论是雅文化还是俗文化，是主流文化还是通俗文化，都有影响与建构人心的功能，都是马克思主义意识形态必须渗透的重要领域。如果马克思主义传播所表现的主流价值观不能广泛渗透到一切形式的文化载体中，就难以为广大人民所感知、认同，也就难以实现其社会整合功能。因此，在马克思主义大众化传播过程中，坚持"以科学的理论武装人、以正确的舆论引导人、以高尚的精神塑造人、以优秀的作品鼓舞人"为宗旨，大力发展文化产业，培育善于把握市场脉搏和捕捉群众需求的合格市场主体，改革和完善文化生产机制、经营机制、管理机制和评价机制，把丰富的文化资源转化为文化产业，把优秀的文化内容转化为优质的文化产品，"催生经得起市场、群众和历史检验的更多叫好、叫座、叫绝的精神文化产品，决不让那些远离

---

① 《马克思恩格斯选集》第一卷，人民出版社 1995 年版，第 291 页。

生活的'艺术家'、脱离真实的'艺术标准'、忽视人民的'艺术情趣'成为文化产品生产创作的指挥棒"①，坚决抵制和防范各种腐朽落后文化的侵蚀。

三、马克思主义大众化传播的对话方法

1. 从对话析理到产生共鸣

对话为大众理解马克思主义提供了有效方式。对话是一个由蕴于解释到认知，由认知到熟知，由熟知到有所悟，再到情感升华的过程。正如雅斯贝尔斯所说："对话是探索真理与自我认识的途径。"② 对话是对话双方相互倾诉与倾听的过程，是一个"真理的敞亮和思想本身的实现，……在对话中，可以发现所思之物的逻辑及存在的意义"③。伽达默尔认为，"对话是两个人相互理解的过程，因此，对话的一个特征是，每个人各自向对方开放自己，真诚接受对方的观点，把对方的观点看作是值得考虑的，循此进入对方的思路，直到理解的不是对方这个特定的个体，而是对方所说的内容。必须紧紧抓住对方观点中的客观正确性，以便就一个主题相互达成一致。"④ 对话是双方彼此解释自己的观点，分享彼此的意见，通过相互接纳和共同分享，达到双方的差异的互相尊重、认知的交互理解和精神的互相承领。在对话中，一方将会用自己的思想去理解对方话语的内涵，力图知道对方所要表达的真正思想；也是对对方的一个理解过程，并用自己的语言解释对方的思想。因此，对话是以对话主体各自的认知结构和自身视野为基础，以双方共处的文化底色和文本视野为背景，在尊重彼此的认知情感、认知心理的前提下，所达成的一种视界融合、意义共享、心灵共振和

---

①　廖言：《不断深化对中国特色社会文化发展规律的认识》，《求是》2010 年第 12 期。

②　［德］雅斯贝尔斯：《什么是教育》，邹进译，生活·读书·新知三联书店 1991 年版，第 71 页。

③　［德］雅斯贝尔斯：《什么是教育》，邹进译，生活·读书·新知三联书店 1991 年版，第 13 页。

④　［德］伽达默尔：《真理与方法》，洪汉鼎译，上海译文出版社 2004 年版，第 489 页。

情感共鸣。这种共鸣不是建立在压服或者灌输的基础上的，而是通过一种对话方式引发对社会强烈的思想共振和情感共鸣，这种共鸣越契合与完美，那么大众感受到的满足就越大。因此，在搭建对话平台的过程中，应该针对人民群众自身的价值体系与日常生活逻辑，解析大众现实生活中遭遇的问题，只有使民众相信马克思主义能增进其福祉时，马克思主义大众化传播才能获得预期的影响力。

2. 从舆论引导到舆论控制

大众接受马克思主义的前提是在心理上对其产生心理认同。心理认同是一种价值互认，这种价值互认建立在共同的社会阅历和利益契合之上，也建立在强有力的舆论导向与和谐进步的文化环境之上。"所谓舆论，是指多数人对社会生活中有争议的事件发表的有一定倾向的议论、意见及看法。作为蕴藏在人们思想深处的共同心理倾向，舆论通过带有价值判断的社会评价，如对某种具体的价值观或行为方式的褒扬与赞赏或批判与谴责，造成一种社会氛围，从而对社会成员的价值取向和行为方式产生影响。"① 舆论是自然存在的，但是舆论受到的外部影响也非常多，在马克思主义传播过程中，专家、学者和其他传播主体既要向大众阐释理论，传播党的方针政策，又要分析和解读当前的社会热点和关切焦点，对各种热点问题进行因势利导，以事明理，解决大众关心的难点和困境。第一，权威传播的引导。党的十七大报告指出："要健全民主制度，丰富民主形式，拓宽民主渠道，依法实行民主选举、民主决策、民主管理、民主监督，保障人民的知情权、参与权、表达权、监督权。"② 公众有利用传媒的权利，包括知情权、表达权等在内的言论自由权。所以，政府传播部门要建立权威的对话平台和机制，以听取和接纳群众意见，鼓励和保障大众参与公众生活讨论、表达各自意见的自由权利。政府在面对舆论时应做到"疏胜于堵"，对一些负

① 章辉美：《大众传媒与社会控制——论大众传媒的社会控制功能》，《社会科学战线》2005年第3期。

② 胡锦涛：《高举中国特色社会主义伟大旗帜 为夺取全面建设小康社会新胜利而奋斗——在中国共产党第十七次全国代表大会上的报告》，人民出版社2007年版，第29页。

面影响要积极应对、及时协调。同时，要强化主流媒体的理论传播引导能力，主流媒体拥有大量受众群体、具有较大品牌影响力、能够主导社会主流舆论，因此要发挥主流媒体所具有的独特的传播优势和传播效应，在重大理论问题的阐发上先声夺人，抢占思想引领的制高点，坚持用社会主义核心价值体系引领社会思潮，弘扬先进民族文化，防止和抵制"西化"、"分化"图谋，从而引导舆论健康发展，达到控制舆论的目的。第二，意见领袖的引导。让权威的人士与大众对话，拉近专家、学者、政府官员与大众的心理距离，发挥意见领袖的作用。意见领袖在公众中有一定的威望，所以他的意见就会自然而然地产生引导舆论的作用，还有公认的文化精英对舆论的引导，在某种意义上说，精英是舆论的代表，所以他们能够有引导舆论的能量。

3. 从情境感染到深层渗透

当代中国马克思主义大众化传播，既是传播者向大众传播科学理论的过程，也是传播者与受众、专家与大众、说者与听者之间的对话，是一种平等沟通的关系。当代中国马克思主义大众化传播一个重要的方式就是善于采取对话交流的方式。亲和力、感染力、吸引力是构造对话情境的重要因素，而对话的情境能给参与者以感染性，因为，冷冰冰的说教、空洞而缺乏魅力的套话，那种高高在上的"训导者"的方式，彰显不出中国马克思主义大众化的亲切感人的魅力，也使理论远离了人民群众。在对话式的传播观念中，交流不仅是"共同做事"，不仅是"分享"，更不单纯指"信息的交流"。交流的意义还在于，人们通过对话共同创造一个更大的人类认识空间，让人关注于问题背后，产生新的理解，使大众在对话中进行自我觉解，自我创造，甚至形成前所未见的新思想、新观念、新意义。"对话"可以使人们就各自的差异进行融通与超越，形成他们在认识过程中能共同把握到的东西，通过差异的碰撞，带来新思想、新发现，达到思想上的深层渗透。通过对话，"人逐渐成为一个新人，他的精神存在进入一种不断再造（reformation）的运动，这种运动一开始就包含着交往，并且通过更好地理解新的变易而唤醒一种新式的个人生存。这种生存正处在与自己的生命活动密切相关的循环之中。在这一运动中（甚至在它之外），首先有一种特殊类型的人性在扩展，它生存在有限之中却趋向无限的极点。"①

第三节 思维方式和方法应用的合理性建构

思维，是人类特有的思想活动，是人们在表象、概念的基础上进行分析、综合、判断、推理的认识过程。思维方式是指人们的思维方法与形式，是实践行为的切入点、进入角度。方法是一定思维方式指导下做事情的门路、程序和策略。思维方式和方法都是建立在人的实践活动基础之上，根源于人的生存方式。二者之间的统一体现了马克思主义哲学方法论最重要的特点：理论认识和社会实践的完整统一。

一、思维方式的逻辑基点是人的存在方式

思维方式的辩证逻辑基点是人的存在及其存在方式。人是实践的存在，实践是人的存在方式，它是人的本质特性所展开的模式。思维方式及其相对应的应用方法是人们在实践活动中形成和发展起来的，是人们对实践经验进行总结、概括和提炼的结果，是人的认识成果的内化或意识化。"思维方式则是存在方式的内化，这种内化发生在人们对客观世界的认识过程中。"② 辩证唯物主义认为，存在方式决定思维方式，思维方式又能动地反作用于存在方式。一方面，一定历史时代的生产方式和科学技术发展水平决定一定的思维方式及其实践手段，不同的社会发展时期因时代特征、社会发展主题与状况、社会实践活动内容与方式的不同而具有与之相应的思维方式。正如马克思所强调的："发展着自己的物质生产和物质交往的人们，在改变自己的这个现实的同时也改变着自己的思维和思维的产物。"③

---

① ［德］胡塞尔：《现象学与哲学的危机》，吕祥译，国际文化出版公司 1998 年版，第 144 页。
② 王天思：《存在方式、思维方式和行为方式的互动结构》，《求实》2003 年第 3 期。
③ 《马克思恩格斯选集》第一卷，人民出版社 1995 年版，第 73 页。

因为，"每一个时代的理论思维，从而我们时代的理论思维，都是一种历史的产物，它在不同的时代具有完全不同的形式，同时具有完全不同的内容。"① 每一时代的思维方式都代表着当时人们的认识水平，它归根结底是由当时的生产和科学的发展水平所决定的。"人在怎样的程度上学会改变自然界，人的智力就在怎样的程度上发展起来。"② 人类思维方式的变化不仅与各特定时代的物质生产和科学技术的发展有关，要受到认识手段和认识工具的制约，而且同样也要受到各特定时代社会制度及其他社会关系的制约。列维·布留尔也曾指出："具有自己的制度和风俗的一定类型的社会，也必然具有自己的思维样式。不同的思维样式将与不同的社会类型相符合。"③ 一句话，每一时代都有自己相应的思维方式。思维方式和思想方法是社会实践发展的产物。另一方面，思维方式一经产生又具有相对独立性，思维方式一旦形成，它就成为相对独立稳定的思维定势，并能动地反作用于社会存在。同时，思维方式的变革是时代的需要，我们的思维方式应适应时代变革的要求不断进行创新。思维方式的变革会影响以至改变人们的社会心理和价值取向，推动和促使理论创新，使其成为人们认识和改造客观世界的思想武器。总之，思维方式具有时代性和历史性，僵死不变的思维方式是没有的，一定的思维方式总是植根于该历史时代的社会存在及其存在方式的土壤之中，并随着存在方式的发展变化而不断发展变化。

二、思维方式的转换引起方法应用的变革

思想是行动的先导，人们的思维方式决定着人们在实践中运用的方法。"正如思维方式是存在方式的内化，行为方式是思维方式的外化。人们不仅认识世界，同时还在改造世界，而在改造世界的过程中，人们的思维方式又外化为行为方式。思维方式外化为行为方式，就是人们的内在思维方式

---

① 《马克思恩格斯选集》第四卷，人民出版社 1995 年版，第 284 页。
② 《马克思恩格斯选集》第四卷，人民出版社 1995 年版，第 329 页。
③ ［法］列维·布留尔：《原始思维》，丁由译，商务印书馆 1995 年版，第 20 页。

在外部社会实践过程中的展开。"① 在马克思主义传播过程中，我们的传播体制、传播途径、传播方法只有沿着科学的思维方式和思想方法的轨道正确运行，才能真正实现大众化的传播目标和效果。也基于此，显性的传播方法、隐性的传播方法和对话的传播方法是工具理性、价值理性、交往理性三种人类思维方式的产物，是人类思维方式所要求的方法、工具和手段。

当然，形成于大脑中观念性的东西，又具有自身的凝固性、保守性。当某一时期人们的思维方式落后于发展的步伐时，这种落后的思维方式会阻碍前进的脚步。例如，人们长期在计划经济体制条件下所养成的传统观念和传统的思维方式，直至如今，在某些人的头脑里还有其惯性影响。每当他思考、探讨问题时，就会自觉或不自觉地沿着习惯思路去考虑和处理问题，这种和时代精神格格不入的思维惰性，是消极、被动的思维方式，它会顽固地反作用于实践活动，成为生产发展和社会进步的阻力。社会的发展可以推动思维方式的发展和转换、更新，而思维方式的发展又能够推动社会实践和社会的发展。思维方式与社会发展的这种互动关系告诉我们，要实现思维方式对社会发展的引导、促进作用，就必须对以前那些不利于或不适应时代发展的思维方式进行变革，确立正确的思维方式与价值取向。人们思维方式的转换必然引起方法应用的变革，当人们进行实践活动和运用方法时，思维方式发挥启动、运行和转换的作用。"人们总是自觉不自觉地按照自己的思维方式开展与外部存在的相互作用；人们的行为总是受其思维方式的支配；有什么样的思维方式，就有什么样的行为方式。尽管人们的具体行为不可避免地受制于具体的外部情境，但作为相对固定模式的行为方式却总是相应思维方式的外部表现。"②

三、方法应用的困境要求思维方式的转换

科学技术的发展，使现代传播活动所处的境况和语境与以往有很大不

---

① 王天思：《存在方式、思维方式和行为方式的互动结构》，《求实》2003 年第 3 期。
② 王天思：《存在方式、思维方式和行为方式的互动结构》，《求实》2003 年第 3 期。

同。在网络时代，大众的生活方式在某种意义上是一种信息化的生活方式。随着网络在学校、家庭和社会的不断普及，网络信息化传播将成为最重要、最快捷、最富生机活力的大众传媒方式。"新兴的网络媒体、光纤传输、卫星通讯、数字技术、多媒体制作、DV 革命、手机短信……都改变了以往的传播方式和接受方式，消除了传播者与受众之间的强制关系，受众不再只是被动地接受，而转向积极参与、主动接受和交流的语境中。电视文化成为真正的人人都参与游戏的文化广场；网络平台完成了传播者和接受者的角色互换。我们的时代因此进入平等、平行、互动的传播时代，进入多元化和差异性并存的宽容时代，进入了21世纪全球话语交流时代。"① 传播是一个传受双方沟通、交流信息的双向反馈的信息流通过程。而在互联网时代，传播更是一种自由平等交流、情感交互作用的过程，网络传播的最大特点就是跨越时空距离，双向互动，反馈及时。网络平台使点对点的交流成为可能，这继承了人际传播和大众传播各自的优点，而同时克服了其缺点。反馈的及时使受众需求不再那么神秘，有效地沟通了传者与受众之间的信息，从而为传播效果的最大化创造了条件。那种层层"你听我说"、强调传播者的主体意志和情绪消极被动格局无视受众的个性和需求，一味地追求传者的主观意志，把模式化、概念化、肤浅化的宣传和灌输作为主要的马克思主义传播方式必然会引发传播的困境。因为，虽然受传者有接受信息的要求和愿望，但他并不是完全被动地接受所有信息，而是仅仅接受他愿意和乐于接受的那一部分。就知识信息而言，人们往往有求新求异的倾向，就价值信息而言，人们往往乐于接受与自己头脑中既有是非判断标准和审美取向相一致的信息，排斥不一致的。这也说明，受传者在接受信息之前头脑并非一块白板，而是先前就有一种"视野期待"。按照"靶子论"，如果在传播过程中，受传者是一个固定不动的靶子，而传播者具有强大的力量，他可以把知识信息乃至思想感情不动声息地传送到受传者的头脑里。但是，在信息化传播时代，这种方法势必面临困境。黑格尔曾说过，

---

① 陈默：《电视文化的新理念——多元对话性》，《现代传播》2003 年第 4 期。

当思维与现实发生冲突的时候，出毛病的总是思维这一方。这种方法的困境将推动马克思主义传播的思维方式和应用方法的转换，即由单向度的思维方式转向交往理性思维方式，由单向的灌输方法转向多维的互动方法，使传播者和受传者在传播过程中达到视野融合。马克思主义传播主体要明确受众定位，在宏观层面上强调"传者本位"的同时，在微观层面上，要秉持"受众本位"的理念，深入研究受众的心理、兴趣和需要，从而在传播主体和受众需求之间找到一个契合点，在传播方法上，能够切合当时大多数人的实际，传播手段能最大限度地照顾到不同群体接触外界信息渠道的特殊性。要考虑到年龄、性别、职业、知识结构、受教育程度等多重差异性特征，遵循不同的传播思维方式，采用不同的传播方法，把马克思主义理论的抽象话语用通俗化的形式阐释成为老百姓的生活话语和常识话语，使理论所蕴涵的价值观念和思维方式融化在老百姓的日常生活和生产实践之中，使人们在不知不觉中接受马克思主义。

第六章　马克思主义大众化传播的机制探寻

合理的传播方式通过科学的运行机制才能达到目的并以此作为保障使其顺利实施。为此要研究：马克思主义大众化传播的话语转化机制、马克思主义大众化传播的长效工作机制、马克思主义大众化传播的效果评价机制。

第一节　马克思主义大众化传播的话语转换机制

党的十七届四中全会强调，大力推进马克思主义中国化、时代化、大众化。刘云山指出："马克思主义时代化即包括内容的时代化，形式的时代化，也包括话语体系的时代化……，用富有时代气息的鲜活语言，用适合当今社会的表达方式，更好地阐明对当今世界经济、政治、文化等重大问题的主张和看法。"[①] 社会生活的急剧变化，为马克思主义的理论创新带来了新的实践资源，丰富了马克思主义的理论宝库，同时也要求尽快建立一套贯穿马克思主义立场观点方法、切合老百姓理解力和接受力、具有理论亲和力的话语体系，以牢牢掌握马克思主义在意识形态领域和日常生活中的话语主导权。

---

① 刘云山：《把建设马克思主义学习型政党作为重大而紧迫的战略任务抓紧抓好》，《人民日报》2009 年 10 月 15 日。

一、马克思主义大众化传播话语转换的原则

1. 坚持马克思主义的精神实质

在话语转换与话语创新中必须坚持马克思主义世界观、方法论的指导。合理的话语转换不是突破马克思主义话语体系，更不是摒弃马克思主义，而是在坚持马克思主义精神实质的前提下实现话语转换，这是马克思主义大众化传播话语转换的根本原则。马克思主义大众化传播是用具体的、通俗的、大众的语言来诠释抽象理论，进一步推进当代中国马克思主义的大众化，绝不能由此而走入庸俗化的倾向。正如列宁所指出的那样："庸俗化和哗众取宠绝非通俗化。通俗作家应该引导读者去深入地思考、深入地研究，他们从最简单的、众所周知的材料出发，用简单易懂的推论或恰当的例子来说明从这些材料得出的主要结论，启发肯动脑筋的读者不断地去思考更深一层的问题。"① 通俗化绝不是庸俗化，而是在话语转换与创新中坚持马克思主义世界观、方法论的指导。坚持马克思主义的指导，是正确把握历史的前提。而坚持马克思主义的前提，是必须把它视为既一脉相承又与时俱进的统一科学体系，不能割断马克思主义中国化的历史过程，割断历史必然割断马克思主义理论自身发展。

2. 正确对待历史上的话语体系

马克思主义已经融入了中国现代化的道路，并成为中华民族的思维方式、话语方式乃至思想体系。因此，不能割断和抛弃现代马克思主义传统，否则就会在思想观念上遭遇混乱、断裂以及失语现象。因此，马克思主义大众化传播话语的转换要正确评价传统的意识形态话语和学术话语，包括用此话语体系所建构的学科、学派。正确的态度无疑是具体地分析、继承性创新。要做到这点，首先是不能把意识形态话语和学术话语的形成完全归结为政治意志的操纵，因而将其完全同大众话语对立起来，而是要确认

---

① 《列宁全集》第 5 卷，人民出版社 1986 年版，第 322 页。

其是适应一定实践需要，具有特定历史背景的产物。如果把这种把意识形态话语、学术话语同马克思主义大众化传播话语完全割裂并对立起来，会导致对于马克思主义指导下的中国社会主义历史的否定，即把社会主义实践歪曲为脱离人类文明大道的虚假历史而力图一笔勾销。事实上，话语的实质是对于历史和现实的把握，即是说，无论时空如何转换，我们都应该对历史文化传统保持一份温情和敬意，都要继承和发展之。因此，话语体系的转换关键就是重新审视历史，客观公正地重估中国自身的传统，从而更好地把握现在。"像'封建'、'封建社会'、'阶级'、'阶级社会'、'地主'、'地主阶级'等等，以及与这些术语相关联的许多社会历史理念、若干带有全局性的重大假设，都只有在特定的意识形态语境中才有意义，远非学术语言。如果'语言'、'话语'仅仅是一种'表达形式'，盛装'事实'中性的容器和载体，那当然无足轻重，问题在于它们很可能就是内容本身、历史本身。客观历史一旦消逝，我们通常所谓的'历史'就已经变成了一种语言事实，在特定的语言之外，我们就再也找不到'历史'了。这也就是说，一旦人们使用了某种'话语'，那就进入了某种规定的情境之中，这时要想对历史作另一种把握，简直没有可能。"[①]正因为如此，我们在讨论话语转换、话语创新和话语建构的问题时，必须十分强调正确对待历史和理性审视历史，否则，就会从根本上颠覆现行的价值体系。

3. 科学地把握话语转换的界限

在话语体系转换中坚持马克思主义世界观、方法论指导，同时还要科学地把握话语转换的界限。这里要注意两条：其一，马克思主义作为工人阶级的世界观和社会主义的意识形态，其政治性话语不可能完全大众化，否则就丧失了自己的"身份特征"。也就是说，它必然具有排他性、批判性、标志性的一面。政治性话语要突出其阶级统治的功能、阶级地位的象征和阶级利益的诉求。其二，马克思主义要在高等国民教育体系扎根，其学术话语不可能完全大众化，必须保持它的理论性、系统性的学术特征。

---

①　王学典：《近 20 年间中国大陆史学的几种主要趋势》，《山东社会科学》2002 年第 1 期。

学术化马克思主义的话语，就是要努力发掘自身的学术性资源，不断扩大自身的学术包容性。在今天，在话语体系学术化的大背景下，马克思主义政治话语的这种身份的独特性，一般地是通过"对话"而不是"大批判"的方式进行，这就要铺设对话的平台，以学术交流的方式实现。总之，马克思主义大众化传播话语的合理转换，必须坚持马克思主义精神实质，坚持以马克思主义世界观、方法论为指导，防止马克思主义大众化传播话语同意识形态话语、学术话语割裂起来，同时要科学地把握好话语转换的界限。

二、马克思主义大众化传播话语转换的维度

1. 马克思主义大众化传播话语转换的对象维度

尊重话语的对象是话语转换的关键。网络信息技术与 18 世纪的蒸汽机技术、19 世纪的电气技术一样，都具有划时代的性质，使人类步入信息文明的社会发展阶段。网络信息化引起人类行为模式、社会结构和社会规范体系的变迁，在信息爆炸和传播渠道众多的今天，受众不再是理论的被动接受者，而是有着很大选择权的参与者。推动马克思主义大众化传播，不可能单纯依靠传统的灌输方式，而要迎合受众的需要，努力找准受众的关注点。

第一，要满足话语对象的兴趣取向。马克思主义大众化要实现有效传播，必须客观分析传播话语对象心理实际，有效控制意识形态传播过程。以意识形态为内容的思想信息与其他信息最大的区别在于它一般具有浓厚的政治性色彩，而且这些信息的传播机构大多也是政治性机构。在当今社会主义市场经济条件下，社会大众更加趋向于获取各种非政治性的信息，如经济信息、文化信息和娱乐信息等，而对政治性机构发布的政治类信息兴趣不是太大。加之，意识形态给社会大众带来的利益是潜在的、间接的、长远的，社会大众一般不容易体会其价值所在。所以，在社会主义意识形态传播过程中，始终有少数人对意识形态内容的接受兴趣不大，甚至还会

出现逆反心理或抵触心理。因此，如何科学地表达意识形态的内容，使之符合社会大众的心理状态，激发他们的接受兴趣，是宣传者提高意识形态传播效果的重要目标。因此，要使马克思主义思想成为人民群众的政治信仰和行为准则，还必须转化为群众所喜欢的"大众话语"，因为"空洞的说教早已失去任何教育意义，只能引发人们的逆反心理，是绝对做不到大众化的"①。马克思主义大众化传播只有满足话语对象的兴趣取向，贴进大众生活，为大众喜闻乐见，才能内化为大众的精神支柱。所以，马克思主义大众化传播话语要"符合中国传统文化特点，符合受众的思想方法和接受特点，风格简明朴实。那种动辄照搬西方语言，那种张口'蓝色文明'、'普世哲学'的抽象说教肯定无效，那种不着边际的过时说教不会激起人们的接受热情，那种貌似深奥的牵强附会的联系必然失败"②。

第二，要把握话语对象的接受能力。马克思主义大众化呼唤通俗化、形象化、生活化，要充分考虑到话语对象的理论水平、文化习俗和思维方式及生活习惯。马克思主义大众化传播的受众头脑并非空白一片，而是具有一定思想观念和文化水平的主体性人。接受信息能力的强弱，取决于受众的文化水平和知识结构。由于受众的知识文化水平、思想观念参差不齐，因而在理解、把握和接受意识形态内容的能力方面必然存在很大的差异。不同文化水平的受众在接受同一条信息时，文化水平高的受众因善于分析、判断和理解，能够"取其精华，弃其糟粕"，举一反三，吸收有用成分，丰富充实原有的知识结构；文化水平低的受众也许会因为理解不了而产生排斥，无法吸收理论的精华。从传播心理学角度看，受众接受传播者的观点的过程是一个非常复杂的心理过程，仅就受众而言，它既要受到受众自身知识文化水平高低的制约，又要受其内在心理接受图式的影响。一般来说，受众比较容易接受与他们具有共同知识背景、相近思想观念的传播者所表

① 刘书林：《当代中国马克思主义大众化与思想政治工作新任务》，《思想政治工作研究》2008 年第 1 期。

② 刘书林：《当代中国马克思主义大众化与思想政治工作新任务》，《思想政治工作研究》2008 年第 1 期。

达的观点，回避或排斥与自己不一致的那些观点。因此，马克思主义传播主体在进行马克思主义大众化传播时，必须认真分析受众的基本知识水平、心理特征，正视他们接受能力方面的差异，有针对性地开展传播活动。

第三，要尊重话语对象的个性需求。现代传播环境下，受众的个性化不断增强，从受众的社会生活中表现出的自然属性和社会属性来看，受众分为不同性别、不同性格、不同年龄、不同职业、不同阶层、不同学历的受众等，不同的受众对信息选择也会不同。另外，随着通信技术进步，信息日益成为全社会共有财富，个人能够轻易地占有越来越多的重要信息，使个人力量日益增强，在社会生产中的地位愈加重要。这样，个性受到鼓励和推崇，个人的要求也日益多样化。受众对传播内容和方式的个性化要求，使信息传播向分众化、个性化发展，提供个性化服务，从而引起了传播内容和传播方式的改变。人们接触媒介普遍基于一些基本需求，包括信息需求、娱乐需求、社会关系需求以及心理需求等。这说明观众在选择什么样的传播内容时，具有能动性和主动权。

第四，要关注话语对象的切身利益。利益来源于人对生存现实的需要，利益是人类社会一切活动的动因，因此也是马克思主义被群众认可、接受和掌握的根本驱动力。马克思说："他们的需要即他们的本性"，[①]"人们为之奋斗的一切，都同他们的利益有关。"[②] 恩格斯也指出："每一既定社会的经济关系首先表现为利益。"[③] 因此，理论征服群众的重要方式是最大程度地反映、表达人民群众的利益。诚如毛泽东所指出的那样："一切群众的实际生活问题，都是我们应当注意的问题。假如我们对这些问题注意了，解决了，满足了群众的需要，我们就真正成了群众生活的组织者，群众就会真正围绕在我们的周围，热烈地拥护我们。"[④] 不难看到，只有反映和表达人民群众的利益、愿望、诉求和需要的理论，才算是马克思主义大众化的

① 《马克思恩格斯全集》第3卷，人民出版社1960年版，第514页。
② 《马克思恩格斯全集》第1卷，人民出版社1995年版，第187页。
③ 《马克思恩格斯选集》第三卷，人民出版社1995年版，第209页。
④ 《毛泽东选集》第一卷，人民出版社1991年版，第137页。

理论，马克思主义大众化传播在多大程度上反映人民群众的利益、意志和愿望决定了马克思主义在多大程度上被人民群众所认可和接受。因此，在整个理论大众化传播过程中，利益要紧密而又普遍地渗透在全过程之中。马克思主义大众化传播要切实把政府的政策方针、致富门路、高新科技、先进文化知识，不断地送到千家万户的心头，拓宽大众的眼界，激发起他们创造新生活的热情。马克思主义大众化传播平台承担着社会沟通的职责，做好人民利益的代言人。在我国建设和谐社会的现阶段，更加需要马克思主义传播为广大处于弱势地位的社会大众代言和呐喊。为群众谋福利是马克思主义政党的执政基础和归宿，马克思主义大众化传播要充分发挥国家和人民的桥梁和纽带作用，让大众了解社会，让社会了解大众。要尽力鼓励社会上其他阶层的人们都来关注弱势群体，在享受改革开放成果的同时，不忘却为改革开放做出牺牲的人群，即不要忘记城市里的下岗工人，不要忘记人数众多的农民。要以切实可行的行动来关爱农民、扶助弱势群体，以改变贫穷地区落后的面貌，提高基层人民的物质生活和精神生活水平。

2. 马克思主义大众化传播话语转换的话语维度

话语问题对于马克思主义大众化传播至关重要。体现实践性、民族性、时代性的话语体系则有助于推动马克思主义大众化的有效传播。

第一，强调大众化传播话语转换的草根性。马克思主义大众化传播不仅仅要强调马克思主义主体力量的精英性和面向未来的超越性，实际上更应该强调这种理论的实现性和实践性，让它扎根于现实的土壤，真正成为在当代中国民众中间发展的马克思主义，这就需要马克思主义话语言说要具有草根性。草根性是马克思主义大众化传播话语转换的本质复归。马克思主义大众化是指马克思主义基本原理由抽象到具体、由深奥到通俗、由被少数人理解掌握到被广大群众理解掌握的过程。党的理论创新成果可以通过国家法律和党的规定等形式确定为国家的指导思想，但要使之成为人民群众的政治信仰和行为准则，还必须转化为"大众话语"。因此，马克思主义大众化传播的话语在一定程度上有一种草根性的关联。首先，草根性蕴涵马克思主义大众化传播的话语要来源于并立足于大众的生活和实践。"语言不是外在于'生活',外在于'人'的'工具',而是'生活'和'人'的存在方式。"① 马克思主义大众化草根话语的转换是当今百姓生活状态的最真实表达,因此,草根性促进了民间马克思主义话语内容的丰富和发展,成为时代取之不尽、用之不完的语言资源。其次,草根性意味着马克思主义大众化传播话语从封闭走向开放,由专家走向大众,由学校走向社会,由政府走向民间,它是一种自上而下的群众性活动,这种转换所建构起来的受众与传播者交往关系是对长期以来一贯行之的权威服从关系的转换与颠覆,这就意味着话语权不能被传播者垄断和主宰,受众同样具有对马克思主义理论文本和思想内容进行解释的话语权。马克思主义由一个人说变成了众人说,由个体传播变成了群体传播,马克思主义话语的讨论,从中心转移到了边缘,马克思主义的话语霸权也从少数扩展到广大草根。最后,草根性作为马克思主义大众化传播话语转换的话语复归也是马克思主义保持生命力和创造力的不竭之源。

第二,实现大众化传播话语转换的话语整合。马克思主义大众化传播话语转换的话语整合实质是构建多种话语和谐共生的体系。"中国传统文化从来都不是被动吸收外来文化,而是把外来文化加以'中国化',纳入中国固有的思维模式之中,以保持中国的固有发展格局与方向。"② 从文化构成看,中国当代文化主要由三大部分组成——以儒家学说为核心的中国传统文化、明代以来吸收的西方古典文化和西方近现代资产阶级文化、"五四"运动以来传入中国的马克思主义文化。可见,中国文化并不是一个封闭的僵化的文化系统,而是一个充满了活力的开放的文化系统,它是在主体文化的基础上,不断汲取内外多维文化的营养,在开放的融汇中发展,即以本位文化为基础,大量汲取、融汇异质文化的精华,以对异质文化的开放,促进本位文化的拓宽。从这个意义上看,中国文化多维开放的动态结构决

---

① 叶秀山:《思·史·诗——现象学和存在哲学研究》,人民出版社1988年版,第9—10页。
② 罗荣渠:《现代化新论》,商务印书馆2004年版,第284页。

定了大众化传播话语转换的话语整合所处的话语体系，以此形成了马克思大众化传播话语的两个层面上的整合：首先，外来话语与本土话语的整合。党的十七届四中全会审议通过的《中共中央关于加强和改进新形势下党的建设若干重大问题的决定》强调，要大力推进马克思主义中国化、时代化、大众化。这蕴涵着马克思主义大众化话语整合思想，马克思主义是舶来品，中国化马克思主义话语就是以中国的文化形式和表达方式来阐述马克思主义理论，使之成为具有中国风格、中国气派的马克思主义，使之本土化，马克思主义的实践性品格，要求马克思主义话语体系必须结合新时代的社会实践进行转换，使之时代化。只有真正的实现中国化、时代化才能大众化。从语言本身而言，马克思主义大众化的话语转换也是一个马克思主义话语符号系统不断调整、转换、重构的过程，其实质是外来话语与本土话语的整合。其次，主流话语与大众话语的整合。马克思主义要实现大众化传播需要转化为大众文化，也就是在马克思主义大众化过程中，以"大众文化"为载体，实现中国特色社会主义意识形态与大众文化的有效结合。大众文化是现代进程的必然产物，是文化民主化、平等化的必然结果，也是文化商业化的集中体现。大众文化虽然天然地蕴涵着社会进步因素，但是仍然具有同质化、平面化、过分追求感官愉悦的缺点，这就需要主流文化的提升和导引。当代的中国社会是前现代社会、现代社会、后现代社会交融并置在一起的多元异质社会空间，中国文化处于主流文化、大众文化混杂交织、叠合交错的社会文化语境中，我们应该摒弃狭隘的主流文化和大众文化的二元对立思维方式，采取一种动态的、开放的、历史的思维和理论方式。虽然主流文化和大众文化在其各自历史发展过程中，已经形成了相对独立的文化阶层、文化群体和文化圈层，但是主流文化和大众文化并不是相互隔绝的独立存在，这两种文化形态在体现各自发展历程的历时性的同时，也呈现出一种共时性特点，始终处于动态的流变和相互融合过程中，呈现出互相依存、互相渗透和交融的态势。我们在马克思主义大众化传播过程中，除了注重每种文化形态的独立性和主体性，更应该注重主流文化和大众文化的"文化间性"，在一个更加阔大的共时性、多维度的文化格局中去实现马克思主义的主流话语、大众话语的整合，拓宽马克思主义大众化的传播途经。我们应当利用大众媒介的先进传播技术手段和形式，突破主流文化和大众文化之间的壁垒，积极促进主流文化和大众文化的共存共生，多元互动，使大众文化接受主流文化的烛照，提升大众文化的审美底蕴和艺术水准，同时积极利用大众传媒加强主流文化的传承和普及，促进主流文化的民主进程，着力凸显文化的公共性，努力构建多元互动、和谐共生的公共文化空间。

第三，寻求大众化传播话语转换的契合点。首先，在话语方式上，从控制式和劝导式转向对话式。大众化意味着不能把对于马克思主义理论文本的解释权和传播中的话语权绝对化，而应采取平等、自由的开放式对话，使受众和传播者双方既阐明和叙述自己的观点，又倾听和理解对方的意见，站在对方的立场展开置换式思考和沟通。唯有如此，马克思主义大众化话语才真正成为连结传播者与受众的桥梁，传播者才能从一个控制者、支配者转变为一个真诚的对话者，传播者与受众才能消除身份和地位的藩篱，敞开心扉进行真诚的交流。在双方的对话中值得注意的是，传播者既要对传播的内容真实性、规范正确性和情感真诚性进行反思，也要对自身权威进行反思，在反思基础上认真听取受众对马克思主义的理解与解释，并通过对话与讨论，为受众提供可信服的理由，引导、促进他们的自我觉悟与反思，使之与传播者达成共识。其次，在话语内容上，更加贴近生活世界。马克思主义大众化传播是在生活世界中展开，传播话语不可能游离于生活世界之外，我们也不可能在生活世界之外构筑一套理想的马克思主义话语，然后把它移植到大众的交往实践中去。大众化的马克思主义传播话语应从偏重社会政治生活转向与经济生活、文化生活和个人生活并重，应从偏重个人精神生活转向与物质生活并重，从而建立与生活世界的广泛联系，拓宽马克思主义理论与个人之间的对话语境。只有这样，马克思主义理论话语本身才能摒弃不可捉摸和高不可攀的虚无缥缈，使之易于被受众所理解和接受。一方面，马克思主义大众化传播话语要全面反映社会生活而非有意遮蔽，将现实社会的热点和焦点话题置于双方视野，引导受众在价值冲突中学会思考、判断、比较、选择，使他们在优化的话语传播环境中认真思考和解决社会生活中的现实问题；另一方面，马克思主义话语要密切关注个体生活而非有意忘却，将马克思主义的宏大叙事与个体具体日常生活实际相结合，真诚关爱与帮助大众生活，解决其实际问题，从而为大众接受马克思主义提供内化的情感动力。最后，在话语内蕴上，融注更加积极的情感。情感作为人对客观事物是否符合主体需要而产生的指导性心理体验，通常以肯定或否定、满意或不满意、热爱或憎恨、赞赏或厌恶等两极心理状态表现出来，并转化为一定的情绪，从而对主体的认识活动产生积极抑或消极的影响。情感在马克思主义传播中扮演相当重要的角色，在某种程度上，在马克思主义传播中，话语传递的只是言语的表层信息，因而马克思主义理论思想对人的作用相当有限，甚至会由于情感的不当而导致马克思主义话语的失效或反效。如果受众的情感得不到尊重，话语本身再具有正当性也难以被受众所接受，受众对理论的理解与解释就会出现障碍，马克思主义大众化传播就难以顺利展开。由此可见，情感这一非言语因素对于受众理解传播者的言语动机和目的具有十分重要的作用。因而，传播者要积极营造融洽的话语言说场景，真诚地尊重、关爱和激励受众，将积极的情感因素融注到马克思主义传播的话语中去，从而调动受众内在的积极情感，为马克思主义大众化传播的顺利进行提供不可或缺的推动力。

三、马克思主义大众化传播话语转换的方式

1. 文本理论话语向通俗叙事话语的转换

马克思主义大众化传播包含着文本"叙事"的元素。"所谓的'叙述'则包括讲故事的过程以及故事的意义。换而言之，叙事及其意义存在于塑造文本的过程当中，并且对受众产生影响。同时，叙事也存在于受众的脑海中。这是因为受众能够用自己特有的方式来处理文本。人们往往会依据自身的体验构建出各种叙事。"[①] 在马克思主义传播文本叙述中，受众可以

---

① 陆道夫：《试论约翰·菲斯克的媒介文本理论》，《南京社会科学》2008 年第 12 期。

根据叙事的素材构建为一种真实意义，同时也对理论产生一种亲近感。

当代中国马克思主义具有理论的彻底性，它既是世界观与方法论的统一，又是真善美的统一。它是一种普世关怀，以解放全人类为终极价值目标，又具有强烈的当代性。如何将这些深刻的理论让普通大众理解与接受呢？这不仅仅要靠理论本身的真理性、科学性，还依赖于话语的可接受性，即把马克思主义经典作家的抽象理论转化为通俗易懂的叙事话语形式，把厚厚的学术文本话语转化成简洁的大众通俗话语等。"通俗化的要求既要'通'，也要'俗'。'通'，就是要求情与理通达，言与行一致，即理论与实践一致。'俗'不是低俗和庸俗，也不是浅薄，打真理的折扣。打过折扣的真理可能就不再是真理。'俗'是要求马克思主义传播者应善于用大众常见的、熟悉的、喜欢的、便于接受的方式解释、言说马克思主义。通俗化的目的是减少人们接受理论的形式障碍，增强理论的吸引力，让大众产生对理论的亲近感。"[1] "马克思主义中国化包含了语言的转换，马克思主义经典文本的汉译，以及用中国本土的语言来对马克思主义经典文本进行解读，都是非常必要的，因为中国民众的生活语言是现代汉语，人们普遍用现代汉语进行思想和交流，只有当马克思主义用现代汉语来发出自己的声音时，马克思主义才能走出书斋，走出纯学术的殿堂，真正走进当代中国普通民众的实际生活，马克思主义的中国化才有生活的根基。"[2] 因此，就马克思主义文本理论话语转向通俗叙事话语的转换方式而言，第一，可以把抽象的理论转化为歌谣、民谣等广为民族群众接受的话语形式，这种通俗、生动、幽默的话语符合大众接受的认知层次和心理需要，因此能够引起接受者的兴趣。第二，编辑马克思主义普及读物要融思想的力量于生动叙述的优秀通俗理论作品之中，通过大众传播载体，使马克思主义宏大叙事与人民群众的生活紧密相关。深入生活、接触实际，从人民群众的火热实践中寻找鲜活的事例，用群众熟悉的语言，寓说理于叙事的形式去叙述群众关

---

① 何怀远：《关于推进当代中国马克思主义大众化的几个问题》，《南京政治学院学报》2008年第3期。
② 彭启福：《马克思主义"三化"中的诠释学问题》，《马克思主义与现实》2010年第6期。

心的事情，把深刻的道理用浅显生动的语言表现出来，赋予当代中国马克思主义通俗易懂的表现形式和入耳入脑的传播效果。第三，通过对先进典型的通俗叙事，赋予当代中国马克思主义通俗化、形象化的阐释，使人们"发乎情而止乎礼"，获得文化熏陶与精神洗礼，进而使马克思主义真正为广大群众所理解、认同和接受。

2. 主流文化话语向大众文化话语的转换

中国的大众文化是在改革开放后根植于市场经济的沃土而成长起来的，并迅速壮大为与来自官方的主流文化、来自学界的精英文化并驾齐驱、三足鼎立的社会主干性文化形态。它的发展和壮大从根本上改变了中国文化的传统格局，积极影响着国民人格塑造和社会发展，它诱使大众陶醉于通俗的、感性的文化消费生活，在满足受众日益增长的休闲娱乐等文化需求方面发挥了十分重要的作用。主流文化是国家和民族长期秉承的本位文化，它深层次稳定而又恒久地影响着个体或群体的思想观念与价值取向。社会主义主流文化集中反映我国和谐社会所追求的价值尺度和文化观念，以积极、健康、向上的主旋律，激励、鼓舞着中国人民，承担着引领的功能。中国文化不是一个封闭的僵化的文化系统，而是一个充满活力的开放的文化系统，它是在主导文化的基础上，不断汲取内外多维文化的营养，在开放的融汇中发展，即以本位文化为基础，大量汲取、融汇异质文化的精华，以对异质文化的开放，促进本位文化的拓宽。从这个意义上看，对大众文化的合理引导是主流文化的一项重要职责。借鉴大众文化的话语方式指的是将马克思主义凝聚到大众文化的文学、艺术作品中去。当代中国，大众文化世俗话语改变了中国主流单一性话语体系，它的话语体系和文化生产方式，深刻影响了中国人的情感结构以至生活方式、表达方式。主流文化所建构的话语体系与中国社会的价值期待、民族情感和集体规范等密切关联。大众文化和主流文化或经典并非是泾渭分明的，文化是生活的表现形式，无论是主流文化，还是大众文化，都是文化的一种表现形式，而文化本身源自大众、反应大众和服务大众，都是人们生活情感和生活方式的创造性的反映，只是两者的欣赏群体和审美趣味不同。主流文化所蕴涵的话语体系是中华民族各阶层群众在革命和建设过程中所创造出来的人类文明成果的经典概括和抽象总结，其话语思想已经渗透到社会各阶层和日常生活的各个角落，融入中国民众日常公共话语和个人话语的方方面面，成为中国人民安生立命的精神家园。

文化的生命力在于通过文化产品的不断再生产而得到持续性传播。在市场经济条件下，文化只有通过一定文化产品才能获得更广泛的传播和延续，一定的文化产品只有通过市场才能输出文化价值，实现文化效益，市场能够以巨大的推动力量使包含一定价值意义的文化产品不断地被复制、被推广，从而使消费者通过日常消费对核心价值产生自然而然的认同。大众文化既是一个巨大的产业，也是确立文化领导权和主流意识形态的重要战场。大众文化形成于人们的日常生活，表达我们的常识经验，是当今社会产量最大、受众最多、影响最大的文化类型，马克思主义思想内容如果不能渗透到大众文化中，就不可能得到广泛的传播，不能真正起到引领社会思潮、影响百姓日常生活的目的，不可能成为主流文化。在大众文化时代，当代中国马克思主义的大众化在某种意义上就是主流意识形态不断进入到大众文化场域的过程，马克思主义大众化传播要打破精英文化与大众文化的话语界限，要让"大众文化与主流文化的同流借助于话语狂欢的热闹场面进行意识形态的置换"①。正如法国学者埃德加·莫兰所说："一种主流思想的形成过程同时也是这种思想的文化合法化过程：新观念变得值得尊敬和受人尊敬，它在自己的势力范围内被制度化，建立自己的规范，甚至开始规范化。"② 要通过大众文化的市场化运作方式，扩大马克思主义传播的受众群体，把主流文化的思想通过文化产品潜移默化嵌入群众的文化观念和行为习惯中，让群众在消费文化产品的娱乐中、享受文化服务的体验中，接受民族精神的熏陶，感知中华文化的魅力。

马克思主义大众化传播不能仅仅依靠主流文化的单一媒介对马克思主

---

① 陈卫星：《传播观念》，人民出版社 2004 年版，第 443 页。

② ［法］埃德加·莫兰：《方法：思想观念——生境、生命、习性与组织》，秦海鹰译，北京大学出版社 2002 年版，第 25 页。

义理论思想进行显性解释和艺术植入，对于诸多缺乏专业理论素养的普通民众来说，对高雅文化、主流文化和精英文化不是那么容易理解和乐意接受的。因此，弘扬社会主义核心价值体系，推动马克思主义大众化传播要靠思想的力量、艺术的魅力打动人心，要借助于文学艺术（如小说、音乐、影视作品）等喜闻乐见而又易于接受的形式来解释和宣传马克思主义，靠喜闻乐见、雅俗共赏赢得受众。惟其如此，那些缺乏深厚理论功底的普通民众才有可能理解和掌握马克思主义。社会主义主流文化话语转化为大众文化话语要植根于社会生活的土壤，要从日新月异的社会实践和丰富多彩的大众生活去寻找主流文化话语转换的源泉，应把大众文化广泛传播看成是一种机遇，对大众文化不应采取一概对立和排斥的态度，而应取长补短、整合吸收、多元共生，利用大众文化的传播载体呈现主流文化的精神实质与时代旋律，通过大众文化重塑主流文化的价值形象，通过大众文化将主流文化以通俗化的文本阐述，进而普及主流文化的思想观念。

3. 意识形态话语向日常生活话语的转换

意识形态马克思主义大众化在很大程度上依赖于把马克思主义的话语转换为老百姓日常生活的话语形式，当下值得警惕的是要避免将当代中国马克思主义的传播游离于普通民众生活视域的空谈世事和寻章摘句的枯燥说教，要避免大众因感觉不到理论对于自己的意义而敬而远之。所以，在大众化传播过程中，要充分发挥传播主体的创造力，要深刻揭示马克思主义对于普通生命体悟世俗生活的意义和价值，彰显其人文关怀，为普通生命提供意义引领。因此，在马克思主义大众化传播过程中，在内容上要注意从一般的原理层面转向当下普通民众的日常生活世界里存在的问题及其解决办法的理论思考层面，思想内容上贴近大众的日常生活，理论内容的表述要摒弃过于繁琐的逻辑论证。

意识形态话语向日常生活话语的转换是意识形态感性化和生活化发展趋势的必然结果。话语是实现意识形态效用和功能的关键符号媒介，感性化和生活化的话语表达是实现马克思主义大众化传播的必然逻辑。因此，马克思主义大众化传播中的理论话语要回归大众的生活话语，关注日常生活世界，坚持理论逻辑与生活逻辑的统一。如何实现理论逻辑与生活逻辑的统一？这就要求理论传播能够懂得和运用群众语言，与群众思想感情打成一片。马克思主义的实践化同大众化一样，都是在广大人民群众的革命实践、建设实践和改革实践中实现的，本质上来说都依赖于话语的建构。第一，要向人民群众学习语言。"人民的语汇是很丰富的，生动活泼的，表现实际生活的。我们很多人没有学好语言，所以我们在写文章做演说时没有几句生动活泼切实有力的话，只有死板板的几条筋，像瘪三一样，瘦得难看，不像一个健康的人。"① 第二，要向传统文化寻找资源。马克思主义大众化同时要求马克思主义民族化，要求与传统文化相结合。传统文化是绵延几千年中华文明的结晶，既蕴涵丰富的思想，也包含各种精炼、形象、生动的表达方式，是我们可以借鉴的宝贵资源。第三，要坚持群众路线和工作方法。"共产党员如果真想做宣传，就要看对象，就要想一想自己的文章、演说、谈话、写字是给什么人看、给什么人听的，否则就等于下决心不要人看，不要人听。"② 如果把马克思主义大众化看成是"到群众中去"、让群众掌握理论的话，首先就要运用"从群众中来"的工作方法，做到理论掌握群众。诚如毛泽东所言："如果是不但口头上提倡提倡而且自己真想实行大众化的人，那就要实地跟老百姓去学，否则仍然'化'不了的。有些天天喊大众化的人，连三句老百姓的话都讲不来，可见他就没有下过决心跟老百姓学，实在他的意思仍是小众化。"③ 因此，从一定意义上说，能否把理论讲得让群众"能接受"，既是一种方法，又是一种话风，更是一种作风，不但要在言语文字接近群众，也要考察群众的言论，知道他们的需要，表现他们的心理，只有保证理论在内容和形式上贴近生活、贴近实际、贴近群众，马克思主义大众化才得以可能。

---

① 《毛泽东选集》第三卷，人民出版社 1991 年版，第 837 页。
② 《毛泽东选集》第三卷，人民出版社 1991 年版，第 836 页。
③ 《毛泽东选集》第三卷，人民出版社 1991 年版，第 841 页。

第二节　马克思主义大众化传播的长效工作机制

中国马克思主义大众化是一项长期的、系统的工作，不可能毕其功于一役。工作机制的建设是马克思主义大众化得以持续健康有序发展的根本保证。因此，必须建立和完善马克思主义大众化传播的长效工作机制，始终注重以严密的组织结构和科学的运作机制来保障马克思主义大众化传播的整体推进，使传播效果持久弥新。

一、马克思主义大众化传播的队伍建设

有一支素质优良的人才队伍作支撑是推进马克思主义大众化传播的关键。没有坚实的队伍基础，机制的建构就失去了依托。所以，要构建马克思主义大众化的传播机制，必须加强队伍建设，使其具备马克思主义大众化传播的文化自觉和实践能力。

1. 理论研究队伍建设

要完成当代中国马克思主义大众化这样一种富有挑战性的工作，没有一支理论功底扎实、富有创造力的马克思主义理论研究队伍是不可能的。深化理论研究，增强理论说服力是推动当代中国马克思主义大众化传播的有力支撑。一种理论或思想如何能够赢得群众，首先要看理论本身是不是一个抓住了问题的根本，亦即是不是揭示了事物本质和规律的学说。马克思曾经指出："理论只要说服人，就能掌握群众；而理论只要彻底，就能说服人。所谓彻底，就是抓住事物的根本。"① 彻底的科学的理论揭示了存在的本质，它也必然是一个能够打动人、抓住人的理论。因此，深入的理论研究与大众化并不矛盾，而恰恰相反，理论研究越深入、越透彻，就越有说服力，越能大众化。深入透彻的理论简单明了，群众学得懂，记得住，

---

① 《马克思恩格斯选集》第一卷，人民出版社 1995 年版，第 9 页。

用得上。我国改革发展正处于关键时期，新情况新问题层出不穷，一系列干部群众关心的热点难点问题需要我们解疑释惑。理论研究队伍要自觉把握时代脉搏、紧跟时代步伐，加强对重大理论和现实问题的研究，要善于从人民群众生活和实践中提炼研究的课题，善于把党和人民在实践中创造的新鲜经验升华为理论成果，努力回答改革开放和现代化建设进程中亟待解决、人民群众普遍关心的重大理论和现实问题，解干部之疑，释群众之惑。

任何理论都离不开理解和解释，任何解释本质上都是一种针对不同受众群体差异、符合不同受众期待视野的再创作。大众化过程中，创新研究的理论成果必须符合不同阶层受众的情感、心理需求、认知方式、价值认同，为阶层的普通群众所理解、所掌握，转化为他们的信仰、价值准则、行为方式。延安时期，毛泽东的《矛盾论》、《实践论》和艾思奇的《大众哲学》，一个主要是为工农干部而写的，一个则开宗明义是面向工农大众的，它们都是马克思主义大众化的典范。在新的历史条件下，当代中国马克思主义大众化理论研究要着眼解决人们的思想困惑，满足群众的精神需求，内容要紧密结合社会热点和与群众切身利益紧密相关的问题，在阐发理论的时候，每时每刻都紧紧扣住人们的生活现实，围绕实现国家富强、民族振兴、人民幸福这个关乎每一个人的生活价值的核心，深入浅出地帮助人们从自己的生活实践中去发现真理，源于现实生活的党的创新理论便会如溪水般地流淌进人们的心田。在党的创新理论中，"发展是硬道理"、"两手抓、两手硬"、"立党为公"、"执政为民"、"以人为本"、"科学发展"、"和谐社会"等等，既深刻又通俗易懂的思想得到了人民群众广泛的认同和运用，在改革开放的伟大实践中产生了巨大的威力，这是最有力的大众化。历史的成功经验告诉我们：以深入透彻的理论，释疑解惑，剖析问题，寻找产生问题的根源及解决问题的途径和办法，做到以理服人、以理利人，才能更好地大众化。

2. 教育传播队伍建设

教育传播队伍建设是推动党的创新理论大众化的重要力量。马克思主义大众化宣传普及的主体就是教育传播队伍，教育传播队伍素质决定了马克思主义在中国传播的内容形式、路径选择以及最终效果。因此，只有努力培养一批政治信仰坚定、理论素养较高、宣传知识丰富、思想品德高尚、通晓现代传播手段的复合型、创新型的教育传播队伍，才能够为马克思主义大众化提供人才保障。

第一，教育传播队伍要掌握必需的灌输知识和传播技能，必须具有理论联系实际作风。马克思主义大众化是指马克思主义由抽象到具体，由深奥到通俗，由被少数人理解掌握到被多数人理解掌握的过程。因此，要采用灵活多样的、群众喜闻乐见的多种方式来向人民大众"灌输"和"渗透"马克思主义，让人民群众最终接受马克思主义。这就需要提高马克思主义传播者的处理信息的能力、运用传播方法与技巧的能力，能够把深奥的理论同通俗化的方法结合起来，能够构建大众话语体系，进行话语方式转换，把政治性的文件语言和政策话语转化为日常性的世俗话语和常识话语，不仅让公众听到，更要让大众听懂和信服。这就要培养一批善于运用通俗语言、善于运用电视和网络等现代新兴传媒生动形象地为广大干部群众解疑释惑的教育传播专家，推动当代中国马克思主义大众化广泛、深入、持久地开展下去。要加强这支队伍的学习和培训工作，使其精通马克思主义理论，具备扎实的理论功底和理论创新能力。同时，还要鼓励和号召这支队伍经常深入群众、深入基层，从群众实践中总结经验，提炼理论，根据群众的思想实际和心理认知水平，探索行之有效的传播形式，把理论传播与群众实践相结合，特别是与群众的实际问题和困难联系起来，让群众从内心感觉到当代党的创新理论就在他们身边，感觉到当代党的创新理论能帮助他们解决实际问题，在争取群众信任中宣传当代党的创新理论。

第二，教育传播队伍必须了解党的创新理论的光辉历程，坚定信仰真理。作为教育传播队伍必须是理论的真诚信仰者和忠诚传播者，要有坚定的政治信仰，尤其对当代党的创新理论的真懂真信。要有效传播党的创新理论，必须沿着中国特色社会主义建设的伟大历史实践去追寻、认识党的创新理论的真理性，深刻了解改革开放和建设中国特色社会主义的历史，了解党的创新理论不断丰富发展、指导实践的进程。作为一个党的创新理论的传播者，如何让自己的传播方式生动形象为群众所接受、传播内容深入浅出为受众所理解？一方面要具有扎实的理论功底、丰富的生活体验和深厚的人文情感；另一方面就是必须始终保持着研究党的理论最新成果的执著精神和刻苦精神。党的创新理论博大精深，只有深入学习、深刻领会，才能弄懂弄清、学深学透。深入浅出，是对一个教育传播者的基本要求，"深"就是理论功底、理性思维、个性思考，"浅"就是事实分析、感性认识，容易心灵共鸣，这实际上是一个极高的要求，需要既熟知经典，又能把握社会现实，既有较好的理论素养，又能准确把握各阶层群众的心理状态和现实需要。要有效传播党的创新理论，就要刻苦钻研党的创新理论，全面准确地掌握其中蕴涵的立场、观点和方法，不断提高自身的政治理论素养，要在传播党的创新理论时坚持正确的导向，防止曲解理论、误导受众，用真理的力量说服人，用高尚的品德感染人。

第三，教育传播队伍建设需要整合人才队伍资源，形成各级理论宣讲队伍体系。从国家层面到地方层面，都需要建设相对稳定的专业化教育传播队伍，要加强哲学社会科学教学科研骨干培训，进一步提高社会科学教学工作者的素质和水平；解放思想，广开思路，整合各类人力资源，建设多层次人才队伍，要坚持从各级党政机关、高等院校、社科院精选一批潜心钻研当代中国马克思主义理论的权威人士，组建一批高层次的理论传播专家队伍。要注重发挥群众骨干的积极作用，选拔能说会道，善于传授自己真本领、好办法的"杂家"，组建一批宽领域的理论宣讲"杂家库"，基于自己对理论的情感体验阐释和传播马克思主义，充分发挥他们在推进当代中国马克思主义大众化过程中的"草根"作用。要发挥文艺创作团体的力量，鼓励他们创作出一批又一批通俗易懂、群众喜闻乐见的优秀文化作品，服务于马克思主义大众化传播。还要充分调动其他社会各界人士的积极性，凝聚社会各阶层的力量，整合人才队伍资源，发挥他们在马克思主义大众化传播中的作用。

3. 媒体传播队伍建设

新时期的马克思主义传播体系必须将新媒体纳入其中，并使之成为重要组成部分，这事关社会主义核心价值体系的确立和执政党在意识形态领域的主导权，也是我们党不断提高舆论引导水平和传播能力的题中应有之义。多媒体的传播技术发展，给我们全方位地实施马克思主义多媒体传播战略创造了条件，丰富和发展着马思主义的思想宝库。在信息社会，我们党要把握和用好新媒体，使之成为传播马克思主义的平台，特别是由党和政府主办的新媒体，要进一步增强责任感和使命感，在新媒体平台上多视角全方位个性化地介绍、宣传和研究马克思主义的新发展。同时，大众传播方式由单向传播变成互动传播，这对媒体的马克思主义大众化传播能力、核心价值引导能力都提出了很高的要求。为适应新媒体技术的发展，利用新媒体宝贵资源，开展更为主动和有效的工作，则需要造就和建设一支马克思主义大众化媒体传播队伍。

第一，要加强对媒体传播队伍的理论教育。马克思主义媒体传播队伍应有扎实的马克思主义理论功底。传播者能否达到传播的积极效果，工作能否有成效，很大程度上取决于其理论修养和素质能力的高低。在传播学理论中有所谓的"守门人"理论。所谓"守门人"即指在传播某些观念、知识、学说等等思想理论的过程中"可决定什么性质的信息被传播、传播多少以及怎样传播的人或机构"[1]。他"往往是在事物与受众，或传播者与受众之间，负责信息的转送"[2]。传播学的"守门人"理论对马克思主义大众化的实现无疑具有极大的价值和意义。马克思主义媒体传播队伍必须大力加强自身的马克思主义理论修养，使自己具有坚定的社会主义理想信念和扎实的马克思主义理论基础，着力使自己成为这一领域的专家里手，在推进马克思主义传播和实现马克思主义大众化的过程中，能正确掌握并善于运用马克思主义的立场、观点和方法，去认识和解决工作中遇到的实际

---

[1]　邵培仁：《传播学》，高等教育出版社 2000 年版，第 92 页。
[2]　沙莲香：《传播学》，中国人民大学出版社 1996 年版，第 51 页。

问题，以对出现的新情况新问题做出正确的分析研究和积极回应。

第二，要完善媒体传播队伍的知识结构。在现阶段，新媒体传播注入了网络、动漫、编辑、创意、营销、编导等专业技术的因素，融合了视频网络、博客、论坛、短信、动漫、文字、图片、影像等多种形式。随着新媒体发展的多样化，要在新媒体扩大马克思主义理论的话语空间就要改变传统媒体中马克思主义传播的单一形态，用符合现代传播特征的方式来传播马克思主义理论。因此，要促进马克思主义大众化的有效传播，马克思主义媒体传播队伍应具有完备的知识结构。媒体传播队伍除了要具有扎实的马克思主义理论功底和政治素养，还要有丰富的传播学专业知识和必要的辅助知识，如心理学、教育学、社会学、管理学、历史学、语言学、符号学、逻辑学、文学艺术以及其他现代新兴学科知识；在技术上，要掌握基本的新媒体操作能力，具有文字编辑能力、图片音响视频的采编能力，能够将新技术、新工具及时应用到马克思主义传播内容的编辑业务之中；在组织协调上，要具备一定的网络运营能力和媒体融合管理能力。总之，在新媒体宣传和传播马克思主义的专业性强，科技含量大，需要一些具有较高的专业素养、较强的业务能力、前沿的创新思维和训练有素的复合型人才。

第三，要建立媒体传播队伍的培训中心。马克思主义大众化是一项长期的系统工程。适应新媒体技术的发展，利用新媒体的宝贵资源，开展更为主动和有效的工作则需要建立马克思主义大众化传播队伍的培训和教育机制，从而使马克思主义媒体传播队伍增强管理和使用新媒体的意识和能力，深刻认识新媒体在政治执政和社会管理过程中的重要作用。要切实加强新媒体业务学习，克服"本领恐慌"，实现从被动应对新媒体发展向主动运用管理新媒体转变，进一步提高在新媒体条件下的执政能力和管理水平。要形成高校、科研单位、媒体部门等组织统筹协调、通力合作多层次、立体化媒介传播教育机制，提高媒体传播队伍领导和管理媒体的科学化水平；要建立专门针对新媒体研究和传播队伍培训的指导中心，集中专业人力资源，科学部署实施体系，及时调整借鉴经验等，为当代马克思主义大众化注入更多的科学性和系统性。

在马克思主义大众化过程中，应该把握理论研究与教育传播的统一。教育传播是理论研究的转化和应用，理论研究是教育传播的前提，媒体传播是理论研究通俗化的载体。教育传播和媒体传播中遇到的诸多问题需要理论研究去解决。

二、马克思主义大众化传播的社会政策

1. 社会群体的参与政策

当代中国马克思主义大众化是一种人人参与的事业。因此，马克思主义大众化传播不但要依靠专家、学者的力量，更离不开社会各阶层群众的积极动员和广泛参与。如果社会群体动员不足、群众参与热情不高、公众参与能力较低，那么马克思主义大众化传播就难以收到好的效果。马克思主义大众化传播的社会群体参与是指社会群众、社会组织、企事业单位和个人作为传播主体，在马克思主义大众化传播中通过合法的途径和方式，进行有目的、自觉的传播马克思主义理论和思想的社会行动。

参与体现了马克思主义大众化传播的实践主体性和能动性。"参与的含义是亲自参与，是自发自愿的参与。也就是说，参与不只是属于，更不是非自愿的被迫属于。参与是自发的。"①"参与"体现了现代社会公共治理的重要特点，是政治发展的民主化、科学化价值取向。公众参与具有帮助公众说出并实现其共同利益、构建关于公共利益的共同认知、在民众之间建立起互信合作关系并最终建立对全体人民的充分尊重的重要性。公众参与是社会舆论形成的动力源泉。公众参与的成效直接关系到社会秩序是否良好以及公众对政府的认可度和信任度。在马克思主义大众化传播过程中，社会群体的参与的广度、深度影响到马克思主义大众化的效果，公众参与是马克思主义大众化传播的内在动力。群体的参与在当代中国马克思主义大众化过程中，不仅可以促进人民群众对于理论的认知和情感方面的认同，

---

① ［美］乔·萨托利：《民主新论》，冯克利、阎克文译，东方出版社 1993 年版，第 121 页。

还可以强化人民群众在社会行为与理论认识之间的协同性、一致性的程度。由于当前马克思主义大众化传播的公众参与的普遍性不足、主动性和自觉性较低、广度与深度有限，公众参与意识薄弱、组织基础薄弱、参与机制不健全、信息不对称、缺乏法律保护和补偿机制及政府对于公共参与的忽视，因此需要大力培养和增强社会成员的参与意识，增强他们的参与能力，提高他们的参与水平，这就需要进一步健全与完善马克思主义大众化传播社会群体的参与政策。一要建立公众参与的良性互动机制，包括动力机制、激励机制、控制机制和保障机制，使政府与基层群众的参与之间形成互动，使马克思主义理论与党的政治治理、社会管理在这种互动过程中脱颖而出。二要落实制度化安排，即把社会群体的参与政策用法律规范确定下来，通过政治社会化把人民群众的政策参与行动纳入规范的合法的轨道。三要加强参与型的政治文化建设，培养人民群众的自主意识和参与意识，为政策参与创造良好的心理条件。四是扩大宣传教育的覆盖面，加强群众的参与度。在现实中，对马克思主义理论的宣传主要集中在党政机关和企事业单位，对基层组织的宣传有限。因此，应扩大宣传教育的覆盖面，针对不同受众群体采取形式多样的宣传教育形式，使广大群众都能积极参与进来并发挥自己的特长，各抒己见，使人民群众切实感受到党和国家的好政策，有利于让公众生成主体的感受，这种感受不是来自于别人的宣传，而是来自于个体身体力行的参与得来的亲身感受。

2. 草根媒体的参与政策

网络技术的普及为草根媒体的兴起、发展奠定了坚实的物质基础。伴随着这个进程，草根媒体在我国迅速发展起来，草根媒体在我国已成为一种不容忽视的新兴媒体。草根媒体是人人可以参与的媒体。新媒体突显的草根性和原创精神有助于更好促进社会共同理想的形成，有利于共筑马克思主义大众化的最终目标。"草根媒体的含义，系指普通人利用当时当地能够得到的简便传播工具打造自己的传播平台，探讨切身的议题，交流彼此的观点，发出自己的声音，甚至串联集体的力量展开集体行动。它在技术上的重要特点是，可通过简便的科技手段建构起公众能够参与的媒体。今天，最简便的手段莫过于互联网各种技术和功能的应用。草根媒体的出现与发展，是对传统大众媒体新闻传播的一种颠覆。它打破了'传播者'与'受众'之间的界限，从根本上改变了受众群体在传播中的地位。……草根媒体最大限度地体现了包容性、平等性和参与性。"① 草根媒体具有行为的真实性与身份的隐蔽性、思维的主动性与受众的广泛性、关系的平等性与来源的草根性等特点，体现着私人化、平民化、普泛化、自主化的倾向，使得每个人都得以表达自己的呼声，并有机会上升为全社会的关注热点。草根媒体突显的草根性和原创精神充分展示着个人智慧和集体力量，草根媒体以数字化、电子化的手段，向不特定的大多数或者特定的单个人传递规范性及非规范性信息，它的传播形态包括博客、播客、论坛、手机短信、彩信，它的形成和发展，改变了马克思主义传播的信息传播手段单一、方法单调、效果滞后、信息量少、效率低，不能根据受众的差异性形成多层次、多样化的传播体系，因此，草根媒体可以在马克思主义大众化中充分利用，开辟理论传播阵地。第一，落实草根媒体实现政治参与的制度安排，实现民主的亲民化及其制度化。2008 年 6 月 20 日，通过"人民网"的视频直播，中国网民首次在网络上实现了与胡锦涛同志的在线交流。胡锦涛同志面带微笑、向网民朋友们表示诚挚问候和良好祝愿，给了中国网民一个大大的惊喜。在 2011 年"七一"讲话中，胡锦涛同志特别强调了"人民有序的政治参与"，以及"坚持问政于民、问需于民、问计于民"的施政理念。在目前的互联网时代，网络作为一种新的传播工具和交流手段，成为普通民众最重要的公众参与形式，更富有时代特征。以人为本、执政为民，就是做事情、做决策都需要广泛听取人民群众的意见，集中人民群众的智慧。通过互联网来了解民情、汇聚民智，也是一个重要的渠道。草根网民在网络传播平台中可以聚合而成强大的力量，可以成功实现意见表达和政治参与。因此，落实草根媒体实现政治参与要把需要进行网络问政的议题、形式、时间等，通过制度化的形式确定下来。第二，创设官民互动的网络

---

① 闵大洪：《草根媒体：传播格局中的新力量》，《青年记者》2008 年第 15 期。

参与机制，培植和引导网络舆论的健康发展。通过网络问政等形式，对于那些有重要价值的政策建议、被政府采纳取得明显经济社会效益的意见和建议，官方要通过媒体及时向社会反馈政府改进、吸纳的情况，并在社会上进行广泛宣传。要在全社会形成一种良好的网络参与和网络表达的氛围，形成政民互动、官民互动的网络参与环境。这种氛围和环境，无论对政府还是对网民都是至关重要的。第三，营造良好的媒体创新氛围，为马克思主义大众化提供环境支持。草根媒体作为马克思主义传播载体，具有简易、迅速的特点，每个人都可以便捷地发布自己的心得，及时、有效、轻松地与他人进行交流，因此草根媒体是一种集丰富多彩的个性化展示于一体的综合性平台。草根媒体信息传播的多样化和隐匿性有利于提升大众化传播的吸引力和营造自由讨论话语氛围，在国家法律允许的前提下，每个个体无论其经济状况或者受教育水平如何，都可以通过新媒体技术合理地阐述思想、表达观点。一些学者、专家、青年学生、社会精英、文化名人和明星、普通群众可以通过论坛、博客、微博等平台，发布信息来表达自己的观点和情感，使受众可以了解他们的思想和观点并与之形成互动和交流。

3. 民生实现的公共政策

民生，即人民的生活，民生问题即人们的生活问题，体现在住房、教育、医疗等方面。民生问题是我国社会转型期出现的众多社会问题之一。当前，城乡差距的扩大，社会群体间分层明显，贫富悬殊日益扩大，利益失衡，如果这些问题处理不当或得不到解决，必对社会和谐稳定构成威胁。党的十六届六中全会提出了构建社会主义和谐社会，提出了"必须坚持以人为本，始终把最广大人民的根本利益作为党和国家一切工作的出发点和落脚点，实现好、维护好、发展好最广大人民的根本利益，不断满足人民日益增长的物质文化需要，做到发展为了人民、发展依靠人民、发展成果由人民共享，促进人的全面发展"[①]。理论的价值说到底就是对人的主体需

---

① 《中共中央关于构建社会主义和谐社会若干重大问题的决定》，人民出版社 2006 年版，第6 页。

要的契合与满足，中国特色社会主义理论反映了广大人民群众的利益，并以解决人民实际问题为宗旨。因此，马克思主义大众化传播要把以人为本的基本理念渗透到党的民生实现的公共政策上。当代中国马克思主义大众化，"实际上是指理论体系（或价值观）如何吸引和说服社会大众的内在方式，它由两方面的要素所构成：一是理论体系本身的内涵魅力，二是这种理论体系内涵与社会大众需求的对位或契合状况。"① 人们对一种理论或价值观的态度，通常是以他们与自身各种利益的反映程度与实现状况为依据的。也就是说，人民群众对于当代中国马克思主义理论体系的认同，通常不是由单向理论灌输所产生的直接反应，而是表现为以理论体系为基础的各项政策。

当代中国马克思主义的理论要大众化普及就必须与人民群众的利益诉求紧密结合，回答和解决人民所关心的就业、医疗、住房、升学、养老等民生问题，让人民切实感受到马克思主义是大众的理论，是为大众服务的。而关注人们的利益主要体现在民生实现的公共政策，让百姓享受公共政策的阳光。第一，要倾听民众声音。要通过制度和机制架起党和政府与群众之间的桥梁，让民意民声在政府决策中得到充分体现。民众声音就是民众利益的诉求，公共政策是政府管理协调各方利益、稳定社会秩序的基本手段或工具，作为一种重要的社会资源，公共政策要倾听民众声音，保障全体人民共享改革发展成果。第二，要扩大公共政策参与度。公共参与是公共政策形成的逻辑起点。公正性、公平性和公开性是公共政策价值取向，因此公共政策的制定和实施要坚持公正性、公平性和公开性。我国的一些公共政策有的是由领导者、利益集团、专家凭个人经验、个人价值偏好、个别利益索取制定和实施的，缺乏或丧失公共性，因此，民生的公共政策要最大限度公共政策参与度，防止个别领导者、利益集团和专家的独断。第三，要保障公众的公共权力。公共政策的手段和对象就是要借助公共权

---

① 邱柏生：《推进当代中国马克思主义大众化的路径和过程》，《思想理论教育》2008 年第 5 期。

力，解决公共问题。公共权力实质上是一种大众的共同权力，它是公众权力让渡给政府的结果，本质上是一种凝聚和体现公共意志的力量，而不是少数人专政的工具，公共权力的公共性是维护公共政策公共性的重要保证。第四，要提升公共政策的价值层次。通常人们思考和解决民生问题时，首先考虑的是衣食住行等具体问题的解决，这当然是必须的。但不能局限于此，而要从更高的层面思考民生问题，不能一味把群众简单地等同于被动的同情对象。在关注民生问题的物质生活内涵的同时，开始思考民生问题的更高层次的价值内涵，让每个人的生活都有尊严。

三、马克思主义大众化传播的媒介控制

1. 构筑网络媒介平台

互联网是 20 世纪最具有影响力的科技进步成果，带来了文化传播方式和人们认知方式的深刻变革。在网络信息化和政治民主化的双重化背景下，网络媒介已经发展成为人们讨论公共事务、表达意见、进行舆论监督的一个重要的公共平台，因此，构筑网络媒介平台对于马克思主义大众化传播具有战略意义。具体措施包括以下几个方面：第一，加强马克思主义理论学习网站的建设与维护，使大众能够快捷地分享到马克思主义理论相关文献资料，积极更新马克思主义理论学习网站的信息内容，为大众获取最新理论创新成果和前沿理论提供方便。第二，创新网络学习载体形式，开拓理论学习途径。网络媒介平台能够打破时间与空间的限制，更能满足受众个性化的学习需要。第三，创建网络论坛，增强组织生活的影响力。可以吸纳社会各阶层成员参与国家和社会时事热点问题的讨论，吸收建议，表达观点，实现诉求。第四，培植马克思主义传播的网络媒体品牌。凝炼个性特色，树立品牌形象，创设可持续发展的条件，打造具有较强传播能力和吸引受众能力的网络媒介平台。第五，采取得力措施，增强网络日常管理的执行力，占领"网络舆论"阵地。

2. 实施传播过程控制

马克思主义大众化传播的过程控制是通过对执行马克思主义传播的网

络运行各环节及其影响目标实现的全部因素实施有效地监督、检查，及时发现马克思主义传播过程运行中偏离目标的状态及其程度，采取纠正措施，切实保证马克思主义传播活动的顺利进行。任何一项活动在实施的过程中都需要一定的控制手段来保证目标的实现，马克思主义大众化传播的过程也不例外。马克思主义大众化传播的过程控制有三个层次：一是主导控制。主导控制最根本是坚持党的思想领导。毛泽东明确提出："掌握思想领导是掌握一切领导的第一位。"① 加强党的思想领导有利于宣传真正的马克思主义，而不是宣传打着马克思主义旗号的非马克思主义甚至反马克思主义；有利于加强马克思主义理论建设，坚持和巩固马克思主义在意识形态领域的指导地位，不断增强党的思想理论工作的创造力、说服力、感召力，着力回答重大理论和实际问题；有利于营造理论传播的社会环境，抵制非马克思主义或者反马克思主义等噪音的影响。二是沟通控制。传统的马克思主义传播是在主客二分的政治宣传的教育哲学观指导下进行的，这种哲学观的影响是：它只界定了主客体之间单向式的一面，而且往往把客体放在绝对权威的位置，容易忽视其能动性的发挥，形成权威性的主体和服从性的客体，二者的关系异化为"工具"和"手段"的关系。网络信息化完成了传播者和接受者的角色互换，"传播者和受众的身份不再明确，传播和接受信息几乎可以同时完成，人们在瞬间就能进行角色转换。每个人都是传播者，每个人又都是受众。这是由于网络的互动性造成的，它的互动性给予了人们转换角色的自由，受众不再是被动地接受信息，而是主动地掌握和控制信息，并参与到信息的提供和传播之中"②，受众从被动地接受转向积极参与、主动接受和交流的语境中。马克思主义大众化传播应充分尊重客体的主体地位，注重人文关怀和心理疏导，充分调动对象参与的积极性、主动性。三是舆情控制。思想文化建设决定着文化的社会性质，在文化建设过程中，必须以马克思主义为指导，牢牢把握先进文化发展方向，引导

---

① 《毛泽东文集》第二卷，人民出版社1993年版，第435页。
② 李忱：《对话：传播的本质回归》，《现代传播》2004年第3期。

思想舆情健康发展。能否确保主流媒体在公共领域的话语权决定了党的意识形态领导权之成败，而党的意识形态领导权成败的关键又在于党的意识形态传播的有效性，而传播的有效性很大程度取决于对舆情的引导和控制，因此，必须积极用马克思主义思想占领文化传播阵地，坚决抵制各种非马克思主义和反马克思主义的思想，构建和优化媒介文化。同时，舆情控制要更多更准确地把握受众的思想动态，深入了解群众和基层在改革开放和现代化建设中发展变化的最新实际情况，以便为党的政策制定和理论传播提供可靠的决策依据，从而更加有针对性地提高马克思主义传播的感召力和渗透力。"在大众传播时代，政治与掌握可见性的技术密不可分"①，所以马克思主义传播应掌控大众传播媒介，实施舆情监控。

3. 开展媒介素养教育

媒介素养对传播活动有着十分重要的影响，因此，媒介素养教育对马克思主义大众化传播有重要意义。具体的说，"媒体素养是传统素养（听、说、读、写）能力的延伸，它包括人们对各种形式的媒介信息的解读能力，除了现在的听、说、读、写能力外，还有批判性地观看、收听，并解读影视、广播、网络、报纸、杂志、广告等媒介所传输的各种信息的能力，当然还包括使用宽泛的信息技术来制作各种媒体信息的能力。媒体素养无疑是一个全新的素质概念，它的宗旨是使大众成为能积极地善用媒体、制造媒体产品、对无所不在的信息有主体意志和独立思考的优质公民。"② "从传播学的理论角度来说，媒介对社会并非只产生负面影响，大众与媒介的关系也不应为'对立'或'抗拒'。但当大众媒介普及的速度超过大众的媒介素养的储备的时候，媒介的负面作用就更为突显，至少是与正面作用呈交错抗衡的状态。"③ 美国媒介素养学者 W. James Potter 在他的《媒介素养》一书中针对媒介传播效果打了个比方，他说："媒介传播效果对人的影响就

---

① ［英］约翰·B. 汤普森：《意识形态与现代文化》，高铦等译，译林出版社 2005 年版，第18 页。

② 张开：《媒介素养教育在信息时代》，《现代传播》2003 年第 1 期。

③ 李琨：《媒介素质教育在中国》，《国际新闻界》2003 年第 5 期。

像天气对人的影响一样，它无处不在，无时不有，并且有多种多样的存在形式，……再先进的气象局也控制不了天气的变化。然而我们个人却能有效地控制气候对我们的影响。"① 因此，开展媒介素养教育，增强我们对媒介信息的理解能力和信息传播过程的控制能力，提高我们有效抵制负面信息的防御能力和使用传播媒介的策略水平，对建构马克思主义传播的媒介文化和优化马克思主义的传播效果具有重要意义。

在我国，媒介素养教育的对象可分为三种：党政干部、传媒人员和普通公众。党政干部、传媒人员属于传播主体。在马克思主义理论传播过程中，领导干部及党政宣传部门的工作人员作为信息传播的主体，他们始终处于主导地位，发挥着引导作用，尤其是主要领导干部和主管传媒的党政干部，对传媒的体制、运行、内容、作用会有根本性的影响。因此，首先要提高他们的媒介素养，增强驾驭复杂局面、解决复杂问题的职业能力。作为传播主体的意识形态宣传人员，对传媒的影响更经常、更直接，他们的自身素质高低，直接影响他们在意识形态传播过程中的作用。因此，增强马克思主义大众化传播的有效性，要注重在宣传系统的主体人员中普及传媒知识，提高他们科学地管理、开发和利用传媒的能力。广大群众是推进社会和传媒事业的根本动力，也是各级干部和各种传媒人员的来源。因此，对他们开展媒介素养教育，对增强马克思主义大众化传播的胜任力，提高他们参与民主政治和精神文明建设的能力，具有根本性的意义。同时，提高他们的媒介素养又符合他们的直接利益，使他们能明智地选择、判断和利用传媒，能防止为传媒所蒙、所欺、所害。所以，在马克思主义大众化传播过程中，我们要实现传播的有效性，必须提高人民大众的媒介素养，同时提高马克思主义大众化传播主体的素质，增强传播主体的工作效能。

第一，提高传播主体的媒介素养。影响马克思主义大众化传播主体的传播效能的因素是多样的，但是从他们在马克思主义大众化传播过程中的地位和作用来看，传播主体媒介素养是最主要的因素，主要包括传播主体

---

① W. James Potter, *Media literacy*, Beverly Hills：Sage Publications，2001，p. 260.

的信息传播技能和信息意识。其一，传播技能。马克思主义大众化传播不是一个简单将马克思主义基本原理和中国特色社会主义体系的内容通过多种媒体及以多种传播方式加以传播与普及就能实现预期效果的活动。在一定程度上，马克思主义大众化传播是一项技术性很强的活动。马克思主义大众化的传播主体能否掌握这项传播技能，直接关系到马克思主义大众化传播的有效性和实效性。这里所讲传播技能主要体现在马克思主义大众化传播过程的各个环节中，包括话语转换能力，受众差异分析的能力、选择载体的能力，控制传播过程的能力、吸引传播对象的能力和创设和谐传播环境的能力。当前，面对社会转型、体制转轨、思想转变，无论是解说政策、疏导情绪，还是沟通思想、促成共识，都需要马克思主义传播主体分析各类受众群体的心理特点和接受习惯；加强舆情分析，主动设置议题，善于因势利导，都需要在理论传播和政策解读中求同存异、凝聚力量、化解冲突，从而推动工作。也正是从这个角度，中央领导强调媒体是治国理政的重要资源和手段，各级领导干部必须提高跟媒体打交道的能力，切实做到善待、善用、善管。在实践中，并非每个马克思主义传播者都能掌握和使用这些传播技能。其二，信息意识。马克思主义大众化传播要求传播者具有敏锐信息识别能力与信息传递能力。传播者的信息意识也是影响马克思主义大众化传播效果的关键因素。这里所说的信息意识，主要是指传播主体在马克思主义大众化传播的过程中对各种思想信息的流动所反应的一种心理状态。这种信息意识，不仅表现在传播马克思主义的阶段过程中，还表现在马克思主义传播的反馈阶段。对于前者，大多数传播主体都有比较好的意识，都能时刻关注思想信息的传递情况，但对于后者，许多传播主体就缺乏信息意识了。这在实际工作中表现为，一些马克思主义传播主体只注重将作为传播内容的马克思主义理论信息传播出去，至于接受主体的社会大众对此有何反应、是否接受传播的内容却不做任何的调查和分析。由于传播主体忽视受众对信息的反馈，无法知晓社会大众对马克思主义理论内容是否接受或者接受程度，结果使马克思主义大众化传播的效果大打折扣。因此，要提高马克思主义大众化的传播效果，必须增强马克思主义大众化传播主体的信息意识，全程关注和把握马克思主义大众化传播中的信息流动。

第二，提高全民的媒介素养。媒介素养教育的目标是提高大众对传媒这一重要的社会公器和大众传播这一重要社会活动的理解程度和认知程度，提高他们的传媒选择能力和传媒内容辨析能力，提高他们利用大众传媒传递信息、表达思想观点的能力，以及参与、监督传媒的意识和能力；使大众能够了解媒介的政治、经济、文化、意识形态、掌控权、广告等因素，发展出自主性的解读，能够主动地利用媒介，而不是被动地接受；使大众了解各种大众媒介的生产制作过程、机构背景、内容特点、接受过程、正负作用，提高公众辨识能力，防止大众媒介的负面影响，尤其是对青少年的毒害，促使传媒履行社会责任。提高全民的媒介素养，可有多种方式途径。首先，教育界应担负起这个责任。教育界应以系统化的课程与训练和制度化的政策与措施，培养社会大众尤其是媒介从业人员和青年学生的媒介批判意识，使其能够辨别和抵御大众传媒的不良影响。可以在大、中、小学开设传媒知识和能力的课程或讲座，将媒介素养教育纳入正式的教学体系中，造就更加积极和具有批判精神的媒介使用者。可以开设面向媒介人员、各级教师和全社会的培训班、进修班和讲座，有意识地在大众传媒中增加与媒介素养有关的内容，介绍传媒知识，鼓励参与传媒，指导利用传媒等。其次，还要依靠大众自我学习，加强自身道德修养，强化媒介自律意识，培养"慎独"德行。最后，相关政府部门要加强监督和管理。提高大众的媒介素养，仅靠自觉是不够的，还要靠监管。

第三节 马克思主义大众化传播的效果评价机制

传播效果是传播行为产生的有效结果。一是指受众在接受信息后，在感情、思想、态度和行为等方面所发生的变化，是传播者的某种行为实现其意图或目标的程度。二是指传播活动尤其是报刊、广播、电视等大众传播媒介的活动对受传者和社会所产生的影响和结果的总体。建立一套系统化、标准化的马克思主义大众化传播效果评价机制，对马克思主义大众化传播的发展可谓至关重要。马克思主义大众化传播的效果评价包括评价主体、评价标准、评价反馈。

一、马克思主义大众化传播效果评价的主体

评价主体是指在马克思主义大众化评价活动中，参与、主导和决定传播效果的组织机构和个人，解决的是"由谁评价"的问题。作为马克思主义大众化传播效果评价主体的人是生活在社会中的现实的人，既可以是个人，也可以是集体乃至整个社会，由此可知，马克思主义大众化传播的评价主体应是多元化的。

第一，马克思主义理论工作者和媒体传播者。传播效果是传播者发出的信息经过媒介或渠道传送到受众所产生的效果。马克思主义理论工作者和媒体传播者以传播者的身份及其马克思主义理论和传播理论方面的专业知识确立了其在传播效果评价中的权威性、主导性。同时，马克思主义理论工作者和媒体传播者是中国马克思主义大众化传播实践的具体实施者，他们对中国马克主义大众化传播效果的正确评价分析是更好地开展中国马克思主义大众化的重要保证。

第二，中国马克思主义大众化的受众。马克思主义大众化传播就是社会大众接受马克思主义理论的过程，社会大众群体对中国马克思主义大众化的认可程度和接受程度，反映了中国马克思主义大众化的实现程度。显而易见，社会大众是马克思主义大众化传播效果评价主体，其评价程度或水平，在一定意义上决定或制约了中国马克思主义大众化的规模及其发展。因此，在马克思主义大众化的评价活动中，应建立开放、宽松的评价氛围和评价机制，鼓励社会普通群众参与评价，发挥大众在评价中的主体作用，让他们更多地参与评价标准的制定，及时反馈评价效果。

二、马克思主义大众化传播效果评价的标准

所谓评价标准是指人们在评价活动中应用于对象的价值尺度和界限。

评价标准是评价活动中的核心部分，是人们价值认识的反映，它表明人们重视什么、忽视什么，引导人们向何处努力。马克思主义大众化传播的评价标准可以从如下维度去分析：

第一，从传播主体维度分析。当代马克思主义大众化作为一个十分重大的时代命题，归根到底是国家政治统治、文化建设和社会管理的手段和方式。传播主体是马克思主义大众化的实施者，从传播主体维度来看，马克思主义大众化传播效果的评价标准是马克思主义大众化传播已经产生直接或间接结果达到了马克思主义大众化预期目标的功效，即给定条件下，产生直接或者间接的政治效果、社会效果和文化效果。政治效果体现在加强党和群众的联系，巩固党的执政地位等；社会效果体现在统一社会思想、矫正社会心理失衡，协调社会利益冲突、构建社会主义和谐社会等；文化效果体现在马克思主义主流文化渗透人们的生活，凝聚了各阶层群众走中国特色社会主义道路的共识，引领社会思潮向健康的方向发展，推动社会主义文化大发展大繁荣，提升了国家文化软实力等。

第二，从接受主体维度分析。以马克思主义被人民群众所理解和掌握的程度为评判标准。当代中国马克思主义被广大人民群众理解和掌握的程度是评判马克思主义大众化实现程度的基础前提。其一，马克思主义有没有被在数量意义上的大部分人所接受。"大"和"众"指明了马克思主义大众化评价的标准。大众化的"大"蕴涵着数量方面超过一般或超过所比较的对象，马克思主义大众化的"大"不是少数人的特定拥有，而是不分阶层、民族、地区的"大"。"众"即多、宽、阔。马克思主义大众化不是少数"垄断"的局面，大众化不是个别理论家、领袖人物所拥有，而是众多人们所能掌握、理解、消化的理论。其二，马克思主义在质的意义上有没有被群众所认知、认知的程度以及被人民群众自觉运用的程度。应以人民群众自觉地运用马克思主义去分析解决身边疑难困惑的程度作为衡量马克思主义大众化的程度。马克思主义理论一般具有很强的抽象性和高度的概括性，很难被人民大众所理解和掌握。因此，从传播效果角度来讲，马克思主义大众化不仅追求受众"量"的增加，更重要的是受众"质"的跃升，要促进理论向大众的实践转化，在实践中增强马克思主义的生命力。这就决定马克思主义大众化的效果评价标准是定性分析与定量分析相结合的评估指标体系。同时，在质的意义上评价马克思主义大众化传播效果，对不同人要有不同的标准和要求。对文化水平较高的知识分子来说，应该是较高一些，因为他们是马克思主义大众化阐释、完善、发展和传播的核心人群。对于这个人群来说，马克思主义大众化传播的标准应是理性认知，要通过严密的逻辑论证和专业的学术形式来把握理论体系。对于普通人群，由于文化程度、收入水平等方面的限制，这部分人占有的大众传播载体种类和数量有限，难以接受专业的理论形式，大众化传播的标准就相对低一些。主要是面向日常生活，结合日常生活实际，用通俗易懂的语言、简明扼要的观点传播马克思主义，使他们对马克思主义最大限度地形成思想共识。其三，马克思主义理论有没有对不断变化的现实问题和社会问题给出解释，并对未来社会发展给出科学合理的预测。马克思主义不是书斋里闭门造车的学问，也不是经院里文人墨客的探究，而是人民大众社会生活智慧的提炼和生产实践经验的总结，是人民大众认识世界、改造世界的强大思想武器。"马克思主义理论从来不是教条，而是行动指南。它要求人们根据它的基本原则和基本方法，不断结合变化着的实际，探索解决新问题的答案，从而也发展马克思主义理论本身。"[①] 因此，马克思主义立场、观点、方法在实践的基础上被广大人民群众所丰富、完善、创新和发展，这是最终衡量马思主义大众化传播效果的评价标准。

第三，从现实的维度分析。真理有理论逻辑的力量，更有现实实践的品格。马克思主义理论发展的强大生命力，从根本上说，决定于它把握、理解和解决现实重大课题的程度和水平。走向 21 世纪的中国化马克思主义理论必须紧紧抓住世纪之交乃至下个世纪人类社会实践中的重大现实问题，在对时代重大问题的灵敏反映、准确把握和科学解答中，开创马克思主义大众化的新境界。因此，当下的马克思主义大众化传播必须为解决现实问

---

① 《邓小平文选》第三卷，人民出版社 1993 年版，第 146 页。

题提供有效的思想资源，否则就失去了生命力、吸引力和传播力。也正因为如此，马克思主义大众化传播要增强把握社会发展态势的自觉性，不能仅停留于对现已存在的各种社会现实问题的了解和认识，还应科学地认识社会发展的演变条件、演变规律和演变走向，从而为人们防范和规避社会风险提供智慧指导。因此，马克思主义大众化另一个传播评价标准应该是马克思主义传播理论有没有对不断变化和发展的现实问题和社会问题给出有力的解释和提供解决的理论智慧，并对未来的发展走势作出科学的、合理的、准确的前瞻性预测。

第四，从发展的维度分析。评判的标准应基于一定的目标及其目标的长期性，这些目标显示了马克思主义大众化发展的方向，也构成了评价的依据。这些目标主要来自于马克思主义大众化不是一蹴而就就能实现的任务。结合当代中国的实际情况，决定了马克思主义大众化是个长期的过程。因此，马克思主义大众化传播效果评价也要注重马克思主义大众化的发展过程。马克思主义大众化传播是一个过程，大众接受马克思主义同样要经历一个过程。同时，现实生活中的大众分属于不同的阶级、阶层和群体，具有差异性与层次性，每个接受主体都具有不同于他人的素质和生活环境，都有自己的爱好、长处和不足，这些差异不仅指认知能力的差异，还包括生理特点、心理特征、兴趣爱好等各个方面的不同特点，这使得每一个接受主体对马克思主义大众传播的接受速度、接受方式、接受程度等都有所不同。因此，马克思主义评价标准应是差异的，即遵循个体差异，马克思主义大众化传播对不同的个体有不同的要求。同时，马克思主义评价标准应是阶段性的，即根据马克思主义传播实践的发展和个人成长历程的发展，有阶段性的不同标准和阶段性的评价。因此，马克思主义大众化传播效果的评价应是具有差异性、层次性、阶段性的。

三、马克思主义大众化传播效果评价的反馈

传播者必须重视传播实践中传播效果的反馈，需要研究传播能否对受众产生影响及其影响效果，这就需要信息反馈。反馈是从受传者或目的地

传回给传播者或信源的意见信息，以帮助传播者调节此后的信息输出。信息传播是一种互动的交流信息的活动。一条信息经过受众接收、解读之后就会发生信息的反馈活动，其实就是传播者通过传播媒介对接受者发生作用，无论这些作用是正面的还是负面的、积极的还是消极的，接受者都会通过一定的渠道将个人的体验反馈给传播者。受传者对接收到的信息的反应或回应，也就是受传者对传播者的反作用。获得反馈信息是传播者的意图和目的，发出反馈信息是受传者能动性的体现，信息传播效果的反馈与信息传播一样，都反映了信息循环往复的沟通过程，表现为传播者与受传者之间的信息双向往返关系。追求传播效果最大化是传播的终极目的，而反馈使信源还有可能使传播方式更有效地适应信宿。传播能否取得理想效果，关键看传播者对"反馈"重视的程度如何。要防止马克思主义理论向大众传播中的滞后性和失真就要高度重视理论传播中大众最真实的信息反馈。这就要求当代马克思主义理论的传播主体，必须遵循传播的内在规律，积极主动地接受在传播过程中反馈过来的各种信息，通过受众对传播效果评价的不同反馈，从而为马克思主义传播活动的实施提供经验教训。可以有的放矢地保持优势或者进行传播媒介整合，谋求传播媒体发扬或改进的策略，以发挥每个媒体各自的作用机制和优势，还可以不断地整合优化传播内容，从而更好地满足受众的需求。形成传播效果评价反馈的良好机制，一要注意吸纳多数受众的反馈。获得反馈就要深入调查研究，定期分析需求，了解大众主体的思想状况。通过与大众谈话、问卷调研、网上调查等形式了解大众最需要什么、对一些具体的问题有哪些看法、对当前的马克思主义大众化传播方式有何看法和建议等，对此收集数据，进行一些科学的分析，有针对性地展开大众化的理论传播。借助这一机制，化解传播难题和障碍，推动传播发展。二要注意听取传播学者和有关专家的反馈意见。这些人精通学科知识，经验丰富，见多识广，德高望重，善于甄别，见解稳定，因此其反馈意见最具权威性、可信性和参考价值。但这些权威人士的反馈意见也容易囿于成见，甚至墨守成规、执着于传统的传播标准，对新的传播手段、传播技巧表现出某种排斥性。这就要求传播者，既要充分尊重他们的反馈信息，又不要将他们的意见作为调节和修正下一步信息传播的唯一依据。三要充分尊重"守门人"的反馈意见。守门人位于传播者与媒介、受众之间，不仅直接把持着信息传播的大门，负责对信息进行把关和传送，也参与信息内容的创作和加工。守门人被人们看成是传播领域研究和实践行家，他们既善于领会传播活动的意图、观察时局的变化，又对受众的动机、需求、心理比较了解。尊重他们的意见，可以使自己传播的信息顺利进入大众媒介流向社会。四要正确对待不同受众的反馈。马克思主义大众化传播者要主动寻求信息反馈，既要重视普通受众的反馈，也要听从专家的意见反馈，既要接受积极或肯定的反馈，也要接受消极和否定的反馈。五要拓宽反馈渠道，为受众进行信息反馈提供便利条件。在新媒体的环境下，受众反馈的形式应是多样化的，要充分利用手机、网络等媒介建立信息反馈平台，同时还要设立专门的马克思主义大众化传播信息反馈的机构或研究中心，使马克思主义大众化传播效果评价的反馈机制经常化和制度化，使反馈机制长期的有效运行，成为马克思主义大众化传播不可或缺的一个有机部分。

结　语

　　我们不能没有马克思主义。马克思主义在现实层面上已经融入了中国现代化的道路，成为了中华民族共有的精神家园，在文化层面上已经成为中华民族的思维方式、话语方式乃至思想体系，深刻地推动了中国文化的现代化和人自身的现代化进程。马克思主义以其伟大的思想魅力和实践魅力成为了中国乃至世界的共有精神财富，正如雅克·德里达所说："不去阅读而且反复阅读和讨论马克思——可以说也包括其他一些人——而且是超越学者式的'阅读'和'讨论'，将永远都是一个错误。……不能没有马克思，没有对马克思的记忆，没有马克思的遗产，也就没有将来：无论如何得有某个马克思，得有他的才华，至少得有他的某种精神。"① 波及全球的金融危机深刻地影响着世界经济的格局和走向，也引起人们对当代世界的社会制度和思想理论的深刻反思。在严峻的现实面前，马克思主义再次显示出它的强大生命力，全球思想界不再对西方的新自由主义、社会民主主义抱有虔诚的皈依和顶礼的膜拜，而是恭维地"回到马克思"，出现马克思主义复兴的趋势。这也验证了列宁在《马克思学说的历史命运》一文中所作的预言："自马克思主义出现以后，世界历史的这三大时期中的每一个时期，都使它获得了新的证明和新的胜利。但是，即将来临的历史时期，定会使马克思主义这个无产阶级的学说获得更大的胜利。"②

　　我们一定要拥有马克思主义。在中国，不但要继续把马克思主义精华

---

　　① ［法］雅克·德里达：《马克思的幽灵：债务国家、哀悼活动和新国际》，何一译，中国人民大学出版社 1999 年版，第 21 页。
　　② 《列宁选集》第二卷，人民出版社 1995 年版，第 308 页。

融入中华文化的传统之中，以此来实现马克思主义中国化的新使命，而且要把马克思主义融入大众的思想之中，让中国大众都掌握和运用这个理论来变革自己的生活世界并成为安生立命之根本，实现马克思主义的超越性和现实性的统一。历史的任务就是确立"此岸世界的真理"，而现实的任务要立足"彼岸世界的真理"。提出马克思主义大众化传播的问题最根本的是要寻找到马克思主义的理论力量和思想力量呈现的现实逻辑及其实现方式。这就需要构筑马克思主义理论与社会大众之间的桥梁，实现理论与大众生活的结合，有效的传播方式是构筑马克思主义大众化的现实路径。马克思主义不仅是政治存在，更是一种文化存在，因此，以回归现实生活世界的文化哲学是建构马克思主义大众化的思维逻辑。作为"理想愿景"中的马克思主义大众化传播应是生活世界的回归与超越。真正有生命力、有解释力的理论，它都是活生生的理论，因此，走进和回归大众生活的马克思主义才是真正大众化的马克思主义。马克思主义回归大众生活世界的路径就是马克思主义大众化要把握人民群众对文化生活的新期待，传播内容要面向生活，与大众生活需求相吻合；传播载体要通过生活，与大众的生活方式相契合；传播目的要为了生活，与大众的生活意义相融通。马克思主义大众化同时又是超越生活世界的，因为它是对生活世界对象化的思考和提升，是构成中国人精神生命的核心部分，给生活世界以智慧的安慰和引领，并在对生活世界的体验中，使马克思主义理论被大众认同和接受，并内化为人们的思维方式、思想观念、价值诉求、世界图景、社会心理和性格结构。

参 考 文 献

【经典著作和重要文献】

［1］《马克思恩格斯选集》第1—4卷，人民出版社1995年版。

［2］《列宁选集》第1—4卷，人民出版社1995年版。

［3］《毛泽东文集》第七、八卷，人民出版社1999年版。

［4］《毛泽东选集》第1—4卷，人民出版社1991年版。

［5］《刘少奇选集》上卷，人民出版社1981年版。

［6］《李大钊文集》下卷，人民出版社1984年版。

［7］《邓小平文选》第二卷，人民出版社1994年版。

［8］《邓小平文选》第三卷，人民出版社1993年版。

［9］胡锦涛：《高举中国特色社会主义伟大旗帜　为夺取全面建设小康社会新胜利而奋斗——在中国共产党第十七次全国代表大会上的报告》，人民出版社2007年版。

【中文专著】

［1］叶秀山：《思·史·诗——现象学和存在哲学研究》，人民出版社1988年版。

［2］倪梁康：《现象学及其效应——胡塞尔与当代德国哲学》，生活·读书·新知三联书店1994年版。

［3］刘书林：《青年思想政治教育学原理》，中国青年出版社1999年版。

［4］郭庆光：《传播学教程》，中国人民大学出版社 1999 年版。

［5］王敏：《思想政治教育接受论》，湖北人民出版社 2000 年版。

［6］衣俊卿：《回归生活世界的文化哲学》，黑龙江人民出版社 2000 年版。

［7］邵培仁：《传播学》，高等教育出版社 2000 年版。

［8］陈秉公：《思想政治教育学原理》，辽宁人民出版社 2001 年版。

［9］李文阁：《回归现实生活世界》，中国社会科学出版社 2002 年版。

［10］肖川：《教育的视界》，岳麓书社 2003 年版。

［11］陈卫星：《传播观念》，人民出版社 2004 年版。

［12］罗荣渠：《现代化新论》，商务印书馆 2004 年版。

［13］苏国勋、张旅平、夏光：《全球化：文化冲突与共生》，社会科学文献出版社 2006 年版。

［14］陈亚杰：《建设社会主义核心价值体系》，人民出版社 2007 年版。

［15］陈力丹：《精神交往论——马克思恩格斯的传播观》，中国人民大学出版社 2008 年版。

［16］沈壮海：《思想政治教育有效性研究》，武汉大学出版社 2008 年版。

［17］周葆华：《效果研究：人类传受观念与行为的变迁》，复旦大学出版社 2008 年版。

［18］李合亮：《解析与建构：当代中国思想政治教育的哲学反思》，人民出版社 2010 年版。

［19］冯刚主编：《高校马克思主义大众化研究报告》，光明日报出版社 2010 年版。

【中文译著】

［1］［德］恩斯特·卡西尔：《人论》，甘阳译，上海译文出版社 1985 年版。

［2］［联邦德国］H. R. 姚斯、［美］R. C. 霍拉勃：《接受美学与接受

理论》，周宁、金元浦译，辽宁人民出版社 1987 年版。

　　[3]［德］海德格尔：《存在与时间》，陈嘉映、王庆节译，生活·读书·新知三联书店 1987 年版。

　　[4]［美］加布里埃尔·A. 阿尔蒙德、小 G. 宾厄姆·鲍威尔：《比较政治学——体系、过程和政策》，曹沛霖、郑世平、公婷等译，上海译文出版社 1987 年版。

　　[5]［德］胡塞尔：《欧洲科学危机和超验现象学》，倪梁康译，上海译文出版社 1988 年版。

　　[6]［美］梅尔文·德弗勒、埃弗雷特·丹尼斯：《大众传播通论》，颜建军、王怡红等译，华夏出版社 1989 年版。

　　[7]［德］哈贝马斯：《交往与社会进化》，张博树译，重庆出版社 1989 年版。

　　[8]［德］雅斯贝尔斯：《什么是教育》，邹进译，生活·读书·新知三联书店 1991 年版。

　　[9]［德］哈贝马斯：《交往行动理论——行动的合理化和社会的合理化》，洪佩郁、蔺菁译，重庆出版社 1994 年版。

　　[10]［美］尼葛洛庞帝：《数字化生存》，胡泳、范海燕译，海南出版社 1997 年版。

　　[11]［美］斯蒂文·小约翰：《传播理论》，陈德民、叶晓辉译，中国社会科学出版社 1999 年版。

　　[12]［加拿大］马歇尔·麦克卢汉：《理解媒介——论人的延伸》，何道宽译，商务印书馆 2000 年版。

　　[13]［德］卡尔·曼海姆：《意识形态和乌托邦》，黎鸣、李书崇译，商务印书馆 2000 年版。

　　[14]［美］约翰·费斯克：《理解大众文化》，王晓珏、宋伟杰译，中央编译出版社 2001 年版。

　　[15]［美］杜威：《道德教育原理》，王承绪译，浙江教育出版社 2002 年版。

[16] ［美］大卫·阿什德：《传播生态学：控制的文化范式》，邵志择译，华夏出版社 2003 年版。

[17] ［意］加埃塔塔·莫斯卡：《政治科学要义》，任军锋、宋国友、包军译，上海人民出版社 2005 年版。

[18] ［德］鲁道夫·奥伊肯：《生活的意义与价值》，万以译，上海译文出版社 2005 年版。

[19] ［英］约翰·B. 汤普森：《意识形态与现代文化》，高铦等译，译林出版社 2005 年版。

[20] ［美］斯蒂芬·李特约翰、凯伦·福斯：《人类传播理论》，史安斌译，清华大学出版社 2009 年版。

【期刊论文】

[1] 秋石：《大力推进马克思主义中国化、时代化、大众化》，《求是》2009 年第 23 期。

[2] 王桂泉、张铁民：《当代中国马克思主义大众化问题研究》，《理论探索》2008 年第 5 期。

[3] 邱柏生：《推进当代中国马克思主义大众化的路径和过程》，《思想理论教育》2008 年第 5 期。

[4] 何怀远：《关于推进当代中国马克思主义大众化的几个问题》，《南京政治学院学报》2008 年第 3 期。

[5] 刘建军：《关于当代中国马克思主义大众化的若干问题》，《思想理论教育》2008 年第 7 期。

[6] 王联斌：《论推动当代中国马克思主义大众化》，《南京政治学院学报》2008 年第 1 期。

[7] 刘书林：《当代中国马克思主义大众化与思想政治工作新任务》，《思想政治工作研究》2008 年第 1 期。

[8] 罗会德：《马克思主义大众化的历史进程和基本经验——30 年的回顾与总结》，《社会主义研究》2008 年第 6 期。

［9］陈岸涛：《当代中国马克思主义的大众化初探》，《马克思主义与现实》2008 年第 3 期。

［10］骆郁廷：《马克思主义大众化与思想政治工作》，《思想政治工作研究》2008 年第 1 期。

［11］王永贵：《推动当代中国马克思主义大众化战略机制探析》，《马克思主义研究》2009 年第 7 期。

［12］杨楹、卢坤：《大众化：马克思主义中国化的主体维度》，《马克思主义研究》2009 年第 12 期。

［13］孙正聿：《寻找"意义"：哲学的生活价值》，《中国社会科学》1996 年第 3 期。

［14］衣俊卿：《全球化的文化逻辑与中国的文化境遇》，《社会科学辑刊》2002 年第 1 期。

［15］尹树广：《生活世界的现实及其价值》，《哲学研究》2003 年第 1 期。

［16］黄旭敏：《深度技术化条件下生活世界的危机与重建》，《中山大学学报（社会科学版)》1997 年第 1 期。

［17］徐俊、刘魁：《人性、真理与信仰——当代中国马克思主义信仰传播主体维度探究》，《内蒙古社会科学》2010 年第 2 期。

［18］郭莲：《中国公众近十年价值观的变化——"后现代化理论"的验证研究》，《国家行政学院学报》2011 年第 3 期。

［19］彭启福：《马克思主义"三化"中的诠释学问题》，《马克思主义与现实》2010 年第 6 期。

［20］徐其清：《论党的第三代中央领导集体坚持和发展马克思主义的新路径》，《江淮论坛》2004 年第 2 期。

［21］鲁洁：《转型期中国道德教育面临的选择》，《高等教育研究》2005 年第 5 期。

［22］丁汉青：《重构大众传播中传播者与受传者之间的关系——"传"、"受"关系的生态学观点》，《现代传播》2003 年第 5 期。

［23］李庆林：《传播方式及其话语表达———一种通过传播研究社会的视角》，《广西大学学报（哲学社会科学版）》2008 年第 3 期。

［24］王宇：《马克思主义理论大众传播实现过程的矛盾及原因分析》，《吉林师范大学学报（人文社会科学版）》2010 年第 2 期。

［25］朱兆忠：《意识形态的传播和接受问题研究———兼论中国马克思主义的传播与接受》，《上海行政学院学报》2007 年第 4 期。

［26］蒋晓丽、任雅仙：《论构建媒介生态文明的三重境界》，《广州大学学报（社会科学版）》2008 年第 10 期。

［27］李庆林：《传播研究的多维视角———马克思、哈贝马斯、麦克卢汉的传播观比较》，《新闻与传播研究》2005 年第 4 期。

［28］夏建国：《论社会主义意识形态建设的根本问题》，《武汉大学学报（人文科学版）》2010 年第 2 期。

［29］许颖：《从 5W 模式看媒介融合的"融合"与"细分"》，《国际新闻界》2008 年第 6 期。

［30］余源培、陈宝、郭友聪：《开放条件下巩固和加强社会主义意识形态研究》，《毛泽东邓小平理论研究》2006 年第 2 期。

［31］赵继伦：《论大众媒介权力的滥用及其社会控制》，《东北师大学报（哲学社会科学版）》2003 年第 4 期。

［32］王晓林：《当代中国发展观念重构的双重逻辑向度———基于 20 世纪西方社会发展思潮嬗变的哲学审视》，《中共中央党校学报》2007 年第 4 期。

［33］刘云林：《思想政治教育内容的合理性探析》，《学校党建与思想教育》2009 年第 23 期。

［34］李宪伦、李智裁：《现代思想政治教育的工具理性与社会功能考量———思想政治教育"30 年"管窥》，《学校党建与思想教育》2008 年第 9 期。

［35］张兴国：《"价值理性"哲学应用的方法论选择》，《辽宁大学学报（哲学社会科学版）》2002 年第 4 期。

［36］翟振明：《价值理性的恢复》，《哲学研究》2002 年第 5 期。

［37］王宏维：《经济转型与社会价值规范调适》，《中国社会科学》1994 年第 3 期。

［38］徐萍：《传播生态的诗意化与亲和力》，《福建论坛（人文社会科学版）》2009 年第 2 期。

［39］董娅：《思想政治教育显性方法的当代价值与发展取向》，《西南师范大学学报（人文社会科学版）》2004 年第 6 期。

［40］廖言：《不断深化对中国特色社会文化发展规律的认识》，《求是》2010 年第 12 期。

［41］章辉美：《大众传媒与社会控制——论大众传媒的社会控制功能》，《社会科学战线》2005 年第 3 期。

［42］王天思：《存在方式、思维方式和行为方式的互动结构》，《求实》2003 年第 3 期。

［43］陈默：《电视文化的新理念——多元对话性》，《现代传播》2003 年第 4 期。

［44］王学典：《近 20 年间中国大陆史学的几种主要趋势》，《山东社会科学》2002 年第 1 期。

［45］陆道夫：《试论约翰·菲斯克的媒介文本理论》，《南京社会科学》2008 年第 12 期。

［46］彭启福：《马克思主义"三化"中的诠释学问题》，《马克思主义与现实》2010 年第 6 期。

［47］闵大洪：《草根媒体：传播格局中的新力量》，《青年记者》2008 年第 15 期。

［48］李忱：《对话：传播的本质回归》，《现代传播》2004 年第 3 期。

［49］张开：《媒介素养教育在信息时代》，《现代传播》2003 年第 1 期。

［50］李琨：《媒介素质教育在中国》，《国际新闻界》2003 年第 5 期。

后　记

本书是我主持的教育部人文社科青年基金项目《传播视域下的马克思主义大众化研究》（课题批准号：11YJC710023）的最终成果。本书能够顺利出版，要特别感谢我所在单位吉林财经大学领导和同事的大力支持以及人民出版社陈登先生的鼎力帮助。

我们经常在感慨时间飞逝，感叹"洗手的时候，日子从水盆里过去；吃饭的时候，日子从饭碗里过去；默默时，便从凝然的双眼前过去"。这对于我来说是个残酷的现实，我已经走过三十而立之年，但还不完全能够而立，现在依然在解决安身立命的问题，依然稚嫩、单纯而缺乏世故、圆滑，这是大数人认同的不成熟和不成功。今年，致青春特别时髦。忧郁的青春，令人忧虑的生活难题，以致于很多年轻人，抛弃了理想，拒斥了崇高，失去了青春。随着年龄的增长，我也逐渐迷恋上了怀旧，经常回想起读书写作时那段痛并快乐着的日子，白天上班，晚上写作，一个个自由呼吸的不眠夜晚，一段段畅所欲言的话语宣泄，有思考的痛苦，有烦恼的折磨，有灵感冲击的兴奋，有思维淤积的焦虑，有岁月流逝时的酸楚惆怅，有踌躇满志时的心力交瘁。时间匆匆流过，沉淀下来的是一篇篇文章，最终汇聚为这本书。

这是个充满浮躁的社会，在有些急功近利的社会心态下，个体的人逐渐失去了耐性，甚至失去了理性，我们没有经过思考就前行，抑或走得太快来不及思考，以至于我们忘记了当初为什么出发。西方有个寓言对我们很有启发。一群人急匆匆赶路，突然，一个人停下来。旁边的人很奇怪：为什么不走了？停下的人一笑：我走太快，灵魂落在后面，我等等它。我们都走得太快了，我们的内心被忙碌的生活都所遮蔽了！欲速则不达，因此，我们必须停下来，去思考，去研究，要"衣带渐宽终不悔"。学术研究不能闭门造车，需要有直面社会现实的问题意识和关注社会进步的人文情怀。学术研究更忌讳的是浮躁，学术研究是一方清贫、寂寞的天地，需要经得住诱惑，耐得住寂寞。对于我来说，既然选择了学术研究这条路，我宁愿享受那份淡泊，去追求那份淡泊给我带来的思想的自由和心灵的宁静。

我是一个幸福的人，因为有那么多的人关心我帮助我，我常怀感恩，一路走来，有太多的感恩存于心中。首先，特别感谢我的恩师东北师范大学赵继伦教授。自入师门攻读硕士直到博士，恩师对我的学业和生活上都给予了悉心教诲和无私关爱，恩师高深的学问和高尚的人品，给我以深远的影响，没有恩师的引领与提携，就没有我今天的点滴成就和幸福。其次，我要感谢我的博士后指导教师吉林大学马克思主义学院院长韩喜平教授，韩老师高尚的师德，深厚的学术修养，雷厉风行的大家风范，让人肃然起敬，能追随韩老师进行学术研究，既是来之不易的幸运，同时也让我有种诚惶诚恐的压力，在此向韩老师致以深切的敬意和谢意！还要感谢在我求学过程中，给予我帮助的老师和同学。感谢崔秋锁教授对我的教诲和帮助，当我在学习上遇到困难的时候经常求教于崔老师，崔老师总是给予精心指导和无私帮助，使我走出原有的思维局限，豁然开朗；在博士学位论文答辩过程中，艾福成教授、宋连胜教授、张澍军教授、刘和忠教授、王立仁教授提出了很多建设性意见，从他们的身上，我学到的不仅仅是专业知识，更是为人为学的风范；感谢韩秋红教授、马敏娜教授、王静敏教授、马秀颖副教授、李国荣副教授，在我求学过程和工作生活中给予不同方式的教诲和关心；感谢我的同门杨秀莲教授、陈春燕教授、李英林教授给予我的指导和关照；感谢我的同学孙铁骑博士和隋宁博士真诚的鼓励和支持。这些来自方方面面的感情和帮助，我将铭刻在心，并化为前行的动力。最后，感谢我的家人，是他们的无私支持与默默奉献，给了我完成学业的信心和勇气，亲情是我永恒的精神支柱和牢靠的情感港湾，他们的爱永远激励着我前行。人生有尽头，学无止境，吾将上下而求索，以回馈生活对我的厚爱。

　　这是我的第一部专著，这本书的出版，是对我科研成果的一个总结，更是对我求学历程的纪录。由于学术沉淀的浅薄，著作中存在着很多不足和缺陷，虽然提出了自己的思想和见解，但在深度和广度上还是不够。欢迎大家批评指正。

李春会

2013 年 6 月

责任编辑:陈　登

图书在版编目(CIP)数据

传播视域下的马克思主义大众化/李春会 著. -北京:人民出版社,2013.7
ISBN 978－7－01－012174－1

Ⅰ.①传…　Ⅱ.①李…　Ⅲ.①马克思主义-大众化-研究-中国　Ⅳ.①D61

中国版本图书馆 CIP 数据核字(2013)第 111347 号

传播视域下的马克思主义大众化
CHUANBO SHIYU XIA DE MAKESI ZHUYI DAZHONGHUA

李春会　著

人民出版社 出版发行
(100706　北京市东城区隆福寺街 99 号)

北京新魏印刷厂印刷　　新华书店经销

2013 年 7 月第 1 版　2013 年 7 月北京第 1 次印刷
开本:710 毫米×1000 毫米 1/16　印张:16.75
字数:234 千字

ISBN 978－7－01－012174－1　定价:35.00 元

邮购地址 100706　北京市东城区隆福寺街 99 号
人民东方图书销售中心　电话 (010)65250042　65289539